物联网与数字营区
（第2版）

主　编　何　明
副主编　禹明刚　牛彦杰

国防工业出版社

·北京·

内 容 简 介

本书在对第 1 版《物联网与数字营区》内容进行完善的基础上，增加了大数据、人工智能、云计算等数字营区建设中的前沿技术。重点描述了数字营区的起源、概念、现状、规划、设计、架构、技术、应用、施工、验收、评估、设想、展望等内容。本书有助于读者理清数字营区的建设理念，理解数字营区建设目标和建设内容，全面了解数字营区的上层应用，掌握数字营区建设施工验收过程以及评估指标，从而为推动数字营区的发展起到积极的促进作用。

本书可以作为从事数字营区建设的相关人员、军事院校相关专业本科生和研究生的参考书，也可作为广大国防信息化爱好者的普及读物。

图书在版编目（CIP）数据

物联网与数字营区/何明主编. — 2 版. —北京：国防工业出版社，2020.8

ISBN 978-7-118-12123-0

Ⅰ. ①物… Ⅱ. ①何… Ⅲ. ①互联网络－应用－军队后方勤务 Ⅳ. ①E233-39

中国版本图书馆 CIP 数据核字（2020）第 133726 号

※

国防工业出版社出版发行

（北京市海淀区紫竹院南路 23 号 邮政编码 100048）

三河市众誉天成印务有限公司印刷

新华书店经售

*

开本 710×1000 1/16 印张 19 字数 331 千字

2020 年 8 月第 2 版第 1 次印刷 印数 1—2000 册 定价 89.00 元

（本书如有印装错误，我社负责调换）

国防书店：（010）88540777　　书店传真：（010）88540776

发行业务：（010）88540717　　发行传真：（010）88540762

本书编委会名单

主　编　何　明

副主编　禹明刚　牛彦杰

编　者（以姓氏笔画为序）

王　勇　刘光云　陈国友

陈　雷　邹明光　罗　玲

郑　翔　董　强

序

物联网的出现具有跨时代的意义,它突破了计算机网络原有的模式,代表了计算机技术与通信技术的未来。美国提出"智慧地球",日本颁布"i-Japan"战略,韩国提出"u-Korea"战略,2016 年我国发布了《"十三五"国家信息化规划》,规划指出物联网是新一代信息技术的高度集成和综合运用,对新一轮产业变革和经济社会绿色、智能、可持续发展具有重要意义,2019 年的《政府工作报告》明确提出加快新旧发展动能接续转换,推动物联网技术及产业蓬勃发展。

物联网孕育军事变革深入发展的新契机。近些年,由于物联网的飞速发展和大力推广,物联网技术已推广应用到了社会各个领域,特别是在军队信息化建设中起到了关键作用。它可以增强战场感知能力,增强战场"透明度",提高战场后勤保障的精确度,进一步提高军队网络信息体系作战能力。

为了进一步推动部队信息化建设向数字化、网络化、智能化方向的转变,提高部队营区正规化管理水平、保障军事设施安全,数字营区建设向智慧营区升级显得尤为迫切。2018 年,军队实施部队营区基地化标准化建设试点工作,强调要集中探索新时代营区建设特点规律,努力打造一批军事功能完备、规划部署集中、保障弹性适度、管理规范高效,适应我军跨越式发展的新型部队营区,也是数字营区建设科学发展的必由之路。

数字营区是指通过营区物联网连接营区中的人、装、物,实现营区环境监测、设施设备监控、建筑节能管理、装备营具智能识别、应急管理等功能,为营区提供安全防护和信息智能保障。为避免基层部队在营区智慧化建设中缺乏统筹设计、应用系统分散开发、数据结构不合理等问题。

本书结合作者多年来物联网理论研究成果和数字营区工程实践经验,立足数字营区,展望智慧营区,从概念、体系、技术、应用、案例等多个维度全面剖析,使部队营区数字化建设有章可循,具有重要工程实践指引作用。针对传统营区建设过程中存在的缺乏高层统筹设计、应用系统分散开发、数据结构不合理和标准不统一、"信息孤岛"等问题，采用物联网技术，利用先进的硬件设备和定制开发的信息系统软件，在安全防护、信息智能等领域对部队营区进行数字化建设、升级、改造，建成"现代、安全、智能、节能"的综合型、高水平的营区体系，为全面提升营区信息化的发展注入了强劲动力。

2019 年 12 月

前　言

物联网的出现，突破了计算机网络原有的模型，为计算机技术和通信技术的发展指引了未来，是继计算机、互联网、移动通信网之后信息产业的又一重大里程碑。随着物联网技术的迅猛发展，我军对新一代军营的现代化、信息化建设也提出了更高要求。

全书共分为 11 章，由浅入深地逐步分析和阐述营区物联网及数字营区的相关理论、方法和实践。

第 1 章，介绍物联网、大数据、人工智能的基本概念，分析营区物联网应用背景。首先，系统介绍了物联网、大数据、人工智能的概念、技术、体系架构及其军事应用；其次，先从数字营区的起源出发，分析数字营区的内涵和外延两个层面，对数字营区做出三种不同的定义，并介绍数字营区相关术语；最后，分别介绍数字营区的国内外发展现状，并对国内外现状进行比较。

第 2 章，介绍数字营区的顶层设计，对数字营区的规划与设计进行详细阐述。首先，提出数字营区顶层设计面临的问题，阐述顶层设计的含义；其次，分析数字营区的建设原则和总体规划，明确数字营区的规划目标，阐述数字营区的规划内容；最后，详细介绍数字营区建设相关内容，包括数字营区基础设施、营区服务领域、营区管理领域等。

第 3 章，对数字营区的体系结构展开系统化分析。首先，简要介绍体系结构的基本概念以及它的作用和地位；其次，深入剖析数字营区的体系结构，介绍营区物联网应用平台总体架构和技术框架，刻画数字营区的技术框架；最后，介绍数字营区信息化基础设施及系统集成相关内容。

第 4 章，对营区物联网进行进一步的详细介绍。首先，对物联网的系统组成、体系框架和特点做概括性的叙述；其次，介绍物联网营区应用模式，分别分析基于 RFID 的应用模式、基于传感器的应用模式以及基于 M2M

的应用模式；最后，对营区物联网的构建原则、步骤及拓展应用进行了详细讨论。

第 5 章，根据数字营区的技术框架，分别从感知、传输、服务、应用四个层面，安全、智能两个维度对数字营区建设中采用的关键技术进行系统性介绍，包括营区物联网、营区大数据、营区智能、网络安全、营区数字化图形制作、系统集成等技术。

第 6 章，对数字营区的上层应用系统做系统性地介绍，分别从网上练兵系统、战备及作战指挥系统、无纸化办公系统、设施设备智能监控系统、装备智能识别系统、营区环境智能监测系统、军事设施业务管理信息系统、数字营区门户系统、综合地下管网信息系统等方面进行阐述。

第 7 章，对数字营区的软件平台做系统性地介绍。数字营区软件平台实现对应用系统的管控，分别从一体化安全管控平台、军事设施管理平台、信息智能平台进行阐述，实现对数字营区的全方位综合管理。

第 8 章，结合新技术新装备对数字营区的设施设备进行系统介绍。数字营区硬件设施设备具体包括智能终端设备、感知设备、管控设备、网络安全设备、基础设施等。

第 9 章，对数字营区的工程实践进行具体介绍。本章对技术方案编制、施工、验收以及现代营房的评估标准等方面进行系统梳理，强调数字营区工程实践的内容与标准；规划数字营区施工步骤、制定施工图的设计标准、对施工中应当注意的事项做出要求；讲解数字营区的验收过程，并规范营区建设的验收标准；最后，对现代军营建设现状进行评估与展望。

第 10 章，以陆军某数字营区工程建设为案例，详细给出数字营区建设的任务、目标、原则、规范、系统总体设计、系统建设内容，以期为物联网、营区信息化建设相关技术和管理人员提供现实参考和工程实践指引，使部队营区数字化建设有案可依。

第 11 章，总结数字营区建设，指出为适应军队建设发展的新形势，按照全面建设现代后勤的要求，需要调整建设思路，进一步拓展军事设施保障功能。首先介绍智慧营区和战斗营房的概念；然后思考推进营区智能化建设过程中的建设内容及发展趋势。

总体来说，本书可应用于营区数字化建设，实现人员出入实时掌控、行车轨迹实时记录、枪支弹药精确定位、涉密载体实时监管、重点目标实时监控、能耗精确计量等功能，最终达到营区军事物理环境与信息系统无缝融合，有效解决传统管理中"监管手段落后、制度落实不严"等瓶颈问题，对于数字营区的建设有指导作用。

感谢江苏省社会公共安全应急管控与指挥工程技术研究中心、江苏省社会公共安全科技协同创新中心和江苏省应急处置工程研究中心为本书编写提供的案例支持。本书得到国家重点研发计划（2018YFC0806900、2016YFC0800606、2016YFC0800310）；江苏省自然科学基金（BK20161469）；江苏省重点研发计划（BE2016904、BE2017616、BE2018754）等项目的支持。

感谢中国工程院戴浩院士，他以严谨的学术态度认真审阅书稿，提出细致且有针对性的修改意见，使本书增色不少。

在编写过程中，作者参阅大量翔实的文献资料，同时融入自身多年来在数字营区建设方面的理论积累和实践经验，但由于数字营区尚处于发展阶段，同时受时间、作者水平所限，对一些问题的看法可能不够准确，有失偏颇，书中难免会存在不足和纰漏之处，敬请广大读者朋友批评斧正。

编著者

2019 年 5 月

目　录

第1章 绪 论

数字营区在军队具有广阔的应用前景，其概念一经提出，立即引起高度重视。尽管军事领域中的物联网应用尚处于初级阶段，但人们已经意识到其在后勤应用中的优势，同时也对营区物联网应用寄予了憧憬。本章将从数字营区基本概念和内涵出发，介绍国内外数字营区发展现状，分析营区物联网、大数据、人工智能应用背景，以便读者对数字营区有初步的认识和了解。

1.1 物联网

1.1.1 物联网概念

1. 物联网的定义

物联网（IOT）通过全面感知、可靠通信和智能信息处理，可以实现对物理世界物体信息的认知、处理与管控，已占据当今世界信息技术竞争中的关键地位，被公认为是计算机、互联网和移动网络后的又一轮技术革命浪潮。

物联网是通过多种传感设备把物品与互联网连接起来，并按约定的协议进行信息交换和通信，以实现智能化识别、定位、跟踪、监控和管理的一种网络。如果说互联网为人与人之间的交流提供了一个虚拟空间的话，那么，物联网则进一步将网络的边界延伸到物理世界，实现人与物、物与物之间的信息交换，从而使人们可以更加迅速、准确、智能地对物理世界进行管理和控制，大幅提高社会生产力水平和人类的生活质量。

"物联网"一词最早出现于比尔·盖茨 1995 年出版的《未来之路》，只是受限于当时的技术发展水平，并未引起世人的重视。1999 年，由美国、中国、日本等 6 个国家联合成立的 Auto-ID 实验室在产品电子编码（EPC）和互联网的基础上提出了物品联网的概念，旨在解决物流领域信息传递不及时以及信息失真等问题。2005 年，国际电信联盟（ITU）发布了《ITU 互联网报告 2005：物联网》，正式提出物联网的概念，并全面阐述了物联网的支撑技术和应用前景。

欧盟、美国、韩国、日本等组织和国家先后加大对物联网研究的投入，极大地促进了物联网产业的发展。美国是物联网技术的主导和先行国之一。2008 年，IBM 公司提出的"智慧地球"设想被奥巴马总统提升为国家层面的发展战略。其核心思想是把新一代 IT 技术充分应用到各行各业中，如把感应器嵌入和装配到电网、铁路、桥梁等各种物体中，并最终联结形成物联网。在此基础上，再将现有的各种网络进行对接，以完成人类社会与物流系统的整合，从而使人类以愈加精细和动态的方式管理生产和生活，达到"智慧"的状态。这种"智慧"状态将伴随大量"聚合服务"应运而生，而"人—物"应用和"物—物"应用还会不断被开发、被集成，这也预示着聚合服务市场潜力非常巨大。欧盟制定了"欧洲行动计划"，科学规划未来发展路线。早在 2006 年就成立工作组，专门进行射频识别（RFID）技术与研究，并于 2008 年发布《2020 年的物联网——未来路线》。随后，欧盟制定了物联网产业详细的发展规划，主要体现在《欧盟物联网行动计划》，该计划已被视为重振欧洲的战略组成部分，其中的框架内容对物联网未来发展以及重点研究领域给出了明确的路线图，确保欧洲在构建物联网过程中的主导地位。同时，澳大利亚、新加坡、法国、德国等发达国家也加快了部署下一代网络基础设施的步伐，与物联网相关的全球信息化工作正在引发当今世界的深刻变革。近年来全球物联网应用增长态势明显，当前正处于产业爆发前的战略机遇期，根据全球移动通信系统协会（GSMA）发布的报告 *Spectrum for the internet of Things*，2015 年全球物联网规模为 0.89 万亿美元，预计到 2020 年全球物联网市场规模将达到 1.9 万亿美元，物联网设备连接总数将达到 300 亿个。

我国物联网发展与全球物联网发展都处在起步阶段，并且具备了一定的技术、产业和应用基础，展现出良好的发展势头。近几年，我国在无线智能传感器网络通信技术、微型传感器、传感器终端机、移动基站等方面获得了重大突破。2016 年 11 月，李克强总理在世界物联网博览会上指出，物联网是新一代信息网络技术的高度集成和综合运用，对于培育经济发展新动能、推动产业结构调整、提升社会治理服务水平有着重要的支撑作用。在《国家中长期科技发展规划纲要（2006—2020）》中，物联网是重大专项、优先主题、前沿技术三个层面的重点内容，也是已经开展的国家科技重大专项的主要研究方向之一。2016 年国务院发布了《"十三五"国家信息化规划》，该规划指出物联网是新一代信息技术的高度集成和综合运用，对新一轮产业变革和经济社会绿色、智能、可持续发展有着重大深刻意义。"十三五"时期是我国物联网加速进入"跨界融合、集成创新和规模化发展"的新阶段，与我国新型工业化、城镇化、信息化、农业现代化建设深度交汇，发展前景广阔，必须紧紧把握物联网新一轮生态布局的战略机遇，大力发展物联网技术和应用，加快构建具有国际竞争力的产业体系，深化物联网与经济社会融合发展，支撑制造强国和网络强国建设。

2. 对物联网军事应用的理解

目前对物联网军事应用尚没有权威的正式定义，我们认为物联网军事应用是通过各类感知手段或其他信息手段，获取军事活动中的人、装、物的状态信息，按照标准的通信协议，将各种作战要素、作战单元、作战力量、作战物资连接起来，通过栅格化的网络进行信息的智能化处理、应用和控制，使军事活动中的人、装、物有效融合为一个有机的整体，从而获取军事活动中的信息优势、决策优势、行动优势乃至战争胜势。

军用物联网与民用物联网相比，有着许多特殊之处，具体表现在以下几个方面：

1）建设目标不同

与民用物联网追求经济效益和生产力的提升不同，军用物联网是使军事物理实体可在无需人工干预的情况下感知事件、触发动作和生成服务，其目标更强调对于军事建设或作战行动带来的促进性作用和倍增化的效能，追求的是军事效益和战斗力的提升。目标不同，会导致建设方法、手段、体系架构等的不同。

2）物联对象不同

物联网军事应用的连接对象主要是各类侦察、监测与感知设备，监控各类军事敏感目标，获取敌情、我情、战场环境等信息，对于信息获取的准确性、实时性、安全性要求高，对于信息获取的难度更大，如敌我识别、目标区非合作识别等。民用物联网则宽松得多，我们日常生活中所接触的所有物体都可以接入物联网，接受物联网的控制，提供各种服务。因此，民用的感知设备并不能简单地运用到军事领域，针对陆、海、空、天、电、网等多维战场的感知信息获取，需要一系列特制的侦察、监测与感知设备，适应复杂军事应用环境，达到信息获取精度、可靠性、实时性、保密性等方面的要求。

3）接入网络不同

物联传输网络主要由接入网和核心网构成。物联网军事应用的核心网络是基于栅格的信息网络，通过军用卫星、超短波、短波等军用通信专网将监测信息接入栅格信息网络，在作战运用中，监测管控网络的安全性、抗干扰能力和抗毁重组能力要求更高。同时，随着民为军用、军民融合信息化建设思路的调整和公众移动通信网络越发成熟和广泛覆盖，基于异构公众移动通信网络构建军用物联通信网的条件已经成熟，这种基于公众网络传输军用物联信息的体系和技术相比传统军事通信网，能够更好地满足非战争军事行动、境内外特殊战场以及应急抢险等特殊军事任务的多样化军用物联通信保障需求。因此，如何构建一个统一的军用物联泛在通信网络，用于承载各种类型的军用物联业务数据传输是与民用物联网有明显区别的。

4）管理服务不同

管理服务是建于感知识别和网络构建之上的，是物联网智能的核心，当感知识别层生成的大量信息经过网络层传输汇聚到管理服务层，就需要解决数据如何存储、如何检索、如何使用、如何不被滥用等问题。军用物联网在这些方面有其特殊性，首先是信息数据的分布式存储，军事信息数据的存储在很多情况下是分布式的，以提高数据中心的抗毁性和可靠性；其次是信息数据的高保密性，不同的信息分属不同的秘密级别（秘密、机密、绝密），且必须采取有效手段防止敌方获取或使用数据，不同密级的人员接触到不同级别的信息，而且信息安全涉及涉密信息在网络各处的获取、存储、传输、处理所面临的保密问题；最后是信息数据的智能运用，现代战争均强调"从传感器到射手"或者说"察打一体"，需要实现自动监控→数据传输→指挥决策→火力控制的全要素、全过程的决策控制链。

5）应用环境不同

物联网军事应用融合方式主要是指机械化和信息化的融合，而民用物联网"两化融合"方式则主要是指工业化和信息化的融合。军事物联网的应用环境分为静态和动态两种情形。对于静态应用环境，军事物联网由于保密的特点，显然不能基于互联网这个全开放的环境，而只能利用现有的封闭、独立的内部网络运行环境，但可以单向得到互联网上的信息。动态环境，是指在作战战场机动应用环境。在这种环境下，互连和传输网络以专用无线或移动通信网络为主。军用物联网的应用形态主要分为日常战备值班、非战争军事行动、作战行动三类，这三类与民用物联网的常态与应急态均有不同，特别是作战行动更是千差万别。物联网军事应用领域主要是在军事领域与武器装备、后勤供给密切相关，如航空母舰联网、频联网、数字营区等。

1.1.2 物联网技术

1. 国外物联网技术和标准化研究现状

1）技术现状

（1）感知技术。发达国家把以传感器为代表的感知技术作为重点发展的核心技术。传感器技术依托敏感机理、敏感材料、工艺设备和计测技术，对基础技术和综合技术要求较高。

（2）RFID 技术。RFID 集成了无线通信、芯片设计与制造、天线设计与制造、标签封装、系统集成和信息安全等技术，已步入成熟发展期。目前，RFID 应用主要包括低频和高频标签技术，而超高频技术具有可远距离识别和低成本的优势，有望成为未来主流。

（3）网络与通信技术。目前近距离无线通信技术面临很多挑战，其中受 IEEE 802.15.4 技术影响较大。广域无线接入以蜂窝移动通信技术为代表，国际上正在开展核心网和无线接入 M2M 增强技术的研究。第五代移动通信技术（5G），作为 4G 之后的延伸，正处于研发之中，其理论下行速度为 10Gb/s。

（4）微机电系统（MEMS）技术。MEMS 综合了设计与仿真、材料与加工、封装与装配、测量与测试、集成与系统技术等，处于初期发展阶段。光刻电铸（LIGA）工艺可加工多种材料、可批量制作，但尚难以普及，MEMS 封装成本较高、测试相对困难。未来 MEMS 技术将进一步向微型化、多功能化、集成化的方向发展。

（5）软件和算法。在物联网中间件技术方面，其主导地位被国外软件占据。在系统集成方面，国外部分企业掌握着核心技术，并且在市场上占据了绝对的主导地位。目前，SOA 已成为软件架构技术主流发展趋势，国际上尚没有统一的概念和实施模式。

2）标准化

国际上对于不同技术领域的标准化工作已经开展。由于物联网的技术体系庞杂，因此物联网的标准化工作分散在不同标准化组织，各有侧重。

（1）RFID。标准已经比较成熟，ISO/IEC、EPCglobal 标准应用最广。

（2）传感器网络。ISO/IEC JTC1 WG7 负责标准化。

（3）构架技术。ITU-T SG13 对 NGN 环境下无所不在的泛在网络需求和架构进行了研究和标准化。

（4）M2M。ETSI M2M TC 开展了对 M2M 需求和 M2M 架构等方面的标准化、3GPP 在 M2M 核心网和无线增强技术方面正开展一系列研究和标准化工作。

（5）通信和网络技术。重点由 ITU、3GPP、IETF、IEEE 等组织开展标准化工作。目前 IEEE 802.15.4 近距离无线通信标准被广泛应用，IETF 标准组织也完成了简化 IPV6 协议应用的部分标准化工作。目前还没有任何电信公司或标准制定组织的公开规格或官方文件提到 5G，2018 年 2 月 23 日，沃达丰和华为完成首次 5G 通话测试。

（6）SOA。相关标准规范正由多个国际组织，如 W3C、OASIS、WS-I、

TOG、OMG 等研究制定。

（7）智能电网。国际上主要有 IEC、NIST、ITU-T、IEEE P2030、CEN/CENELEC/ETSI 等组织进行智能电网标准化工作。

（8）智能交通。国际上主要有 ISO TC204、ITU、IEEE 以及欧洲的 ETSI 等组织开展智能交通标准化工作。

（9）智能家居。智能家居相关国际标准化组织包括 X-10、CEBus、LonWorks、DLNA、UPnP、Broadband Forum 等。

2. 我国物联网技术和标准化研究进展

1）技术现状

物联网迅速发展的战略机遇有效地推动了我国在不同技术领域的全面提高。目前，我国在传感器、RFID、网络和通信、智能计算、信息处理等领域的技术研发水平不断提高，技术创新能力也取得了很大的突破。但是，由于信息产业长期的基础性瓶颈和大型应用系统综合集成能力相对薄弱的原因，我国在物联网核心技术上与国外发达国家还存在很大的差距，部分技术领域没有研发出自己的核心技术，长期受制于国外。大部分技术领域落后于国际先进水平，以跟随为主，处在产业链低端。

（1）传感器技术。我国企业基本掌握了研发低端传感器的技术，但高端传感器和新型传感器的部分核心技术仍然未掌握。我国仅有组件式传感器的通用标准，新型传感器标准基本为空白。

（2）识别技术。缺乏具有自主知识产权的接口协议标准、自主可控的标签芯片和读写器芯片，标签制造技术也亟待提高，封装技术已经基本成熟，但RFID 中间件技术与国外尚有较大差距。

（3）微机电系统。我国 MEMS 技术在新原理微器件、通用微器件、新工艺及测试技术和初步应用等方面取得了显著进展，初步形成了微惯性器件和微惯性测量组合、微传感器和微执行器、微流量器件和系统、生物传感器、生物芯片和微操作系统等研究方向。

（4）通信和网络技术。目前，近距离无线通信技术一般采用 IEEE 802.15.4、WLAN 等国外提出的技术，芯片也是以国外产品为主，国内也在面向应用的无线传感器组网技术方面努力寻找突破口。在 2G/3G 无线接入增强、IP 承载和网络传送技术上，我国技术研发水平已与国外可以抗衡，我国主导了 3GPP RAN（无线接入）优化项目立项，并取得关键技术突破。

（5）物联网软件和算法。物联网底层基础软件和中间件技术的研究水平与国外相比存在一定差距。在系统集成方面，国内使用和代理国外产品的情况较多，而自主研发较少。SOA 方面，国内主要集中在现有架构的优化和改造或重新设计阶段，尚与国外技术存在较大差距。

（6）海量信息智能处理。国内海量信息智能处理技术研究和发展相对滞后。目前国内仅有为数不多的研究单位和企业正在开展研究，以跟随为主，技术水平较低，影响力较弱。

2）标准化

我国物联网的标准化工作才刚刚开始，相关标准化体系尚未形成。我国相关研究机构和企业积极参与物联网国际标准化工作，在 ISO/IEC、ITU-T、3GPP 等标准组织获得了重要发言权。目前，我国已有多个标准化组织在开展物联网标准化工作。同时，在物联网概念发展之前，已经有不同的标准化组织开展了相关研究。总体来看，首先，我国物联网标准化工作得到了业界的大力支持，但整体标准化工作须要重视顶层设计，客观分析物联网整体标准需求。其次，还须统筹协调国际标准、国家标准、行业标准、地区标准的推进策略，进一步优化资源配置。

1.1.3　物联网体系架构

结合网络分层的原理与军事应用的需求，将物联网军事应用分成感知层、网络层、服务层、应用层，其体系架构如图 1-1 所示。

基于该架构，可开展异构军用网络的互连模型和互连机理的研究工作。

1. 感知层

感知层的主要功能是信息感知、采集和识别，并根据用户具体需求，确定需要感知的对象和识别的技术，同时实现与承载网络传输层的接入、交互。感知层是物联网军事应用的基础，是物理世界和信息世界的衔接层，主要通过各类信息采集、执行设备和识别设备，采用射频识别技术、条形码技术、传感器技术、定位技术等，实现物理空间和信息空间的感知互动。感知设备主要包括二维码标签和识读器、RFID 标签和读写器、摄像头、各种传感器（如温度传感器、声音传感器、振动传感器、压力传感器、磁敏传感器、阻力传感器、压电传感器等），军事应用还包括各种探测、侦察和监测设备等。

2. 网络层

网络层是核心承载网络，承担物联网感知层与应用层之间的数据通信任务。网络层主要提供广域范围内的应用和服务所需的基础承载传输网络，包括卫星通信网、移动通信网以及局部独立应用网络等。就物联网军事应用而言，网络层可看作透明的信息传输通道，实现应用层和感知层的数据传输。由于军事应用环境复杂，各种侦察、监测和感知设备差异很大，因此需要研究异构感知信息之间的互连、互通与互操作的机制，构建物联网军事应用发展所需的开放、分层、可扩展的网络体系结构，完成多种网络的接入与服务的融合。

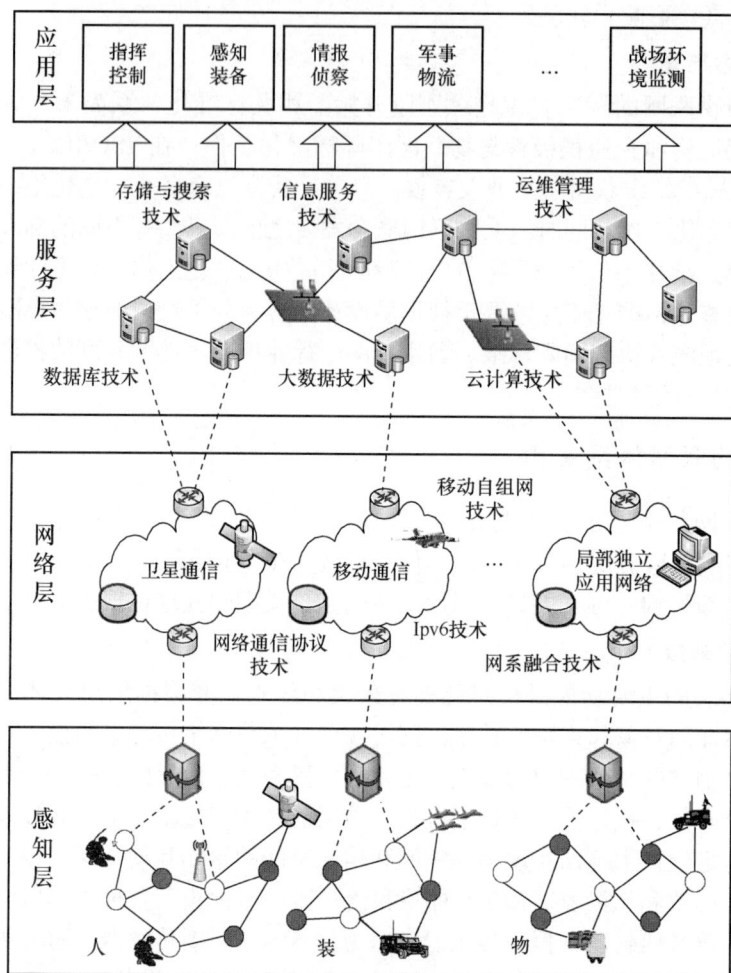

图 1-1　物联网军事应用体系架构

3. 服务层

服务层的主要功能包括对采集数据的汇聚、转换、分析，以及为用户层呈现的适配和事件触发等，通过建立网络化的计算设备和虚拟存储空间，为各类物联网军事应用系统提供通用的、基础的数据计算和存储能力。服务层的关键算法和软件系统是物联网军事应用计算环境的主体，是物联网军事应用系统的重要组成部分，可确保物联网在多应用领域安全可靠运行。同时，对计算处理后的感知数据和信息进行处理封装，以服务的方式提供给用户，是实现广泛的物物互连的应用解决方案，为战术指挥控制、目标侦察探测、战场环境保障、战场监视管控、勤务支援保障等多个领域提供具体的应用支撑。

4. 应用层

应用层是物联网军事应用体系架构的最高层次，在服务层提供的各类服务支撑下，开展基于物联网的指挥控制、情报侦察、军事物流、战场环境保障、战场监视管控、勤务支援保障等顶层应用。

1.1.4　物联网军事应用

在物联网概念出现之前，就已有各类与物联网内涵接近的军事系统或装备，并早在多年前就能在美军战场上见到物联网的身影，而今世界各国愈加重视物联网军事应用的研究。

1. 物联网应用的雏形

（1）美军在阿富汗战争中曾经使用无线传感网模式对塔利班出没山区进行侦察监视，为其地面部队和武装直升机等提供目标情报，取得了很好的作战效果。其工作原理是在目标区域设置了多个微型抛撒式无线感知节点，组网形成无线传感网，对区域内的敌情进行侦察和监视，并通过无线通信将无线传感网与军事通信网连接，使侦察到的信息能够及时发送给指挥所和火力单元，对区域内的敌方目标进行精确打击。这是物联网在战场侦察监视领域应用的雏形。

（2）1991 年，美国发动对伊拉克的"沙漠风暴"战争，在此次战争期间暴露出很多后勤支援方面的问题。一堆堆的军用物资拥挤在各个货仓里面，其中一些物资没有任何标记，不知道集装箱、货柜里面装的是什么物品；还有一些没有人认领，不知道这些货物是发给谁的，或是谁要的。如果想要知道集装箱内所装为何物，有时甚至需要拆开包装箱。因此，部分军需物资出现了重复投递、多次发送的情况，造成了物力资源和人力资源的巨大浪费，这让主管后勤的美军官员们头疼不堪。为此，美国国防部和国防后勤局开发研制了"联合后勤管理系统"和"国际运输信息跟踪系统"，系统基于互联网在全球传送物流信息。这是军事后勤领域进行物联网应用的雏形。

（3）20 世纪末期，美军相关部门提出了"网络中心战"的理论，美军认为"网络中心战"既作为一种作战理论，也作为信息时代的基本战争形态出现，实现了从机械化战争时代的"以平台为中心"向"以网络为中心"的转变。美军的网络中心战理论强调要将传感器网络、指控信息网络和火力打击网络连接起来，共享信息，进而高效遂行军事行动。针对网络中心战的需要，美国陆军提出了"灵巧传感器网络（SSW）"项目，通过主体交互作用实现了传感器基于网络平台的集成。该项目的核心思想是在地面车辆、空中、海上、卫星、无人机上安装大量的传感器以收集和中继数字地图、三维地形等信息，并过滤掉一些相关原始数据，然后再将这些重要信息发送到各个数据融合中心，最后将其集成为一幅战场全景图，按照需求分发给参战人员，这可以大大提高参战人员的战场态势的感知能力。

2. 物联网军事应用的领域

1）后勤保障领域

（1）军事物流。军事物流是物联网应用的重要领域，其互联、互通的智能化管理是建立在实体与实体间、后勤系统与系统间信息开放的基础之上。军事物流信息系统中的"军交运输动态监控系统"，通过 RFID、卫星导航定位等物联网技术，实现军事运输计划、调度和统计的全过程管理，提供了军事物流运输环节的信息查询和态势监控，以适应军事物流信息系统对军交运输动态监控的应用需要，实现军事运输计划提报、运输动态查询、行程预测、重点装卸载现场可视化以及运输统计等军交运输服务。军事物流信息系统中的"军队油料供应管理系统"通过物联网技术的应用，实现油料供应管理全过程的动态监控能力，大大提高响应时间。通过油料供应物联网，可以动态监控各级油库等油料保障实体和输油管线、运油车船等油料收、储、发的数量变化，以及关键环节的油料质量情况，为各级油料供应管理部门等提供决策数据支持。

（2）军事工程。军事工程物联网是指通过信息传感设备，按照约定的协议，把军事工程中的各要素单元（包括设备、设施、人员、装备、环境等）通过特定的网络连接起来，进行信息交换和通信，实现智能化定位、识别、跟踪、监视、控制、管理和决策，为军事训练和作战提供保障的一体化计算平台。军事工程物联网以军港工程、军用机场、防护工程、阵地工程、军事设施工程等各类军事工程为应用对象，以物联网技术为手段，以复杂战场条件下工程信息的感知、控制、传输和智能处理为研究内容，以实现精确、高效、可靠的作战训练保障和工程管理为目的，具有鲜明的军事特色。

（3）军事卫勤。未来智能化战争时代，我们将面对复杂激烈、瞬息万变的战场环境，随着各种高智能化和高科技的新式武器的大量使用，致伤复杂，这就对救治技术和医疗设备提出更高的要求。虽然随着医疗技术的发展出现了如个人紧急响应系统（PERS）的智能化系统，发生紧急情况可以摁按钮求救，但由于战场上会出现身体伤残、意识混乱，或远离按钮等情况，致使许多人并没有机会使用按钮。因此，亟待出现智能化的远程监测和远程健康系统来改善战场上作战士兵的护理工作。而物联网及其相关智能技术可以应用在后勤领域的以下方面：

① 移动医疗和护理。在战时医学救援和救治中，基于 RFID 技术的伤员腕带、电子伤票技术可以极大地提高分类救治效率、降低人为差错。

② 药品保障和用药管理。利用电子标签技术可实现药品供应保障的全过程可视化管理。通过物联网技术，可以将药品名称、品种、产地、批次，以及生产、加工、运输、存储、销售等环节的信息，都存储于 RFID 标签中，当出现问题时，可追溯全过程。另外，还可以在用药过程中加入防误机制，包括处方开具、调剂、护理给药、就医人员用药、药效追踪、药品库存管理、药品供货商进货、保存期限及保存环境条件等。

③ 环境卫生监测和三防侦测。实现对医疗垃圾处置的可视化管理和对水质、大气等卫生环境的监测。结合"核化生"传感技术、生物芯片技术、无线网络技术、模型预测技术等，构建"三防传感网络"，并与军队指挥网络连接，可实现对各种恐怖袭击和安全事件的快速探测、早期预警和快速反应。据报道，美国能源部下属 Sandia 国家实验室已开发出针对地铁、车站等公共场所化学袭击的传感网络系统；美军研制了三防人员与探测飞机相结合的三防快速检测网络。2008 年，美国麻省理工学院在微机电系统学术年会上发布了一种只有火柴盒大小的微型传感器的研制计划，用于快速检测微量有毒气体，耗能只要 4J，只需 4s 就可以给出检测结果，并可分散布置在室内或室外广大区域。

④ 军人健康监测、远程医疗和医学救援。目前军事远程医疗技术主要还是基于视频会议、计算机图像通信系统的远程会诊。利用物联网技术，通过现有的通信网络，就可以跨越距离把需要医治人员的数据传输到医疗机构；利用无线传感技术，就可以轻松地收集需要医治的人员的血压、心率、心电图、血氧、呼吸、行动模式等各种数据，甚至还可以研发可口服的微型传感器，利用它就可以使服药情况得到动态的监控，比如美军已经开发出可实时感知并传输军人生理监测信息的"电子服装"，用于辅助作战指挥人员评估军队战斗力。综合利用海量数据处理、物联网、云计算和人工智能等技术，能够为就医人员疾病的模式识别提供基础，这将大大减轻医生的工作负担，并可以共享少数高水平医生的医疗就诊经验。智能化终端技术为医生提供了特制的移动终端，方便且实用，这使他们在日常出诊或其他的工作生活现场遇到的紧急情况可以得到及时的处理。

（4）其他应用。

① 物联网技术在军车防伪管理中的应用。鉴于长期以来，不法分子的很多违法犯罪活动多次打击不见成效，原因是他们借助军车掩护进行犯罪活动，这种恶劣行为既影响了正常的交通秩序和社会治安，玷污了军队的声誉和形象，同时也严重损害到国家利益。为了及时制止此类现象，自2013年5月1日起，我军启用了新一代军牌系统。该系统利用物联网RFID电子标签的技术和数字防伪技术，能够对信息进行加密存储，尽最大限度地实现信息的唯一性和保密性，并能进行远距离自动识别，能完全实现军用车辆牌照的防伪并且同时提高军用车辆管理的信息化水平。该系统的工作原理是，RFID军车行驶证向RFID读/写器发送自身信息（如ID号等），RFID读/写器接受这些信息并进行解码，并把解码后的数据信息通过网络发送给后台负责处理的系统服务器，并及时地将数据处理结果反馈到RFID读/写器。负责检查的人员通过无线网络的方式远程与军区数据管理中心进行连接并读取核查车辆信息。通过RFID读/写器读取军车行驶证内的数据信息自动检查车辆真伪，并将获取的信息传送到数据中心，从而对接受检查的车辆进行有效的监督、管理。整个检测过程快速高效，有效地加大了检查监督力度，同时又提高了管理工作效率。

② 智能军服。新一代智能军服的问世，毫无疑问将打破传统的保障理念，智能军服不仅仅局限于以往的识别与防护功能，而是成为将隐身、防护、通信、净化、防疫、预警、救生甚至使用等功能聚合于一体的"多功能数字化军服"。

以"多功能数字化军服"为例，其核心是由"传感器头盔"和"新型作战服"组成，其中传感器头盔来完成控制瞄准和通信功能，并保持与指挥控制中心的无线联系，新型作战服共分为三层：外层（防弹），中层（控制随身装置的动力系统），里层（检测战士的身体状况）。整套数字化军服系统不仅具有导航、防水防漏、净水的功能，还可以自动调节制服内部的温度和湿度，因此可以很大程度上减少士兵在作战期间更换衣服的需要。头盔是由纳米粒子材料制作而成，同时又装备了昼夜激光瞄准感应、微型计算机显示器、多功能呼吸面罩等，在头盔的保护下，士兵们不仅可以通过卫星通信系统与战友进行沟通，还可以通过头盔前额部分的屏幕来观察实时战况，从头盔上可以翻下一个能够通过热能和夜市传感器系统与武器系统相连接的小型显示器，同时它还能提供一幅战场态势图，这可以让士兵们很好地掌握战友以及敌人的位置，从而及时请求火力支援。智能军服中还嵌入了一个能够辨别身体流血部位的生化感应仪，并且能使流血部位附近的军服膨胀/收缩，以起到止血的功能。同时智能军服能够把士兵负伤情况的数据发送到战地医生的PC端，军医可以远程操控智能军服对士兵进行简单必要的治疗。在路过生化武器沾染地带时，将出现一个自动弹起的屏幕，它将释放出防御生化武器的解毒剂；在丛林、沙漠或山岩之中，纳米技术的"隐身"会发挥重要作用，智能军服通过精确计算军服的色调、种类、亮度，对光谱的反射性，以及各种色彩的面积分布比例后，使其做出环境适应性的变化——军服上的斑点形状、色调、亮度与背景一致；在可见光条件下，即使士兵在活动时也很难被敌方肉眼识别发现；在沙漠或险恶环境下执行特殊任务时，军服还能充当食物，特殊的蛋白质、氨基酸和多种维生素合成的军服既能吃又能穿，这些营养物质可以保证单个士兵 6 天所需的营养和能量，足以维持身体所需，即使士兵在最艰苦的生存条件下，也能生存下来。

2）指挥控制领域

随着机器人技术的发展，在未来，陆战部队将会被赋予全新的作战能力，地面战争的样式将会改变，从而大大降低伤亡，增加灵活性和持久能力。美国预测，在 2020 年的战场上，机器人数量将会超过士兵的数量。随着新一代军用机器人智能化、自主化水平的提高并陆续走上现代战场，机器人战争时代愈来愈近，这预示着人类战争将进入全新的时代。无论是热兵器时代、冷兵器时代、机械化时代，还是当今的信息化时代，虽然交战双方的作战距离在不断增加，逐渐向非接触化战争发展，但是大规模的地面作战仍然是不可避免的，零接触作战尚遥不可及。而机器人战争时代能真正做到非接触式作战，或许新的战争模式由此应运而生。

无人化指挥控制在机器人作战研究中的重要意义体现在以下三个方面：一是无人化指挥控制是机器人部队除传感器和动力问题外最为关键和核心的问题，涉及人工智能、信息技术、复杂系统等多学科的重大基础科学工程，学术价值极高、发展前景深远；二是无人化指挥控制的研究成果可直接应用于指挥信息系统，对其在未来信息化战争中高效、智能地处置海量作战信息意义重大；三是针对未来部队很可能是机器人和士兵混合编成的情况，无人化指挥控制的研究成果可以为未来机器人部队的组织结构形式、编组与职责以及指挥协同关系等提供理论支撑。无人化指挥控制需要研究符合机器人部队无人化指挥控制作战需求，明确机器人部队认知能力的基本概念、基本特性和基本能力，提出机器人部队的典型作战任务与作战样式，构建一套适应任务动态变化的机器人部队组织设计方法和评估理论，为机器人部队的无人化指挥控制研究提供理论基础。

3）武器装备领域

武器装备领域的应用是指物联网与人工智能、纳米等技术的综合应用，包括大力推进物联网技术在武器装备生产和制造等领域的大规模应用，积极改进和优化武器装备生产过程的实时监测与自动控制系统，以及开发研制具有一定信息获取和信息处理能力的完全自主智能作战机器人。更高的智能化水平、更快的机动速度和更加灵敏的部署使军用机器人具备独立执行作战任务的能力。同时重点建设作业、损毁、维修和报废全寿命周期状态等应用、联合战场军事装备、武器平台和军用运载平台感知控制网络系统，动态感知和实时统计分析军事装备、运载平台等聚集位置。

3. 物联网军事应用的意义

物联网不但对构建信息化社会有广泛的作用，对于推进军队信息化建设也将产生深远的影响，甚至物联网军事应用将引起新的军事变革。信息化战争要求作战系统"看得明、反应快、打得准"，谁能在信息的获取、处理、传输、安全上取得先机，谁就能夺取战争的主动权。以无线传感器网络为代表的物联网军事应用凭借其独特的优势，能在多种场合情况下满足军事信息获取的准确性、实时性、全面性等需求。武器装备领域呈现出网络化、数字化、智能化、一体化、精确化和实时化的发展趋势。就像众多军事专家所说的，物联网是"一个未探明储量的金矿"，它正在孕育军事变革深入发展的新契机，能够带来很大的军事应用价值。可以设想，借助于物联网将军事领域的各个环节与单元有机的连接起来，从而使整个国家的军事力量处于有序的全信息和全数字化状态，极大地提升军队信息化水平。

综合起来，开展物联网军事应用研究具有以下重要意义。

（1）有助于提升战场态势感知能力。战场态势感知和共享能力是获得信息优势和打赢信息化战争的重要基础。通过各种方式构建的战场侦察物联网，能对包括敌方人员、装备、环境等在内的重要目标实施昼夜监视和实时跟踪，经过信息过滤、分析和融合，最终可形成全方位、全频谱、全时段的多维战场态势信息。通过物联网技术，能将大量分散的信息集成为一幅战场全景图并实时地展现在作战指挥人员面前，从而显著提高战场态势的感知能力。

（2）有助于提升军用装备的智能化水平。物联网技术使得各种军用装备都有自己身份和性能的电子标识，具备感知信息、发布信息和传输信息的功能，具有自测、自检和与其他装备沟通的智能特征，信息要素成为装备构成的重要部分。同时，随着物联网技术的发展，装备将实现智能化，各种装备，大到飞机、坦克、汽车，小到枪支、弹药，都能拥有自己的智能标签和一定的认知能力。装备可以具有与人一样的"智慧"，能够感知战场环境并做出智能决策。例如，坦克会感知当前战场环境并依据作战指挥员的意图自动决策前进路线；后勤仓库会自动检查储藏状况，适时"索要"补充物品。

（3）有助于提升军事信息系统的互操作能力。互操作是军队信息系统建设的一大难题，其原因之一在于信息系统中的各种装备接口难以统一，缺乏统一的标准，导致系统集成时经常出现"互连缝隙"，信息难以在系统边界上顺畅流动。采用物联网技术，装备将具有统一的标识和规范的接口，并具有网络互连能力，不同系统的装备都可以接入到一个大的平台中，系统之间的信息交流与控制将更加顺畅，信息系统互操作能力将可以得到有效提升。

（4）有助于提升精确化作战保障水平。现代信息化战争对作战保障提出了更高的要求，通过物联网可将作战保障的各个环节都纳入到统一的体系，达到"需求实时可知、资源实时可视、行为实时可控"，使得精确化作战保障成为可能。采用物联网技术，能够在军事行动的全过程中对装备物资保障需求进行自动感知，对在储、在运、在用物资进行动态可视化管理，从而实现在准确的地点、准确的时间向作战部队提供准确的装备与物资保障。同时，通过对战场信息和保障信息的智能处理与综合，能够依据战场态势的变化，预见性地做出保障决策并自主地协调、控制、组织和实施保障行动，使得各种保障行为实时可控，形成自适应、智能化的作战保障能力。

（5）有助于支撑新型作战力量建设。新型作战力量建设已成为当前和今后一个时期军队建设的战略重点，军用物联网以其独特的优势，可以将军事领域的各个环节与要素有机连接起来，使整个国家的军事力量处于有序的全信息和全数字化状态，推动战斗力生成模式由保障和发挥物理力、化学力向信息力、结构力方向转变，有力支撑战略预警、军事航天、防空反导、信息攻防、战略投送、远海防卫等新型作战力量建设。

总之，物联网军事应用，对于增强战场感知能力，增强战场"透明度"，增强信息系统的总体性能，对于在瞬息万变的现代战争中提高指挥员掌控战场态势能力，提高指挥员科学决策水平，提高我军作战效能，提高精准保障的能力，提高战场后勤保障和装备维修的效率，提高我军在信息化系统体系下的作战能力，加快推进战斗力生成模式转变，从而极大地提升信息化条件下一体化联合作战能力具有重要意义。

1.2 大数据

1.2.1 大数据概念

1. 大数据的定义

大数据（Big Data），指无法在一定时间范围内用常规软件工具进行捕捉、管理和处理的数据集合，是需要新处理模式才能获得的具有更强的决策力、洞察发现力和流程优化能力的海量、高增长率和多样化的信息资产。在维克托·迈尔-舍恩伯格及肯尼斯·库克耶编写的《大数据时代》中大数据指不用随机分析法（抽样调查）这种捷径，而采取对所有数据都进行分析处理的数据。大数据具备 5V 特点（IBM 提出）：Volume（大量）、Velocity（高速）、Variety（多样）、Value（低价值密度）、Veracity（真实性）。

现在社会高速发展，科技发达，信息流通，人们之间的交流越来越密切，生活也越来越方便，大数据就是这个高科技时代的产物。阿里巴巴创办人马云在演讲中就提到，未来的时代将不是 IT 时代，而是 DT 的时代，DT 就是 Data Technology（数据科技），显示大数据对于阿里巴巴集团来说举足轻重。大数据技术的战略意义不在于掌握庞大的数据信息，而在于对这些含有意义的数据进行专业化处理。换而言之，如果把大数据比作一种产业，那么这种产业实现盈利的关键，在于提高对数据的"加工能力"，通过"加工"实现数据的"增值"。

尽管"大数据"这个词直到最近才受到人们的高度关注，但早在 1980年，著名未来学家托夫勒在其所著的《第三次浪潮》中就热情地将"大数据"称颂为"第三次浪潮的华彩乐章"。《自然》杂志在 2008 年 9 月推出了名为"大数据"的封面专栏。从 2009 年开始"大数据"才成为互联网技术行业中的热门词汇。最早应用"大数据"的是麦肯锡公司（McKinsey），其在 2011 年 6月发布了关于"大数据"的报告，该报告对"大数据"的影响、关键技术和应用领域等都进行了详尽的分析。麦肯锡的报告得到了金融界的高度重视，而后逐渐受到了各行各业关注。

大数据是一个不断演变的概念，当前的兴起，是因为从 IT 技术到数据积累，都已经发生重大变化。仅仅数年时间，大数据就从大型互联网公司的一个专业术语，演变成决定我们未来数字生活方式的重大技术命题。2012 年，联合国发表大数据政务白皮书《大数据促发展：挑战与机遇》；EMC、IBM、Oracle 等跨国 IT 巨头纷纷发布大数据战略及产品；美国政府耗费巨资投入大数据技术研究，颁布了《大数据研究和发展计划》，目标是通过大数据技术实现感知、认知和预测支持的结合，增强信息提取分析、情报获取和对目标的洞察能力，培养该领域的技术人才。其主要项目包括：多尺度异常检测项目（ADAMS）、网络内部威胁计划（CINDER）、加密数据的编程计算项目（PROCEED 项目）、视频与图像检索分析工具项目（VIRAT 项目）等。为实现决策优化，美国还进行了数据可视化、信息安全与大数据结合等方面的综合研究，建立大数据中心，对各类大数据进行整合、分析，并向相关领域提供大数据分析产品。目前已有国际知名项目投入使用，如 Facebook 开发的社交图谱数据、NSA 棱镜计划、IBM Waston 等项目。

我国大数据应用还处于起步阶段。2013 年，我国开始进行大数据专项研究。2014 年，国内主要互联网公司已将大数据应用于相关业务中，取得了巨大的经济效益和社会效益。2014 年，清华大学开设了大数据相关课程，正式开启了培养大数据领域专业人才的序幕。经李克强总理签批，2015 年 9 月，国务院印发《促进大数据发展行动纲要》（以下简称《纲要》），系统部署大数据发展工作。《纲要》明确，推动大数据发展和应用，在未来 5 至 10 年打造精准治理、多方协作的社会治理新模式，建立运行平稳、安全高效的经济运行新机制，构建以人为本、惠及全民的民生服务新体系，开启大众创业、万众创新的创新驱动新格局，培育高端智能、新兴繁荣的产业发展新生态。2016 年 3 月 17 日，《中华人民共和国国民经济和社会发展第十三个五年规划纲要》发布，其中第二十七章"实施国家大数据战略"提出：把大数据作为基础性战略资源，全面实施促进大数据发展行动，加快推动数据资源共享开放和开发应用，助力产业转型升级和社会治理创新，具体包括：加快政府数据开放共享、促进大数据产业健康发展。

2. 对大数据军事应用的理解

目前，大数据在互联网、经济、社会等方面已经广泛应用，并取得了显著成效，但在军事领域的应用方兴未艾。将来影响和决定军事行动的核心在于数据，对数据的积累量、数据分析和处理能力将成为取得战场优势的决定性因子。战场上瞬息万变、纷繁复杂的数据反映了最基本、最客观、最全面的战场态势。

把大数据应用到军事领域首先该考虑的是如何采集数据以及采集哪些数据的问题。人的因素是战争的决定性因素，人的行为决定了战场态势的实际走向，因此必须对人的战场行为进行准确、客观、全面的刻画。但在以往数据采集中只能看到行为结果，却无法描述这些行为过程。现代信息装备的使用使得记录人的行为过程数据成为现实。其次应当解决数据的有效管理问题，信息化战争中，数据就是情报，是料敌先机、克敌制胜的不二法宝，因此必须对数据进行科学有效的管理。不同战场环境以及作战想定需要采集不同类型的数据，这是数据可用、缩短数据处理时间、提高快速反应能力的基础。

1.2.2　大数据技术

1. 国外大数据技术和标准化研究现状

1）技术现状

信息无处不在，海量数据的产生、共享以及交换应用如何实现是大数据研究领域的核心问题。大数据技术能够实时、高效、可视化地处理各种类型数据，使用户按需求获取分析和预测结果。目前，在数据的采集与预处理、数据存储与管理、计算模式与系统和数据分析与挖掘等大数据关键技术领域，国外正在开展一系列研究工作。

（1）大数据采集与预处理。数据来源渠道繁多，导致数据类型多样化，包括结构化、半结构化和非结构化数据。非结构化数据价值低、异构且冗余，故首先要对数据进行清洗，以消除相似、重复或不一致的数据，为后续过程提供高质量的数据集合。现有的数据采集手段主要有以下四种：基于物化或 ETL 引擎方法、基于联邦数据库引擎或中间件方法、基于数据流引擎方法和基于搜索引擎方法。

（2）数据存储与管理。PB 或 EB 数量级的大数据不仅需要上层应用高效的数据访问接口，而且对数据实时性和有效性提出了更高标准。为快速高效可靠地处理大数据，需建立计算编程模式以及相关的优化方法。大数据环境下，目前最适用的技术是分布式文件系统、分布式数据库以及访问接口和查询语言。

（3）计算模式与系统。大数据计算模式是指根据不同的数据特征和计算特征，从多样性的大数据计算问题和需求中提炼并建立各种高层次抽象模型。大数据计算与计算算法、数据规模、数据分布以及用户访问行为密切相关，不仅从多维度建立大数据计算程序集合，还分析了计算系统之间的相互影响，建立复杂条件下大数据运行的行为模型。IBM 结合自主计算和大数据技术，提出具备自主能力的"认知计算"，是继制表计算、编程计算之后的第三代计算模式。

（4）数据分析与挖掘。鉴于大数据价值密度低、商业价值高的特点，为提高数据质量和可信度，要求从大量的、不完全的、有噪声的、模糊的、随机的实际应用数据中，通过分析数据结构、类型及数据间的关联度，综合运用统计和机器学习，从数据库管理系统的大数据中提取出隐含其中的潜在信息和知识。在庞大的数据中，数据呈现形式至关重要。可视化借助图形化手段，通过直观传达大数据关键特征，对数据进行可视化表达，呈现数据中隐含的信息，挖掘数据中所包含的规律。数据可视化分为科学可视化、信息可视化和可视化分析。

2）标准化

目前国际上有 3 大标准化组织针对大数据进行专门研究。

ISO/IEC JTC1 SC32 于 2012 年成立了下一代分析技术与大数据研究组，

2014 年 6 月启动了 4 项为大数据提供标准化支持的新工作项目。该组织重点研究对象包括元数据、大数据存储和检索、大数据所支持的复杂数据类型等。ISO/IEC JTC1 SC2 正在进行大数据标准研究调研，其于 2013 年 11 月成立了大数据标准化研究组，2014 年提交了大数据相关技术与标准调研报告以及JTC1 在大数据标准研发中的需求。

ITU-T 则重点研究基于大数据的云计算相关技术，ITU 于 2013 年 11 月发布了《大数据今天巨大，明天平常》的技术观察报告，分析了大数据面临的挑战和 ITU-T 开展的标准化工作，目前该组织已启动"基于大数据的云计算需求和能力"新工作项目。

NIST 于 2013 年建立了大数据公共工作组（NBD-PWG），其重点研究对象包括术语和定义、用例和需求、安全和隐私、参考体系结构和技术路线等，目前已有这些方面的草案。

2. 我国大数据技术和标准化研究进展

1）技术现状

国内在大数据技术研究方面主要集中在云计算、数据挖掘、并行计算、分布式处理等领域。

（1）云计算。云计算是一种基于互联网的计算方式，经过这种方式，共享的软硬件资源和信息能够按需要提供给计算机和其他设施。云计算是硬件资源的虚拟化，而大数据是巨量数据的高效处理，大数据需要云计算支撑，云计算为大数据处理提供平台。在云计算基础产品方面，我国已经突破 EB 级存储系统软、硬件技术和支持亿级任务并发处理的服务器系统技术。同时，互联网企业在大规模云计算操作系统方面取得突破，包括弹性计算系统、结构化数据存储系统和开放存储系统等。

（2）数据挖掘。数据挖掘一般是指从大量的数据中通过算法搜索隐藏于其中数据特征的过程，数据挖掘通过统计、在线分析处理、情报检索、机器学习、专家系统和模式识别等许多方法来实现上述目标。国内数据挖掘软件产业还处于发展阶段，从事此方面研究的人员主要集中在高校，只有少部分分布在研究所或公司，主要的研究方向集中在数据挖掘的学习算法、理论方面以及实际应用。

（3）并行计算。近年来集群系统成为并行计算的研究热点，随着网络技术的发展和对机群系统研究的深入，特别是高效通信机制的开发，机群系统的通信性能将会接近专用的互联网络，并行编程环境和工具更加完善，有望在机群系统上解决粒度更细的应用问题，使并行处理系统的应用领域更加广泛。

（4）分布式处理。分布式处理系统能够把不同地点的或具有不同功能的或拥有不同数据信息的多台计算机用通信网络关联起来，在控制系统的统一管理控制下，协调地实现信息处理任务——这就是分布式处理系统的定义。分布式处理技术已经历十几年的研究，但该领域现在仍然方兴未艾，将是大数据领域最有发展潜力的分支之一。

2）标准化

对于大数据标准研制在中国的发展情况，中国电子技术标准化研究院发布的《大数据标准化白皮书》指出，全国信息技术标准化技术委员会（TC28）持续开展数据标准化工作，在元数据、数据库、数据建模、数据交换与管理等领域推动相关标准的研制与应用，为提升跨行业领域数据管理能力提供标准化支持。具体而言，全国信标委于 2012 年成立了非结构化数据管理标准工作组，对口 ISO/IEC JTC1 SC32 WG4。全国信标委云计算标准工作组目前正在开展大数据存储和分析应用的研究工作，旨在研究大数据存储和分析技术的应用分析、技术框架和标准研究等。全国信标委体系结构（SOA）分技术委员会负责面向服务的 SOA、Web 服务和中间件的专业标准化的技术归口工作，并协助全国信息技术标准化技术委员会承担国际标准化组织相应分技术委员会的国内归口工作。

另外，全国信息安全标准化委员会（TC260）是在信息安全技术专业领域内，从事信息安全标准化工作的技术工作组织。委员会负责组织开展国内信息安全有关的标准化技术工作，技术委员会主要工作范围包括：安全技术、安全机制、安全服务、安全管理、安全评估等领域的标准化技术工作。全国信安标委目前正开展大数据安全技术、产业和标准研究，为大数据的安全保障提供支撑。

1.2.3 大数据体系架构

从业务的视角可将大数据平台划分为"五横一纵"，如图 1-2 所示。

根据数据流向自底向上划分为五层，与传统数据仓库类似，分别为数据采集层、数据处理层、数据分析层、数据访问层及应用层。同时，大数据体系架构与传统数据仓库不同，大数据体系架构的同一层次为了满足不同的场景需求，会采用更多的技术组件，体现百花齐放的特点。

（1）数据采集层：既包括传统的 ETL 离线采集，也有实时采集、互联网爬虫解析等。

（2）数据处理层：根据数据处理场景要求不同，可以划分为 HADOOP、MPP、流处理等。

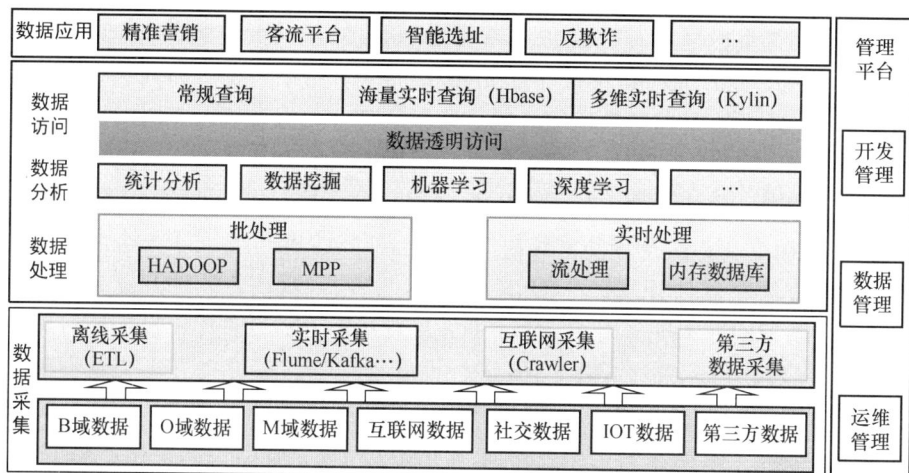

图 1-2　大数据体系架构

（3）数据分析层：主要包含了分析引擎，比如数据挖掘、机器学习、深度学习等。

（4）数据访问层：主要是实现读写分离，将偏向应用的查询等能力与计算能力剥离，包括海量实时查询、多维实时查询、常规查询等应用场景。

（5）数据应用层：根据企业的特点不同划分不同类别的应用，比如针对运营商，对内有精准营销、客服投诉、基站分析等，对外有基于位置的客流、基于标签的广告应用等。

（6）数据管理层：这是一纵，主要是实现数据的管理和运维，它横跨多层，实现对数据的统一管理。

1.2.4　大数据军事应用

1. 大数据应用的雏形

（1）美军在 21 世纪初就开始了大数据技术应用于军事领域的尝试。2002 年，阿富汗境内的大毒枭筹备为基地组织等恐怖分子提供资金时，美军的情报分析人员正是通过数据挖掘的技术，把作战方案库里的数据与有关基地组织情况库里的资金数据进行实时、自主关联，从中发现了端倪，从而指导美军先敌一步采取行动。2009 年以来，美国海军一直在研发和测试一些微型机器人潜艇。这些微型潜艇能够在水下自动收集盐分与温度的实时数据，每隔 1h 左右，短暂浮出水面并通过卫星把数据传回后台。这些数据能够使友军声纳系统的有效性得到提高，使其更容易侦察和跟踪敌军潜艇动向。

（2）美国奥巴马政府于 2012 年 3 月 29 日发布了《大数据研发倡议》（Big Data Research and Development Initiative），将大数据研发提升为国家政策。而美军大数据项目正是美国国家项目的重要组成部分。据了解，美国国防部及其下属国防高级研究计划局现有的大数据项目共有 10 个，其中，数据到决策、网络内部威胁、影像检索与分析、X-数据项目等是具有代表性的。

（3）2014 年，美国国防高级研究计划局（DARPA）宣布了一个名为"信息挖掘与理解型软件开发"（MUSE）项目。该项目试图将软件开发的常规措施与机器学习的基本理念用于一个不断发展壮大的开源软件库，以期通过这种方式对当前编写与维护软件的方式进行彻底地思悟，最终提高军用软件的质量。DARPA 希望通过 MUSE 项目开发可以有效管理信息的"大代码"软件包，它不会在大数据集的重压下扭曲或崩溃，该项目针对的大数据，是 2012 年奥巴马政府宣布的技术方案核心。

（4）2017 年，美国国防部在财年预算中要求投资"大机制"，致力于生物学、赛博、经济学、社会科学和军事情报的计算智能自动化。根据预算，DARPA 估计其中与大数据相干的投资计划将从 2015 年的约 2.16 亿美元增加至 2017 财年的近 2.69 亿美元，计划增长 24.5%。

（5）近年来，军方正采用数据挖掘技术的大数据解决方案，从无人机、自动化网络安全系统、恐怖分子数据库和其他来源搜集的很多不同特征的数据中取得更多的信息。该技术不仅可以给战场上的战士以帮助，还可以用在改良从软件开发到装备维护的各种领域。

2. 大数据军事应用的领域

（1）军事管理领域。由于大数据在军事管理领域的应用，军事管理将愈加刚性，最大限度缩小人为因素的影响范围。大数据强军的内涵，本质上是军事管理科学化水平的提高，与小数据比起来，因为有了大数据，军事管理活动量化程度得以提高，工具愈加先进，边界愈加宽广，管理质量、效率会随之更高。

（2）军事科研领域。通常人们研究战争机理、找寻战争规律的方法有三种，又称为三大范式：实验科学范式，在战前通过反复的实兵对抗演习来论证和改进作战方案；理论科学范式，采用数学公式描述交战的过程，如经典的兰彻斯特方程；计算科学范式，基于计算机开发出模拟系统来模拟不同作战单元之间的交战场景。然而，上述研究范式只能使人们感知对战的过程和结果，并不能有效提高对海量数据的管理、存储和分析能力。以大数据为核心技术的数据挖掘模式被称为第四战争研究范式。人们可以有效利用大数据，探寻信息化战争的内在规律，而不是在海量数据中一筹莫展。大数据研究范式由软件处理各种传感器或模拟实验产生的大量数据，将得到的信息或知识存储在计算机中，基于数据而非已有规则编写程序，再利用包括量子计算机在内的各种高性能计算机对海量信息进行挖掘，由计算机智能化探索隐藏在数据中的关联，从而发现未知规律，捕获有价值的情报信息。

（3）武器装备领域。大数据在武器装备上的普遍应用，意味着武器装备建设将从重视研发信息系统到重视数据处理与应用的转变，从重视信息系统的互联、互通到重视信息系统的透明性互操作的转变。当前武器装备的信息化程度越来越高，装备体系内各个节点之间的信息共享也越来越方便、可靠，但由此也带来了一些显著问题，如原始信息规模过大、价值不够高、直接提取所需信息的难度增加等，从而使得武器装备体系在信息获取效率上大打折扣。在这种背景下产生的大数据为解决上述问题提供了有效方法。

（4）情报分析领域。信息战是体系对体系的战争，而这一体系是一个超级复杂的宏大系统，仅诸军兵种庞杂的武器装备和作战环境数据，就足以大到使一般的信息处理能力捉襟见肘；而敌我对抗的复杂化，更是让数据量呈爆炸式增长，从而带来比传统战争更多的"数据迷雾"。可以说，信息化战争的机制深藏在"数据迷雾"中。未来完全可能依托大数据分析处理技术来构建模型，通过数据挖掘模式，从海量数据中挖掘出有价值的信息，及时准确掌握敌方的战略意图、作战规律和兵力配置，真正做到"知己知彼"，使战场变得透明化，从而拨开"战争迷雾"，达成运筹于帷幄之中、决胜于千里之外的作战目标。

（5）指挥决策领域。管理的核心是决策，决策是进行数据分析、行动方案设计并最终选择行动方案的过程。军事决策建立在对敌情的正确分析预测之上，其意图是经过合理分配兵力兵器，优选打击目标，设计完成任务的最佳行动方法与步骤。大数据带来的重要变革之一，是决策的思维、模式和方法的变革。基于数据的定量决策将和基于经验的定性决策有着同样重要的地位，基于经验的决策将很有可能让位给全样本决策，基于大数据的决策手段将从辅助决策的次要地位上升到支撑决策的重要地位。

（6）作战指挥领域。经过对海量数据进行分析处理，迅速提高从中提取高价值情报的能力，从而完成对战场综合态势的实时感知、同步认知，进一步压缩"博伊德循环"（OODA Loop），即观察—判断—决策—行动的指挥周期，缩短"知谋定行"时间，提高快速反应能力。随着数据挖掘技术、大规模并行算法及人工智能技术的不断完善并普遍应用在军事上，情报、决策与作战一体化将取得快速进展。在武器装备上，将尤其重视各作战平台的系统融合和无缝链接，以保证战场信息的实时快速流转，缩短从"传感器到射手"的时间差，实现"发现即摧毁"的作战意图。

3. 大数据军事应用的意义

（1）引领指挥决策方式变革。大数据军事应用的出现必将要求指战员用全新的数据思维来完成指挥决策。这种决策将有三个特点。

① 精确。只需提供的数据量足够庞大真实，经过数据挖掘模式，就可以较为精确地把握敌方指挥员的思维规律，预测对手的作战意图，掌控战场态势的动态变化等。

② 迅速。大数据相关技术所提供的高速计算能力能够帮助指挥员更加迅捷地设计行动方案。

③ 自动化。针对特定的作战对手和作战环境，大数据系统能够自动对己方成千上万、功能互补的作战单元或平台进行模块化编组，从而完成整体作战能力的最优化；面对众多性质不同、抗击打力不同且威胁度各异的打击目标，大数据系统能够自动对有限数量、有限强度和有限精度的火力进行调配，以收获最大作战效益。

（2）优化作战指挥流程。网络广泛普及的情况下，信息的流通与共享已不是难题，人们开始重视对信息的认知，以及将信息转化为知识的能力。与之相适应，军事信息技术也从关注"T"（Technology）的阶段，向关注"I"（Information）的阶段转变；从建设指挥自动化系统（C^4ISR），即指挥、控制、通信、计算机、情报及监视与侦察等信息系统，整体管理"战场信息的获取、传递、处理和分发"的全信息流程，发展至注重大数据处理应用，综合集成数据采集、处理平台和分析系统，统一优化管理"战场数据采集、传递、分析和应用"的全数据流程。以近几年高速发展的无人机作战平台为例，其本质就是一个智能化系统。它能够成建制地对实时捕获的重要目标进行"发现即摧毁"式的精确打击，还能经过融合情报的前端和后端，使数据流程与作战流程无缝链接并相互驱动，构建全方位遂行联合作战的"侦打一体"体系，从而实现了体系化的"从传感器到射手"的重大突破。

（3）推动战争形态的演变。大数据能够改变未来的战争形态。美军一直追求从传感器到平台的实时打击能力，追求零伤亡。由大数据支撑的拥有自主能力的无人作战平台，将能够让这些追求成为可能。例如，目前全世界最先进的无人侦察机"全球鹰"，能连续监控运动目标，精确识别地面的各种导弹和车辆的类型，甚至能清楚地看到汽车轮胎的型号。如今，美空军的无人机数量已经超越了有人驾驶的飞机，可能在不久的将来，美军将向以自主无人系统为主的，对网络依赖度逐渐降低的"数据中心战"迈进。在可以预计的将来，基于大数据的实时、无人化作战,将完全改变人类几千年来以有生力量为主的战争形态。

（4）加快体系作战能力提升。从作战手段角度看,大数据及其支撑的新型武器装备的运用,将加强军队的作战体系;从作战效能角度看,大数据下的"包以德循环"所耗时间将极大的缩短,更契合"未来战争不是大吃小,而是快吃慢"的制胜经验。相关变革的结果,将使军队体系作战能力得到极大的提升。

1.3　人工智能

1.3.1　人工智能概念

1. 人工智能的定义

人工智能（Artificial Intelligence）是研究、开发用于模拟、延伸和扩展人的智能的理论、方法、技术及应用系统的一门新的技术科学。人工智能是计算机科学的一个分支,它试图发现智能的实质,并生产出一种新的能用人类智能相似的方式做出反应的智能机器,该领域的研究包括机器人、语言识别、图像识别、自然语言处理和专家系统等。从人工智能提出以来,理论和技术日益壮大,应用领域也不断扩大,能够设想,未来人工智能带来的科技产品,将会是人类智慧的结晶。人工智能还可以对人的意识、思维的过程进行模拟。人工智能不是人的智能,但能像人那样思考、也可能会超过人的智能。

人工智能可以代替人的某些脑力劳动,甚至可以超过人的部分思维能力,随着现代科学技术的发展,它发挥着越来越重要的作用。人工智能的出现不仅解放了人的智力,而且为研究人脑的意识活动提供了新的方法和途径。人们希望通过某种技术或者某些途径能够创造出模拟人思维和行为的"替代品",帮助人们从事某些领域的工作。为了让计算机能够从事一些只有人脑才能完成的工作,解脱人的繁重的脑力劳动,人类对自身的思维和智能不断地研究探索。人工智能技术无论是在过去、现在还是将来,都是科学研究的热点问题之一。

我国政府一直注重人工智能的发展。尤其是 2015 年将人工智能作为国家"互联网＋"战略中 11 个具体行动之一,提出要"加快人工智能核心技术突破,培育发展人工智能新兴产业,推进智能产品创新,提升终端产品智能化水平"。2016 年中,国家发改委、科技部、工信部、中央网信办联合发布了《"互联网＋"人工智能三年行动实施方案》,这是我国首次单独为人工智能发展提出具体的策略方案,也是对"互联网＋"战略中人工智能部分内容的具体落实。

该行动方案提出了三大方向共九大工程，系统地提出了我国在 2016 至 2018 年间推动人工智能发展的具体思路和内容，旨在充分发挥人工智能技术创新的引领作用，支撑各行业领域"互联网＋"创业创新，培育经济发展新动能。这不仅在操作层面提出了我国近期发展人工智能的具体方案，将人工智能的发展措施落到了实处，也明确了我国人工智能技术发展的内容重点和阶段性要求。

2. 对人工智能军事应用的理解

军事智能化是军事信息化的继承与发展，成为推动信息化战争形态逐渐演化的强大技术力量。评估一种军事技术的战争属性是否强大，主要是看其向军事领域全面渗透、转化为战争决胜能力的强弱。智能化具有控制思想与控制行动的双重能力，能够渗透到军队指挥决策、战法运用、部队控制等活动中；或直接应用到"智慧炸弹打击对手思想意识，瓦解战斗意志"上；或将智能物化到武器、指挥系统，试图用机器学习、迁移学习等智能算法解决对抗条件下态势目标的自主认知，帮助指挥员快速定位、识别目标并判别其威胁程度等，以智能方式控制机械化、信息化装备，以"智慧释放"取代"信息主导"，激发最大作战效能。

（1）智能化军事指挥。指控系统是作战体系的中枢神经，作为战争制胜规则的核心部分，其指挥控制方式更智能化，能克服人性弱点困扰，提升指挥决策的正确性。

（2）智能化军事装备。主要是各种无人化武器的应用，打造立体无人作战体系。将人与机器深度融合为共生的有机整体，使机器的精准和人类的创造性有机结合，并利用机器的速度和力量让人类做出最佳判断，从而提升认知速度和精度。如美军发明的"意识头盔"，能感应人的脑电波，具有辨别敌我的"读心术"功能。

（3）智能化作战方式。从搜索发现目标，到危险评估，到锁定摧毁，再到效果评估，都不需要人参与实施，作战中实现无人化。此外，还可以思想、心理为打击控制目标，通过智能化方式手段，遵循思想认知规律，进行思想控制和精神"软打击"的作战行动，其中也包括"文化冷战"和"政治转基因"等意识形态渗透破坏行为。

1.3.2 人工智能技术

1. 国外人工智能技术和标准化研究现状

1）技术现状

随着计算机计算能力的提升以及企业生产中海量数据的产生，人工智能技术受到了前所未有的重视，目前国外在计算机视觉、机器学习、文本语言处理、自然语言处理、机器人、生物识别等相关技术领域开展了大量研究。

（1）计算机视觉。用摄影机和计算机取代人眼对目标进行识别、跟踪和测量等机器视觉，并进一步做图像处理，使之成为更适合人眼观察或发送给仪器检测的图像。计算机视觉技术使用由图像处理操作以及机器学习等技术所组成的序列将图像分析任务分解为小块任务，这样易于管理。

（2）机器学习。机器学习是计算机模拟人类的学习活动，通过对已有的案例进行学习，使用归纳和总结的方法，对自身的能力增强或改良，使机器获得新知识和新技能，在下次执行相同或类似任务时，会比现在做得更好或效率更高。机器学习是从数据中自动发现模式，模式一旦被发现便能够做预测，处理的数据越多，预测也会越精确，目前颇受瞩目的 AlphaGo 深度学习就是集中于深层神经网络的机器学习的分支之一。

（3）文本语言处理。对自然语言文本的处理是指计算机可以模拟像人类那样的对文本进行处理。例如从文本中提炼出核心信息，计算机能够从自然语言编成的文本中自主解读出含义，做到对文本的"解释"。例如自动识别文档中被提到的人物、地点等，或将合同中的条款提取出来制作成表。

（4）自然语言处理。通过建立语言模型预测语言表达的概率分布，确定某一串给定字符或单词表达某一特定语义的最大可能性。选定的特征可以与文中某些元素结合识别文字，通过识别这些元素，将某类文字同其他文字区分开，例如垃圾邮件和正常邮件。

（5）机器人技术。即机器+人工智能，将机器视觉、自动规划等认知技术整合至极小但高性能的传感器制动器以及设计巧妙的硬件中，让机器人具有与人类协作的能力，能在各种未知环境下灵活处理不同任务。近年来，随着一些核心技术的发展提高，机器人技术已获得重大突破。

（6）生物识别技术。生物识别可融合计算机、光学、声学、生物传感器、生物统计学，利用人体固有的身体特质，例如指纹、人脸、虹膜、静脉、声音、步态等进行个人身份鉴定，最初应用于司法鉴定。近年来，随着暴恐、偷盗等各种威胁社会治安的事件愈加强烈，对体征形态的数据进行采集、比对、分析的需求更加高涨，生物识别技术也因此迎来发展机会。

2）标准化

美国、欧盟、日本等发达国家均高度重视人工智能标准化工作。无论是美国发布的《国家人工智能研究与发展策略规划》，还是欧盟发布的"人脑计划"，或是日本实施的"人工智能/大数据/物联网/网络安全综合项目"，均提出围绕核心技术、顶尖人才、标准规范等强化部署，力图抢占新一轮科技主导权。

ISO/IEC JTC1 对于人工智能技术领域的研究已经有 20 多年的历史，长期致力于人工智能标准化工作，目前制定了四项人工智能词汇标准，这些标准都已经被修改并纳入 ISO/IEC 2382:2015《信息技术词汇》，这将是今后 AI 标准的基础，如表 1-1 所列。

表 1-1　已经制定的四项人工智能词汇标准

代　　号	标准名称
ISO/IEC 2382-28：1995	信息技术 词汇 第 28 部分：人工智能 基本概念与专家系统
ISO/IEC 2382-29：1999	信息技术 词汇 第 29 部分：人工智能 语音识别与合成
ISO/IEC 2382-31：1997	信息技术 词汇 第 31 部分：人工智能 机器学习
ISO/IEC 2382-34：1999	信息技术 词汇 第 34 部分：人工智能 神经网络

ISO/IEC JTC1 各个分委会（SC）目前正在组织开展的工作与人工智能标准化的对应关系，如表 1-2 所列。

表 1-2　与人工智能标准化相关联的 SCs

标准项	SC7	SC17	SC22	SC24	SC27	SC28	SC29	SC36	SC37	SC40	SC41	WG9
互操作性				*		*	*			*	*	*
社会安全		*			*			*	*			*
可用性				*		*		*		*	*	*
隐私		*			*			*		*		*
应用领域				*				*		*	*	*
系统性能							*	*	*	*		*
软件工程	*							*		*		*
度量指标								*	*	*		*
生产安全								*		*		
可追溯性								*		*		*
风险分析								*		*		
伦理道德								*		*		
其他			*					*		*		

2. 我国人工智能技术和标准化研究进展

1）技术现状

我国语音识别、视觉识别技术世界领先，自适应自主学习、直觉感知、综合推理等初步具备跨越发展的能力，生物特征识别、工业机器人、无人驾驶逐步进入实际应用。目前国内在人工智能具体技术领域的下列技术上进行了持续深入的研究。

（1）强化学习。在典型的强化学习案例中，代理者通过观察当前所处的状态，进而采取行动尽量让奖励收益最大化。每执行一次动作，环境都会予以代理者相应的反馈信息，须要平衡考量根据经验寻找最佳策略和探索新策略两方面，以期实现最终的目标。

应用：城市道路的自动驾驶；三维环境的导航；多个代理者在同样的环境中交互和学习等。

（2）生成模型。生成模型从训练样本中获得一个概率分布，通过从高维的分布中采样，生成模型输出与训练样本类似的新样本。

应用：仿真时间序列的特征（例如，在强化学习中规划任务）；超分辨率图像；从二维图像复原三维结构；小规模标注数据集的泛化；预测视频的下一帧；生成自然语言的对话内容；艺术风格迁移；语音和音乐的合成等。

（3）记忆网络。某些网络结构能够让模型拥有不同水平的记忆能力。如 Deep Mind 团队的微神经计算机，结合了神经网络和记忆系统，从复杂的数据结构中学习，通过渐进式神经网络，学习各个独立模型之间的侧向关联，从这些已有的网络模型中提取有用的特征，用来完成新的任务。

应用：训练能够适应新环境的代理者；机器人手臂控制任务；自动驾驶车辆；时间序列预测（如金融市场、视频预测）；理解自然语言和预测下文等。

（4）微数据学习微模型。这种技术的优势在于更高效的分布式训练过程，用更少的模型参数建立更小的深度学习架构，但得到的效果能够保持最佳。训练过程中需要传输的参数减少了，也可以方便地将模型部署在内存大小受限制的嵌入式硬件上。

应用：训练浅层模型来模拟在大规模的已标注训练数据集上训练得到的深度网络模型；构建效果相当但参数更少的模型结构；机器翻译等。

（5）学习/推理硬件。促进人工智能发展的催化剂之一就是图形处理器（GPU）的升级，GPU 支持大规模的并行架构，可以并行处理多个任务，效率远高于 CPU。因此，需要专门为高维机器学习任务设计的芯片。芯片设计的改进点包括更大的内存带宽，更高的计算密度，更低的能源消耗。

应用：模型的快速训练；低能耗预测运算；持续性监听物联网设备；云服务架构；自动驾驶车辆；机器人等。

（6）仿真环境。开发数字环境来模拟真实的物理世界和行为将提供测试人工智能系统适应性的机会。在这些模拟环境中的训练能够帮助我们了解人工智能系统的学习原理，如何改进系统，也为我们提供了能够应用于真实环境的模型。

应用：模拟驾驶；工业设计；游戏开发；智慧城市等。

2）标准化

国家标准化管理委员会和中国电子技术标准化研究院在 2018 人工智能标准化论坛上发布了《人工智能标准化白皮书（2018 版）》。该白皮书前期在国家标准委工业二部和工信部科技司的指导下，通过梳理人工智能技术、应用和产业演进情况，分析人工智能的技术热点、行业动态和未来趋势，从支撑人工智能产业整体发展的角度出发，研究制定了能够适应和引导人工智能产业发展的标准体系，人工智能标准体系结构包括基础标准、平台/支撑标准、关键技术标准、产品及服务标准、应用标准、安全/伦理标准六个部分。其中，基础标准涉及术语、参考架构、数据和测试评估四大类，位于人工智能标准体系结构的最底层。平台/支撑标准是对人工智能硬件、软件、网络和数据的综合集成，在人工智能标准体系结构中起承上启下的作用。关键技术标准主要针对自然语言处理、人机交互、计算机视觉、生物特征识别和 VR/AR 等领域，为人工智能实际应用提供支撑。应用标准则位于人工智能标准体系结构的最顶层，面向行业具体需求，产品及服务标准涉及在人工智能技术领域中形成的智能化产品及新服务模式的相关标准。安全、伦理规范贯穿于其他部分，支撑整个行业发展。

全国信息技术标准化技术委员会在术语、人机交互、用户界面、计算机图形图像处理、大数据、云计算、生物特征识别等领域开展了人工智能标准化工作。已经将表 1-1 中四项人工智能术语的国际标准全部转化为国家标准：GB/T 5271.28—2001《信息技术 词汇 第 28 部分：人工智能基本概念与专家系统》、GB/T 5271.29—2006《信息技术 词汇 第 29 部分：人工智能语音识别与合成》、GB/T 5271.31—2006《信息技术词汇第 31 部分：机器学习》、GB/T 5271.34—2006《信息技术 词汇 第 34 部分：神经网络》。全国音频视频和多媒体标准化技术委员会 （SAC/TC242）围绕虚拟现实、智慧家庭、智慧医疗和健康开展了相关标准化工作。全国自动化系统与集成标准化技术委员会（SAC/TC159）聚焦工业机器人整机、系统接口等领域开展标准化研究。

1.3.3　人工智能体系架构

按照人工智能的定义及其与人类智能之间的关系，人工智能就是要模拟与实现人类智能，这就涉及到机器在感知、思考、行动这几个主要环节的能力实现方面所涉及到的关键技术。人工智能技术体系架构，如图 1-3 所示。该架构包括两个层面，其中感知、思考、行动等环节的模拟和实现技术属于关键技术层，算法理论属于核心技术层。

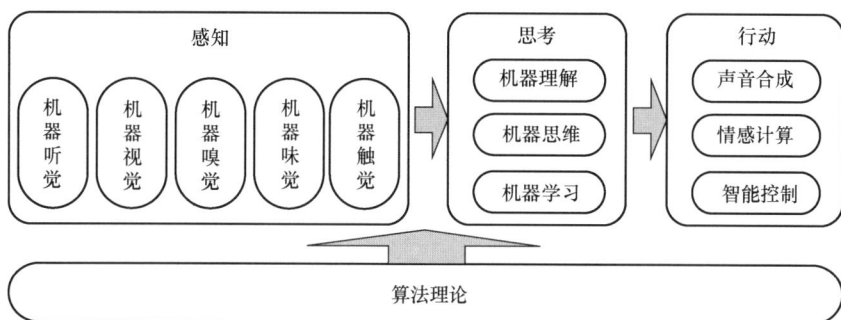

图 1-3　人工智能技术体系架构

感知环节主要实现对人的感知能力的模拟和拓展，包括对人的听觉、视觉、触觉、嗅觉、味觉等，实现数据的采集和初步处理。一方面，因为技术发展的阶段性问题，人工智能在很多方面尚未实现人类感知的所有功能；另一方面，由于人类通过技术能够让机器设备探测到一些人类所不能感知到的事物。所以可以说当今机器感知能力在许多方面甚至超越了人类，今后还会有越来越多人工智能发展出比人类更强的机器感知能力。

思考环节主要是对算法理论的利用实现人工智能对知识的学习、对问题的思考和对现象的理解等。所以，该环节主要包括机器学习、机器思维、机器理解等部分。

行动环节主要是实现思考环节的结果输出、执行与控制，包括决策执行、声音合成（尤其是自然语音合成）、智能控制、情感计算等。

1.3.4　人工智能军事应用

1. 人工智能应用的雏形

（1）美军最先开始探索人工智能技术在军事领域的应用。DARPA 于 2007 年启动了"深绿（Deep Green）"计划，意图是将仿真嵌入指挥控制系统，进而提高指挥员临机决策的速度和质量。

（2）2009—2014 年，DARPA 先后启动了大量基础技术研究项目，探索发展从文本、图像、声音、视频、传感器等不同类型多源数据中自主获取、处理信息、提取关键特征、挖掘关联关系的相关技术。近年来，美国在军事装备领域部署了一系列人工智能技术研究项目。

（3）2014 年 2 月，俄罗斯总理梅德韦杰夫签署命令，宣布成立隶属于俄联邦国防部的机器人技术科研试验中心。2015 年 12 月，俄罗斯总统普京又签署总统令，宣布成立国家机器人技术发展中心。更进一步，俄罗斯批准执行《2025 年前发展军事科学综合体构想》，强调人工智能系统在不久的将来会成为决胜战场的关键因素，重视武器装备的智能化改良。

（4）2016 年 10 月，美国国家科技委员会连续发布了两个重要的战略文件《为人工智能的未来做好准备》和《国家人工智能研究与发展战略规划》，将人工智能上升到了国家战略层面，为美国人工智能的发展奠定了宏伟计划和发展蓝图。2017 年初，美国公布的《2016—2045 年新兴科技趋势报告》明确了 20 项最值得关注的科技发展趋势，其中就包括人工智能、云计算、量子计算、大数据分析等新兴领域。可见在未来的 30 年，这些技术都将成为影响美国国家力量的核心科技，以确保其在未来战场上的战略优势。

（5）DARPA 在 2017 年资助执行的项目中，就有多个关联人工智能的项目，其中一个"可解释人工智能（XAI）"项目，目的是研发一系列机器学习技术，用来辅助未来作战人员更好地与智能化作战系统衔接，升级新一代人工智能系统，达到更高质量、更高效、更流畅的人机融合。

2. 人工智能军事应用的领域

（1）智能化感知与信息融合处理。微机电系统、无线传感器网络技术、云计算技术和低功耗嵌入式技术的飞速发展，使战场感知手段进一步向智能感知与信息融合处理的方向发展。例如，发达国家军队相继开发出"智能微尘"无线传感器系统，通过布撒成千上万个传感器节点，可以监控目标覆盖区域的人员、装备动向。美军、俄军、法军、德军等都装备了具备智能化信息感知与处理能力的数字化士兵系统，如美军的"奈特勇士"，和俄军"战士"等。美国国防高级研究计划局在 2015 财年中新增了"大脑皮质处理器"等研发项目。这些项目通过模拟人类大脑皮质结构，开发出数据传输速率和处理效率比原来高几个数量级的新型类脑处理器芯片。该芯片功耗极低，可用于实时的数据感知处理和目标识别，解决高速运动物体的即时控制等难题，未来投入应用后，将大幅提高机器人、无人机、无人车和无人船的自主能力。

（2）智能化指挥控制辅助决策。各国军队开发各种军事信息系统的意图是构建功能强大的栅格化网络信息体系，提高智能化评估和辅助决策能力。美、俄等军事大国自 20 世纪 50 年代以来不断提高指挥控制自动化，追求比对手更强的信息优势和决策优势。例如，美军在 20 世纪 90 年代"军事信息高速公路"建设基础上研发出指挥、控制、通信、计算机、情报与侦察监视系统（C^4ISR），2001 年以来又基于"网络中心战"概念建设并升级全球信息栅格，构建联合作战信息环境。近年来，美军建立网络司令部，大力加强网络攻防能力，重点是基于云计算、大数据分析等技术的研发，针对网络入侵的智能诊断信息系统。该系统能够自动诊断网络入侵来源、己方网络受损程度和数据恢复能力。

（3）无人化军用平台。早在第一次世界大战期间，西方国家就开始重视小型无人机、遥控无人车和无人艇的研发和应用。目前，已有 70 多个国家在发展"无人化"系统平台，各种类型的无人机、无人车、无人船、无人艇、无人潜航器在军事领域越来越被重视。例如，美军制定了面向 2040 年的"无人化作战平台发展路线图"，已装备的无人机达 7000 多架；在伊拉克、阿富汗战场上投入使用的地面轮式（或履带式）机器人超过 12000 个。近期，美军将实现的地面机器人占地面兵力的 1/3，舰载型 X-47B 察打一体无人机占舰载机总量的 1/3。美军还将进一步增加无人化军用平台的部署数量，推进有人平台与无人平台之间的协同编组演训。

（4）仿生机器人。21 世纪以来，机器人技术呈现爆炸式增长，类人机器人、机器狗、机器骡子、机器蛇等各种仿生机器人不断问世，并在军事领域广泛运用。如美军曾在阿富汗战场上试验了一款"大狗"机器人，帮助人类战士搬运补给品、实施伴随保障。依据战场试验效果，2013 年美国国防部对"大狗"机器人进行升级，使其负重提升到 200kg、奔跑时速达到每小时 12km，并具备良好的防弹和静音效果，升级版的"大狗"机器人已于 2015 年投入战场演练。俄罗斯军队近期计划加紧研发能够驾驶车辆的类人机器人，组建可与人类战士并肩战斗的机器人部队，以及研发可操控机器人集群作战的指挥信息系统。

（5）扩展人的体能技能和智能。信息技术、新材料技术和生物技术的交融使人类对自身的了解认知慢慢深入，同时人工智能技术的进步使人的体能、技能和智能得到很大的增强。例如，外军正通过研发机械外骨骼来打造体力超群的"机甲战士"；通过生物信息芯片的植入来提高人的记忆力与反应速度，使人类战士更加地适应未来高度信息化的作战环境、日益繁杂的信息系统、指数式增长的海量数据和枯燥乏味的人机环境；通过发展脑-机接口技术，使作战人员更高效地操控相关武器装备、设备和系统。2011 年，俄罗斯提出《2045 计划》，加紧攻克"脑控""仿脑"和"控脑"相关技术，拓展脑-机接口技术的军事应用。2013 年，美国国防部提出"阿凡达"计划，企图打造可人脑远程控制的机器人军团，用来取代战场上浴血奋战的人类战士，实现人类战士在战争中的"零伤亡"。

3. 人工智能军事应用的意义

（1）人工智能将推动新一轮军事变革。当新的军事技术、作战理念和组织编成相互作用，使军事作战能力显著提升时，新的军事变革将要发生。人工智能正成为军事变革的催化剂，催生新的战争姿态，改变战争制胜的内在规律。一方面，运用人工智能将可能塑造颠覆性的军事能力，带来战斗力的倍增或大幅跃升；另一方面，也将为军事理论创新和军事能力建设实践带来新的挑战。

（2）对于战争观念带来新的冲击。人类战争史经历了冷兵器时代、热兵器时代、机械化时代和信息化时代，人工智能使得智能化时代加速到来。就军事能力建设而言，机械化是骨架，信息化是神经和血液，智能化则是人类智能之间的终极对决。智能是否可分为高阶智能和低阶智能？拥有高阶智能化水平的军队对于低阶智能化的军队是否具有压倒性优势？如果战斗力是人、武器以及人与武器的结合，那么智能化战争时代的人、机器人和智能信息系统之间的关系该如何界定？如果人的"机器化"和机器的"人化"是两个必然的发展趋势，会思考的机器人代替人类拼杀是否有悖于传统的战争伦理？人工智能使战场感知能力和信息处理能力空前提高，在高技术化的战场上战争的"迷雾"是否仍旧存在？对于这些问题的理解认识，要求军事领域必须来一场头脑风暴式的观念更新。

（3）对于理论创新带来新的启发。战争的物质技术基础不断更新，战争形态和战争样式不断演化，为战略理论和作战概念创新开辟了新的空间。信息技术的蓬勃发展，其催化剂、黏合剂和效能倍增器的作用日益凸显，不断催生人工智能领域新的颠覆性技术，但也使得处于技术优势的一方为模仿跟随者提供了"战略诱导"和"技术欺骗"；精确打击弹药、无人化装备与网络信息体系的组合应用，催生了"分布式杀伤""母舰理论""作战云""蜂群战术"等新的智能化作战理论；借助己方的信息优势和决策优势，如何在去中心化的战场网络中切断和迟滞对手的信息与决策回路，成为智能化战争制胜必须解决的核心问题。

（4）对于教育训练带来新的手段。人工智能在军事领域的广泛应用，将带来军事教育与训练领域的变革。随着战场制胜的武器装备系统愈来愈智能化，军队与科学家群体、前沿技术实验室、作战实验室的联结越来越紧密，科学家设计战争、军事家指挥战争、人工智能打赢战争的局面很快就会到来。打游戏式的智能化训练平台、体验式的虚拟现实技术以及增强现实技术将为军事训练提供新的方案，而以超大规模计算、云计算、大数据技术为支撑的知识挖掘和数据挖掘过程是人工智能系统能力训练的重要组成部分。人工智能技术的发展也将为军事人员的物理技能、生理机能、心理效应等各层次的教育训练评估提供新的手段。

1.4　数字营区

1.4.1　军事设施信息化建设概况

1. 发展历程

第一个阶段，从 20 世纪 80 年代开始，解放人力，开展计算机应用。

一是用"自动"代替"手动"。率先组织开发实力统计和计划管理计算机软件，实现房地产实力年度统计汇总、基本建设计划的上报下达，结束了靠打算盘、按计算器的历史；二是用"智能"解放"体能"。推行用智能卡收费，彻底解决房租费和水电气费收缴难的问题；三是用"电脑"辅助"人脑"。推广锅炉量化控制系统，锅炉燃料加注可以随室外气温、人员活动规律调整。

第二个阶段，20 世纪 90 年代以来，普及软件应用，实施辅助决策。

实现了由"一家用"到"多家用"。组织研制几十个软件系统，各级各单位军事设施部门、各主要业务都有了统一的应用软件。由"专家用"到"大家用"。根据不同基础、不同层次和不同岗位，坚持每年组织专项培训，军事设施干部人人都会操作使用计算机，大部分年轻干部能提需求、编程序。由"统计用"到"决策用"。充分提升计算机软件应用效能，致力开发计算机辅助决策系统，提升军事设施科学化管理、精确化保障水平。

第三个阶段，着眼体系建设，整体提升信息化水平。

一是健全完善机构。成立信息中心，负责军事设施信息化建设管理工作；二是规范各级职责。明确各级军事设施信息化工作职责；三是确立目标任务。明确信息化建设技术路线，确立了军事设施信息化发展思路、总体目标和发展路径。

总体来看，经过近 30 年的建设发展，我国军事设施信息化工作取得了较为丰硕的成果，但与基于信息系统的体系作战的保障需求相比，还存在一定差距，突出表现如下。

（1）系统建设各自为政。缺乏有力组织领导和科学统筹规划，研究层次不够深、开展层面不够广、推动力度不够强，基本处于一种自发局面，系统建设盲目立项、多头开发、重复投入。

（2）业务软件互不兼容。在用业务软件，基本针对单项工作需求，灵活性、兼容性差，难以集成应用。不少软件间还存在冲突，无法同时安装使用。

（3）数据采集口径不一。现有各类信息资源统计标准不规范，采集口径不统一，不同业务口数据差别较大，有的相互矛盾，甚至同一业务口不同任务采集的数据前后也不一致。

2. 发展思路

1）总体目标

（1）打牢发展基础。立足军事设施保障手段信息化，大力加强信息建设理论、法规制度、机构力量等支撑环境建设，配套完善智能装置、工控网络、数据中心等信息化设施设备，夯实军事设施信息化建设发展基础。

（2）构建完备体系。着眼军事设施信息化能力需求，融合集成保障要素、保障单元、保障力量和保障资源，建立军事设施信息系统体系、信息资源体系、信息化装备体系和信息化标准体系，加快转变军事设施保障力生成模式。

（3）支撑现代军事设施。围绕基地化、数字化现代军事设施建设目标任务，综合应用自动控制、智能识别和物联网技术，稳步开展数字营区建设，对营区实施数字化管理监控，切实增强承载信息化部队的能力。

（4）提升保障效能。按照军事设施一体化保障需求，抓好指挥信息系统升级改造，推进数据中心、综合集成和装备设施信息化建设，实现保障需求实时可知、保障资源实时可视、保障过程实时可控，不断提高军事设施指挥决策和建设管理效能。

2）能力需求

（1）战时保障指挥控制能力。及时获取保障态势，有效缩短保障需求预计、物资筹措、力量筹划、方案制定和应急反应时间，提供快速有效决策支持，提高战时保障可知可控能力。

（2）现代军事设施信息智能能力。紧贴现代军事设施信息智能目标任务，大力推进数字营区建设，稳步推进数字营区建设，实现水电气热保障需求实时可知、运行过程实时可视、供应消耗实时可控，提高营区信息化程度，实现信息智能。

（3）信息资源开发利用能力。健全军事设施数据服务体系，建立完善数据中心，提高信息资源完备度，缩减数据采集和更新周期，确保各级各部门数据共享。

（4）业务系统综合集成能力。构建军事设施软件体系，增强信息系统兼容性、交互性和可移植性，加大集成力度，降低数据冗余，提高系统应用率、决策支持率和服务满足度。

（5）装备设施信息支撑能力。研制完善新一代信息化工程抢修抢建和野营保障装备，提升国防工程信息化水平，增强保障装备、保障设施野战入网和信息融合能力，确保与后勤保障和作战指挥控制系统互联、互通，提升装备设施保障效能。

3. 重点推进

1）数字营区（DB）建设

（1）健全标准体系。2011 年，制定下发了多个文件，建立军队数字营区建设的总体目标和评价指标体系。2012 年，从多方面研究营区建设规范，奠定了提升营区承载信息化部队能力和实现可视化管理的基础。

（2）组织技术攻关。数字营区业务管理系统、营区服务系统和设施设备监控系统已研制完毕，基本定型；数字营区核心硬件：多功能集中采集器、时序阀控采集器、多功能计量阀控器、节电控制器已正式申报国家专利。

（3）展开试点建设。先后几十个单位展开建设试点，积累了在高原、严寒、干燥、潮湿等地域进行数字营区建设的经验；区分新建营区、改造营区，探索了数字营区与土建工程同步设计、同步施工、同步验收的路子；以保障重大会议观摩活动为契机，探索了数字营区系统与军事物流等后勤大系统融合集成的方法。

2）数据中心建设

（1）制定标准规范。编写制定了一系列技术标准规范，为数据中心的建设提供了统一的参考标准体系。

（2）注重软件研发。搭建军事设施综合数据库基本架构，完成部分单位数据采集、分析、整理，打牢依托网络综合数据库进行系统建设的基础。

（3）启动硬件建设。建成了一级数据中心，完成了二级、三级数据中心试点建设，跟随数字营区工程推进步骤，指导某些军区展开二级数据中心论证。

3）综合集成

（1）强化集中统管。明确"统一数据环境、统一运行平台、统一操作界面"的标准要求。

（2）确立方法路线。构建工程建设管理、房地产资源管理和数字营区建设三大骨干信息系统，配套建设后勤一体化指挥平台、军事物流两大军事设施分系统，完善军事设施综合数据库及信息平台两大基础系统建设。

（3）配套通用构件。地理信息、综合查询、文档管理等通用软件、构件已成熟可行，为下一步骨干业务信息系统综合集成打下坚实基础。

1.4.2　数字营区起源及现状

1. 数字营区的起源

营区是部队日常生活、战备、训练的重要场所，军队系统部门众多、地点分散，环境繁杂，这给日常保障工作带来了很大的障碍。由于面积大、人员多、涉及部门也比较多，也为管理工作带来很大的难题。

目前，军队正在加速由机械化、半机械化向信息化转型，军事设施建设的管理与改革，必须与新编制、新装备、新训法相适应；必须与全面构建和谐社会、以人为本的要求相适应；必须与我国建筑和房地产业快速发展的新形势相适应，加速实现军事设施转型发展，要求精心构建"现代营区、百年军事设施"。现代营区的关键特点就是要充分利用智能化、网络化、数字化技术，在营区资源节约、生态建设、信息可视、量化管理等方面增强营区信息化管理和监控手段，提高管理效率，节约资源，减少浪费，实现军队营区协调可持续发展。

目前，数字营区已经初步实现，许多部队安装了计算机网络系统、闭路电视系统、磁卡水电管理系统、供热量化管理系统、营区安全监控系统、军事设施消防报警系统等，实现管理现代化和自动化。但是由于缺乏统一的理论指导和技术规范，信息智能营区建设综合水平比较低，智能化程度不高，后期集成难度大，与真正的精细化管理、人性化管理还存在较大差距，并且由于信息智能营区建设内容涵盖广，难度大，涉及现场监控、网络集成、人工智能等诸多专业领域，迫切需要对其关键技术进行深入的系统研究，为信息智能营区建设提供切实可行的解决方案和实现技术，因此具有重要的理论指导意义和现实的军事经济效益。

2011年3月24日，经胡锦涛主席批准转发的《关于加快推进现代军事设施建设的意见》中提出："按照集中部署、集成建设、集约保障、科学管理思路，加快建设功能完备、安全防护、信息智能、生态节约、军营文化特色鲜明的现代军事设施"的新思路，综合运用信息网络、自动控制和智能识别等技术，完成营区实体要素数字化转换，实施军事设施设备智能化改造，构建营区局域网和设备网，部署营区数字化管理平台，提升现代军事设施保障水平。

2. 数字营区发展现状

1) 国外数字营区的发展

近年来，以美国为首的英、法、德、以色列等 10 多个发达国家，在数字化部队和数字化战场，包括数字营区方面取得了巨大的成功。尤其是，随着信息技术的飞速发展，一些新技术（如物联网技术）应运而生，美军及时将先进的信息技术运用于营区数字化建设领域，在营区保障和管理方面典型的案例有数字营区管理、营区资产可视化、数字化后勤等，营区数字化建设显著提高了营区管理水平和管理效率，大大促进了现代后勤的建设水平。

2) 国内数字营区发展现状

随着信息高速公路的迅猛发展和数字地球理论与实践的探索，产生了数字城市、数字校园、智能住宅等园区建设管理模式。同时，也启发我国各级军事设施部门积极开展营区数字化建设。在总部启动前，有的进行了锅炉量化智能改造，有的安装了营区边界防控系统，有的引入了营区地理信息系统，有的开展了图档资料数字化建设，但什么是数字营区，还没有形成共识。近几年，在综合各单位实践探索的基础上，组织有关院校专家成立了专项课题组，逐步完善了数字营区目标框架。

总体来说，国内数字营区建设分为三个阶段。第一阶段是分散探索建设阶段。从 20 世纪 90 年代末到 2008 年，以实现营区用水、用电自动计量，军事设施设备自动监测、监控为目的，形成了数字营区建设的初步思路，在数字营区建设中积累探索和成功经验。第二阶段总部主导试点建设阶段。2008—2011 年，提出了数字营区概念，先后开展了在多个数字营区示范试点工程建设，形成了一个标准、五个规范的军队数字营区建设指导性文件，为全面开展数字营区建设奠定了良好的基础。第三阶段是各级推广应用建设阶段。从 2012 年起，按照现代营房建设理念和要求，新建营区、配套整治营区建设要同步开展数字营区建设，因此，在今后相当长一段期间，数字营区建设进入全面加速建设时期。

目前，国内已建成的数字营区试点现已基本完成了部分智能化系统的建设和改造，包括温度监测系统，食堂、礼堂和办公楼温控系统，锅炉监测系统，浴室控制与管理系统，供暖管道漏水监测系统，水电远程监控系统等。从运行情况来看，离信息智能营区的要求尚存在着较大的差距，还需对营区网络化平台、智能房间改造方案、温度系统无线组网、路灯定时与节能、重点场所的视频监控、智能房间改造、复杂电磁环境防护、自动化伪装防护等方面进行建设和改造，不断完善信息智能营区功能，使我国军事设施建设迈出坚实的一步。

近年来，有些部队尝试以军事业务需求为牵引，结合本单位的训练、工作、学习需要，扩展了数字营区的后勤保障功能，发挥了巨大的军事效益。例如，某单位以军事设施数字化管理为中枢，引进数字化营区管理系统，通过网络布线把首长机关、基层营连等营区内一切终端连接起来，完成对各终端的总体调控和动态管理，该系统运行已逐渐形成规模，官兵生活呈现新景象。此外，还有一些单位利用数字化技术进行营区信息化建设取得了成功，如镇江船艇学院引进的使用网络数字化管理系统的数字化图书馆，完成了图书的自助借还、自动排架、感应编目及电子预警等多项自动化功能。

1.4.3　数字营区的概念

目前，对数字营区还没有一个明确的、大家都认可的定义，大多数研究机构或学者都是以自己的理解角度从各个方面对数字营区进行定义。以下从数字营区的内涵和外延两个层面，对数字营区进行定义。

定义 1　狭义"数字营区"。

该定义是局限在军事设施基础建设领域的概念。数字营区是指在营区基础建设过程中，综合应用信息网络、自动控制和智能识别等技术，完成营区要素数字化、设施设备智能化、信息资源网络化和日常管理可视化。

定义 2　广义"智能营区"。

该定义是从军事设施基础建设扩展到全营区范围内的数字化，包括军事设施建筑数字化和营院管理数字化。智能营区是以军队营区内局域网为基础，利用物联网技术、云计算技术和人工智能技术等信息化手段和工具，对军队营区内所有信息资源进行全面数字化并加以智能集成，以拓展实现营区的时间和空间维度，使训练、管理和办公等营区信息得到充分优化和共享的一种虚拟营区环境。

定义 3　扩展"智慧营区"。

"智慧营区"是指在军队大力推进信息化建设的背景下，采取先进的物联网理念，建设新型的数字营区信息基础设施，充分利用现代传感器技术、RFID 技术、GIS 技术、网络与通信技术，实现对营区环境、装备、人员、物资等相关信息的自动采集、可靠传输和智能处理，为营区提供智能安全防范、精确后勤管理、便捷公共服务等功能的信息体系。该定义分析预测了未来营区的发展，认为 RFID 和相关的识别技术是未来营区物联网的基石，因此更加侧重于 RFID 的应用及物体的智能化。

通过对上述三种定义的比较和分析不难看出，数字营区的概念起源于在营区中应用 RFID 技术，对营区内的物体进行标识并利用军用网络进行数据交换，以及传感器对营区物理世界的感知并利用军用网络传输映射到信息世界这两个思想，经过不断扩充、延展、完善而逐步形成。对以上三种定义的理解可以从两个方面认识：一方面，基于 RFID 技术的数字营区，主要体现在由 RFID 标签、读写器、信息处理系统、编码解析与寻址系统、信息服务系统和营区局域网及设备网组成，通过对拥有唯一编码的装备营具的自动识别和信息共享，实现对营区内物品的跟踪、定位、监控以及自动化管理等功能；另一方面，基于传感器技术的数字营区，主要体现在利用传感器技术对营区内水、电、气、暖等设施设备进行智能改造，应用软件对设施设备进行实时数据采集、在线监测和远程监控，实现设施设备智能管控。特别说明的是，定义 3 强调了营区物联网本身是数字营区信息基础设施，可以实现物理世界和信息世界的无缝融合，使营区内的物、人、网融合成为一个有机的整体。

实际上，上述数字营区的每个定义都侧重于营区物联网的一个特定方面，很难兼顾营区物联网其他的内涵和特点。这也从侧面证实了数字营区的概念和内涵随着营区物联网认识的深入和应用的广泛在不断更新和充实，目前很难得到一个大家都认可的统一的数字营区定义，但是与已有的各种通信和服务网络相比，数字营区在技术层面和应用层面的以下 4 个显著特征却已形成共识。

1. 营区要素数字化

营区要素数字化指对营区管理工作中涉及的实体，即营区土地、建筑物、构筑物、其他附着物和水、电、气、热设施设备等各种属性信息进行数字化转换，建立集数据、图形、文档为一体的基础数据库，为管理决策提供信息支撑，如图 1-4 所示。

| 营房信息 | 商店信息 | 住房信息 | 营区信息 | 建设信息 |

| 电路信息 | 仓库信息 | 医院信息 | 公共信息 | 休闲信息 |

图 1-4　营区要素信息

2. 设施设备智能化

设施设备智能化指将传统的水电气热等设备，改造为具有感知、传输、控制能力的智能设备，通过建立计算机管控系统，实现营区水电气热等资源实时可视、消耗实时可知、过程实时可控，达到精细量化、资源节约管理目标。

3. 信息资源网络化

信息资源网络化指在营区现有信息网络基础上，完善局域网、新建设备网，形成营区物联网，构建集数据采集、传输、监控和管理为一体的信息通道，实现营区资源共享、信息互联互通。

4. 日常管理可视化

日常管理可视化指针对营区建设与管理各项业务，开发相应的计算机管理应用软件，依托营区数字化信息、智能化设施设备、集成化物联网络，整合建立营区数字化管理平台，实现营区管理规范、高效、可视。

基于以上四个特点，数字营区不同于数字城市、数字校园、数字社区的包罗万象、内容宽泛，它关心的是军队军事设施工作，处理的是营区军事设施管控问题，客观上，也为营区各项建设管理和服务保障工作提供了完善的信息基础设施和业务管理平台。图1-5所示为数字营区系统结构示意图。

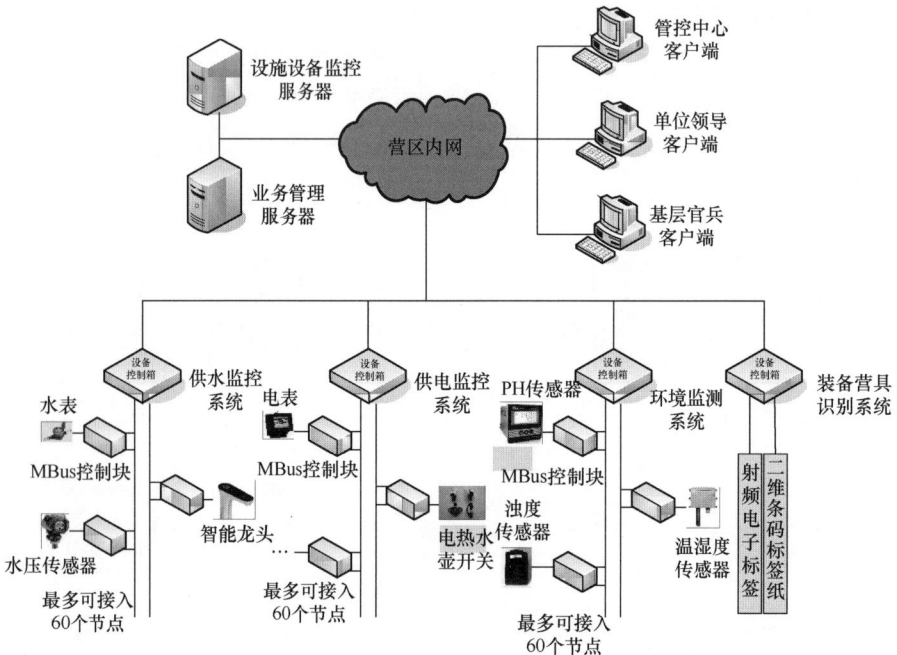

图1-5　数字营区系统结构示意图

1.4.4 数字营区相关术语

由于数字营区概念出现不久，其内涵也是在不断发展和完善中。目前，也存在许多与数字营区相关的术语，分析这些相关术语将非常有利于加深对数字营区的正确理解。

1. 现代军事设施

现代军事设施的建设过程中，使用先进的计算机技术、网络通信技术、综合布线技术，能够把与官兵日常室内生活相关的所有子系统有机联系在一起，通过统筹管理，让官兵的生活更加舒适、安全、有效。与普通的军事设施相比，现代军事设施不仅具有传统的居住功能，提供舒适、安全且宜人的生活空间，而且由原来的被动静止结构转变为具有能动智慧的工具，提供全方位的信息交互功能，优化官兵生活方式，陶冶官兵情操，维护和提高广大官兵战斗力，还可节约各种能源。

现代军事设施系统离不开军事设施自动化、军事设施网络、网络电器、信息电器这四大产品组合。军事设施自动化是指利用微处理电子技术集成或控制营区的电子电器产品或系统，如照明灯、计算机设备、保安系统、暖气系统、影视及音响系统等。军事设施自动化系统主要是以一个中央微处理机接收来自相关电子电器产品发送的信息，包括外界环境因素的变化。例如，太阳东升或西落等所造成的光线变化将使相应的电子电器产品通过既定程序向中央微处理机发送适当的感应信息。军事设施自动化是数字营区的重要系统，它将是未来军事设施的核心之一。

2. 智慧社区

智慧社区，意为借助数字（或模拟数字）技术把管理、服务的提供者和每个直接用户相联结的社区。这种数字化的网络系统，使社区的管理者与住户之间可以在任何时间、任何地点进行各种形式的符合双方意愿的信息交流。它采用先进性、多态性的网络浏览器，通过全社会共同参与、共同享用网络多媒体应用技术的支持与服务，营造出一个"无网而不在"丰富多彩的虚拟社区。"智慧社区"主要运用了现代传感技术、数字信息处理技术、数字通信技术、计算机技术、多媒体技术和网络技术，完成社区内各种信息的采集、处理、传输、显示和高度集成共享，通过综合配置社区内各住宅小区的各个功能子系统，以综合布线为基础框架，以计算机网络为基础，科学自动化地管理社区内各种设施设备，实现社区和家庭各种机电设备和安防设备的自动化、智能化监控，实现社区生活与工作安全、舒适、高效。图 1-6 所示为智慧社区系统结构图。

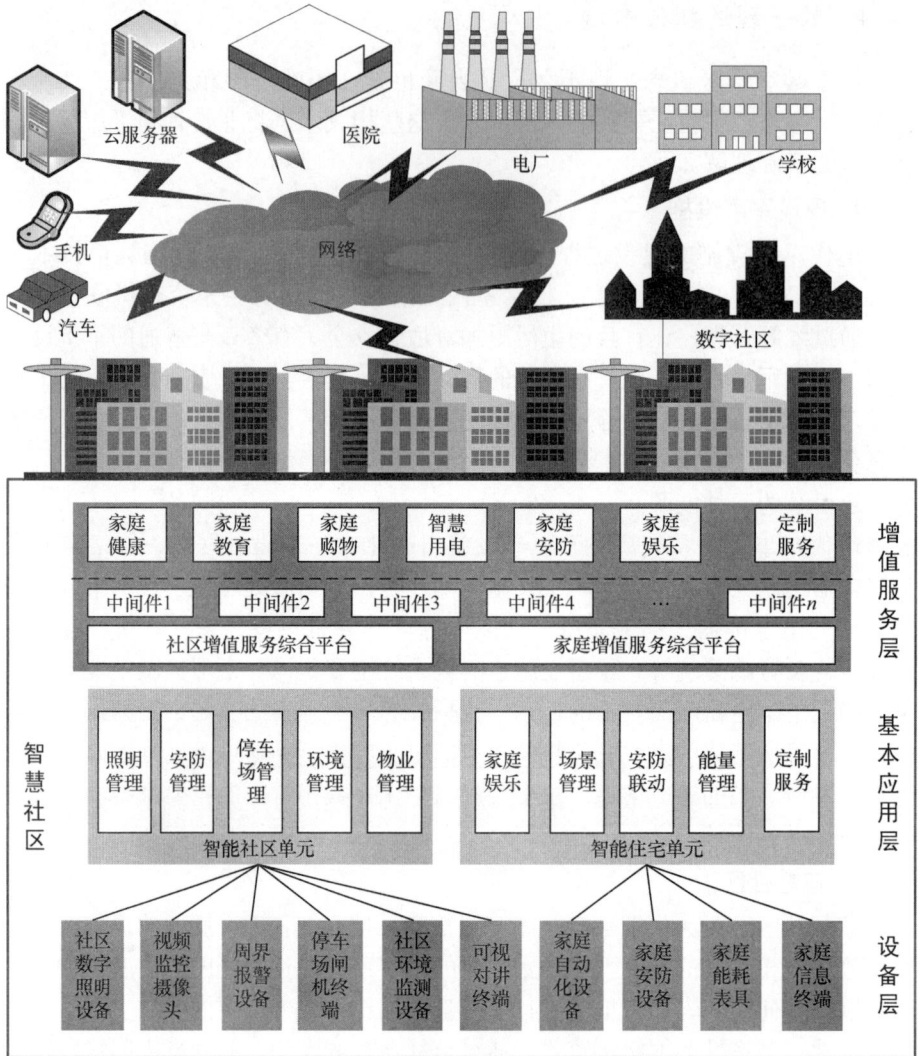

图 1-6 智慧社区系统结构图

"智慧社区"作为一种新型社区，是近年来我国城市建设、商品住宅建设中大力推广的一项高新技术，是建筑技术与计算机技术、网络技术、通信技术和自动控制技术等多学科相结合的成果。该项技术一方面为社区管理部门、物业管理部门提供科学、高效的管理手段和方法；另一方面也为社区居民提供安全、舒适、高效的现代化生活空间环境。

3. 智能家居

智能家居概念的起源很早：20 世纪 80 年代初，随着大量采用电子技术的家用电器面市，住宅电子化开始实现；80 年代中期，将家用电器、通信设备与安全防范设备各自独立的功能综合为一体，又形成了住宅自动化概念；到 80 年代末，由于通信与信息技术的发展，又出现了通过总线技术对住宅中各种通信、家电和安防设备进行监控与管理的商用系统，这在美国称为 Smart Home，也就是现在智能家居的原型。1984 年，美国联合科技公司（United Technologies Building System）将建筑设备信息化、整合化概念应用于美国康乃迪克州哈特佛市的 City Place Building 时，出现了首栋"智能型建筑"，从此揭开了全世界争相建造智能家居的序幕。智能家居在维基百科中定义如下：以住宅为平台，兼备建筑、网络通信、信息家电、设备自动化，集系统、结构、服务、管理为一体的高效、舒适、安全、便利、环保的居住环境。图 1-7 所示为智能家居系统图。

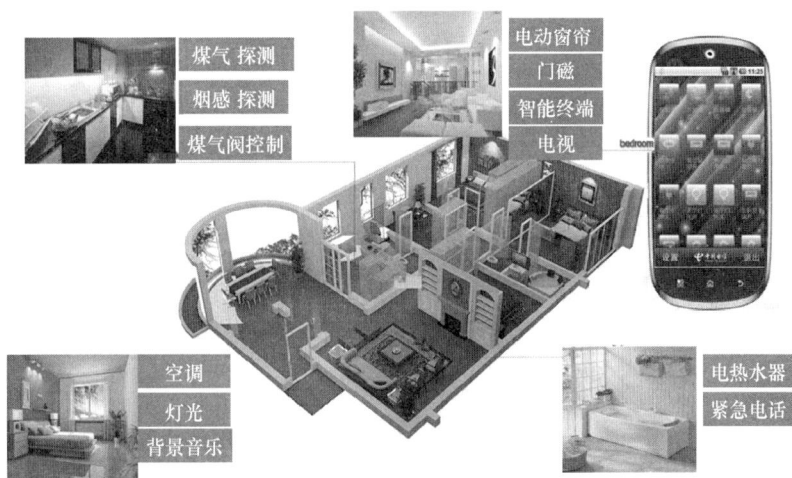

图 1-7　智能家居系统图

进入 21 世纪后，智能家居的发展更是多样化，技术实现方式也愈加丰富。总体而言，智能家居的发展大致经历了四代。第一代主要是以同轴线和两芯线进行家庭组网，实现灯光、窗帘控制和少量安防等功能；第二代则主要是基于 RS-485 线、部分基于 IP 技术进行组网，实现可视对讲、安防等功能；第三代实现了家庭智能控制的集中化，产生了控制主机，其业务包括安防、控制、计量等；而第四代则基于全 IP 技术，末端设备基于 Zigbee 等技术，智能家居业务提供采用"云"技术，并可根据用户需求实现定制化、个性化。目前，智能家居大多属于第三代产品，而美国已经对第四代智能家居进行了初步的探索，并已有相应产品。

智能家居的优势，使得它从多角度被广泛应用。①家庭安防报警。智能家居可通过防盗门磁、窗磁报警，门厅非法进入报警，紧急手动报警，可燃气体泄漏报警，对讲门禁，有害气体监测与报警等多方面保证家庭人员与财产安全；②公共安防。通过视频监控，周界防范，电子巡更，保安无线对讲，对讲门禁等途径保证公共财产设施安全；③信息系统。利用综合布线、宽带网络、家庭电子屏、多媒体系统、VOD 点播系统、家庭网关、音响系统、远程医疗系统方便用户的信息通信；④家用设备的互连和遥控。将灯光控制、电动窗帘控制、空气清新系统、消防火灾监测和喷淋系统、空调系统进行互连，方便操作控制；⑤远程教育。远程教育是伴随着网络技术和多媒体技术的发展而发展的，因而它的形式和内容也以各类网络服务和多媒体点播服务为主，最终通过计算机技术来实现。

4. 智能建筑

智能建筑概念的形成，源于当今飞速发展的信息时代人们对办公条件、生活质量和居住环境要求的不断提高。目前，国内外学者和专家众说纷纭，对于智能建筑的定义各抒己见，还没有形成一个统一的说法。下面主要介绍几种有代表性的定义。

1）美国对智能建筑的定义

智能建筑的概念最早是由美国人在 1984 年建成世界上第一座智能大厦后提出的。当时他们对智能建筑的理解是：由建筑结构、建筑系统、建筑设施（服务设施）、建筑管理四个要素以及它们之间的内在关系构成的最优化配置，该建筑可以提供一个既能合理投资，又拥有高效优质的服务，使人们工作和生活舒适便利的环境。上述四个基本要素与综合布线系统有非常密切的关系。同时又有美国学者指出，没有固定的特性来定义智能建筑。

2）欧洲对智能建筑的定义

智能建筑是创造一种能够使住户达到最大效率环境的建筑，同时该建筑能够合理地管理资源，并且能在硬件和设备方面保持寿命成本最小。

3）日本对智能建筑的定义

日本对智能建筑的定义，主要包括以下四个方面的含义：作为收发信息和辅助管理的工具；确保在建筑内工作的人满意和便利；建筑管理合理化，以便用低廉的成本提供更加周到的管理服务；针对变化的社会环境、多样复杂化的办公以及主动的经营策略做出快速灵活和经济的响应。

4）我国对智能建筑的定义

修订版的 GB/T50314—2006《智能建筑设计标准》对智能建筑的定义为：以建筑物为平台，兼备信息设施系统、信息化应用系统、建筑设备管理系统、公共安全系统等，集机构、系统、服务、管理及其优化组合为一体，向人们提供安全、高效、便捷、节能、环保、健康的建筑环境。将 4C 技术（Computer（计算机技术）、Control（控制技术）、Communication（通信技术）、CRT（图形显示技术））综合应用于建筑物之中，在建筑物内建立一个计算机综合网络，使建筑物智能化。通过对建筑物的四个基本要素，即结构、系统、服务和管理，以及它们之间的内在联系，以最优化的设计，提供一个既投资合理又拥有高效率的幽雅舒适、便利快捷、高度安全的环境空间。图 1-8 所示为智能建筑示例。

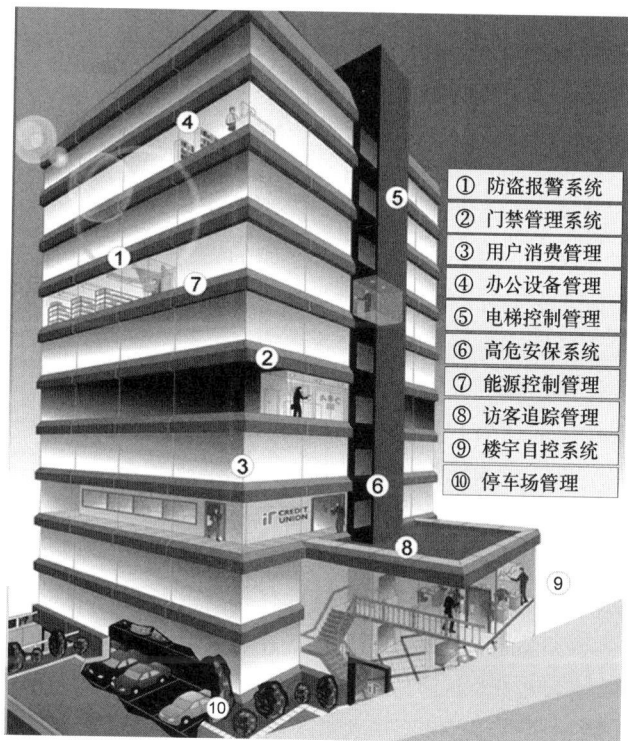

① 防盗报警系统
② 门禁管理系统
③ 用户消费管理
④ 办公设备管理
⑤ 电梯控制管理
⑥ 高危安保系统
⑦ 能源控制管理
⑧ 访客追踪管理
⑨ 楼宇自控系统
⑩ 停车场管理

图 1-8 智能建筑示例

智能建筑按不同的划分标准有不同的组成：如果按系统分层可分为几个子系统；如果按功能划分，可分为硬件和软件两部分；如果按位置划分，可分为机房设备、终端设备、中间设备及传输介质。图 1-9 所示为智能建筑系统的组成图。

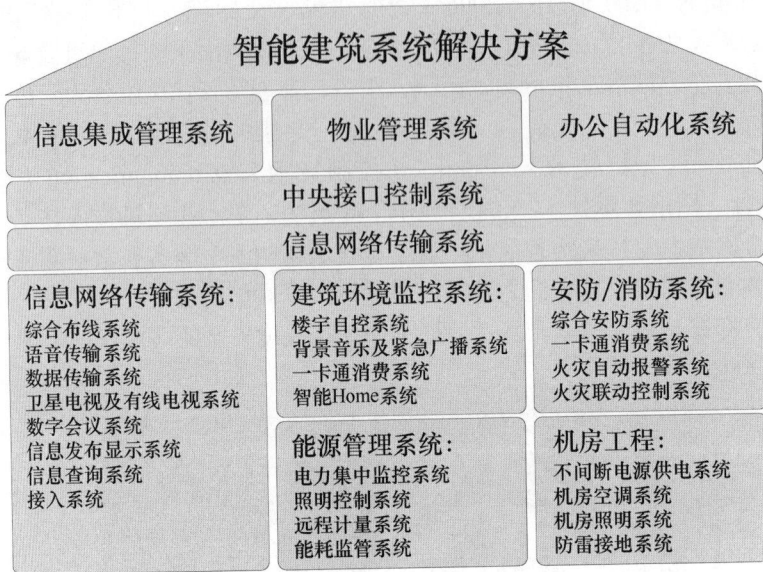

图 1-9　智能建筑系统的组成图

尽管对智能建筑至今很难给出一个确切的定义，但无论是国外还是国内，智能建筑都体现出很强的优越性，主要有以下几个方面。

（1）提供安全、舒适、能提高工作效率的办公环境。

（2）节省能耗。

（3）提供现代化的通信和信息服务。

（4）建立先进与科学的综合管理机制。

（5）能满足多种用户对不同环境功能的要求。

综上所述，能够得出：智能建筑是一个综合的概念，是以建筑为平台，将建筑设备自动化、通信自动化、办公自动化及在此基础上的系统集成和服务管理进行优化组合，形成一个高效、舒适、便利的有机整体。它是现代建筑技术与计算机技术、控制技术、通信技术及图像显示技术等现代信息技术相结合的产物，具有工程投资合理、设备高度监控、信息管理科学、服务优质高效、使用灵活便利和环境安全舒适等特点，是可以满足信息化社会发展需要的现代化新型建筑。

5. 智慧城市

"智慧城市"是指利用各种信息技术或创新理念，集成城市的组成系统和服务，以提升资源利用效率，优化城市管理和服务，改善市民生活质量。"智慧城市"把新一代信息技术充分运用在城市的各行各业建设中，实现信息化、工业化、城镇化深入融合，这有助于缓解"大城市病"，提高城镇化质量，实现精细化和动态管理。"智慧城市"将是 21 世纪最重要的技术革命，它使数字技术、信息技术、网络技术渗透到城市生活的各个方面，它将深刻改变人们习惯的工作方式、生活方式，乃至风俗习惯和思维方法。尤其是 GIS 的空间信息综合能力与直观表现能力，在处理城市复杂系统问题时，可以帮助人们更好地建立全局观念与模拟直观感。城市规划师或管理者能在有准确坐标、时间和对象属性的五维虚拟城市环境中，有效地进行规划、决策和管理，其感觉与漫步于现实的街道上或是乘坐直升机俯瞰城市一样。

城市信息化过程表现为地球表面测绘与统计的信息化（数字调查与地图），政府管理与决策的信息化（智慧政府），企业管理、决策与服务的信息化（智慧企业），市民生活的信息化（智慧城市生活），如图 1-10 所示，以上四个信息化进程即"智慧城市"。

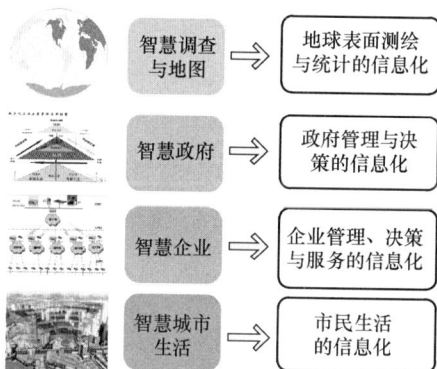

图 1-10　智慧城市的四个信息化进程

智慧城市解决方案是以先进的公共安全科技和信息技术为支撑，以方便人民群众的生产、生活，提高市政部门的专业管理水平和快速响应能力为主线，软硬件结合的便民一体化服务、道路交通监控和突发公共事件应急保障技术系统，是国家有关部门有效实施应急预案的强大工具。

在便民一体化服务方面，智慧城市解决方案具备强大的业务整合能力和并发处理能力，能有效整合天气、社保、交通、水电消费等资讯，并有区别、有针对性地及时提交给用户。在突发公共事件应急保障方面，智慧城市解决方案具备风险分析、应急报告、监测监控、预测预警、综合研判、辅助决策、综合协调与总体评估等功能。在道路交通监控方面，智慧城市解决方案有助于交警、公安等部门全天候监控城市道路交通状况，在自定义的重点交通路段发生堵塞等交通事故时，系统能自动给予有效提示并迅速通知到有关人员，同时系统支持通过视频、彩信等方式实时了解一个城市任何地点的实际情况。

1.4.5　数字营区建设的必要性及意义

1. 建设数字营区的必要性

建设数字营区是顺应国家经济社会发展的时代选择。当前，我国城镇化进程明显加快，城乡基础设施和居民生活条件不断改善；经济发展方式正在加速转变，对资源节约和环境保护提出了更高要求；建筑市场日趋成熟，工程建设领域的新技术、新材料、新工艺、新设备快速发展。这些，一方面要求军队军事设施建设跟上时代步伐，进一步改善广大官兵的住用条件，在建设资源节约型和环境友好型社会中走在前列；另一方面也为军队军事设施保障融入国家经济社会发展体系，推动军事设施保障方式向社会化拓展提供了更加有利的条件。

建设数字营区是推动军事设施建设科学发展的必由之路。近些年，军队军事设施建设发展很快，营区面貌变化很大，军事设施保障能力有明显提高。由于发展还不够平衡，目前仍有一些单位住用条件较差，设施不够配套，安全防护能力较弱的军事设施；房地产资源配置不够合理，营区坐落多、容量小，集约化保障水平不高；标准制度执行不够严格，营区规划缺乏刚性，擅自建设、超面积超标准建设和乱拆乱建现象不同程度存在。因而迫切需要适应军事设施建设创新发展的新形势，按照全面建设现代后勤的要求，建设数字营区。

2. 建设数字营区的意义

数字营区建设是一项系统工程，它涉及军队管理学、计算机科学、军事信息安全等多个学科和领域。数字营区解决了部队营区建设理念陈旧、营区安全防护能力较弱、安全管理手段落后、营院管理体系建设缺乏高层统筹设计、营院管理应用系统开发分散、系统数据结构不合理、标准不统一等问题；通过引入物联网技术，建立部队内部一体化智能管控平台，把 RFID 信息标签、各种扫描器、感应器、感知器等嵌入和装备到军用物资、装备、营区、库区等各种物体、环境中，构成局域性的军队内部物联网，综合集成民用 GPS 定位系统，有机融合军事环境与物理系统，实现了军事效益和管理效益的最大化，建立健全安全管理和后勤保障体系，可以大大提高营区安全预警和应急处置的能力和后勤保障水平，营区管理实现由人工管理向信息化管理、由粗放型管理模式向精确管理模式的转变，提高了管理效率，节约了资源，减少了浪费。

数字营区建设是部队信息化建设的一个重要组成部分，是深入贯彻落实胡主席提出的基于信息系统的体系作战的指导思想，在后勤军事设施建设和营院管理工作中的具体体现，加强部队营区数字化、智能化升级改造，将信息化管理与安全防护、装备监管、官兵监控、环境监测等方面有机地结合在一起，可以切实将信息化技术融入到军队管理中，确保部队安全工作落到实处，有效提高部队训练、工作效能，进一步提高部队战斗力。

数字营区建设是在现代化军事理论指导下，以数字信息技术和系统为工具进行的现代营区管理模式，是社会发展的必然趋势，是数字化部队和数字化战场建设的必然要求，是我军信息化建设的有机组成部分。

1. 为部队信息化建设提供基础平台

营区是部队屯驻的场所，为部队提供各类驻训保障，同时营区又是一个办公指挥平台，已经成为实施信息化战争的重要依托。因此，在以信息智能化技术进行营区房地产管理的同时，应当将营区看成一个信息化办公指挥系统的工程载体，通过一体化的网络布线、建设基地指挥信息中心等信息改造措施，使全军通信网络做到互联互通、一体化集成，解决接口、技术标准以及模块衔接不一致的问题，真正实现快捷高效的作战指挥和议事办公，并不断提升营区的 C^4ISR 能力和反 C^4ISR 能力，使其具备战时以及紧急状态下的应急处理和调度能力。

2. 为一体化战时基建军事设施保障提供支撑

在信息化战争条件下，如果没有有效的信息支持，基建军事设施管理工作的管理水平、工作效率以及保障能力都不会得到实质性的提高。利用先进的信息智能技术，实现基建军事设施信息化，可以极大提高基建军事设施保障效能，优化资源配置，减少资源浪费，为部队提供适时、适地、适量保障，节省大量人力、物力，使基建军事设施保障由数量规模、人员密集和高耗低效型向质量效能、科技密集和低耗高效型转变，走出一条投入少、效益高的一体化保障路子，为军队基建军事设施系统信息化建设提供战略支撑。

3. 为现代军事设施建设快速发展提供技术支持

技术是发展的永恒动力。现代军事设施建设的精神实质就是用现代科学技术、现代工程技术、现在材料技术以及现代管理理论提升军事设施建设，努力实现军事设施保障理念、保障体制、保障方式以及保障手段的全面进步，提升军事设施保障的现代化水平和军事经济效益，实现基地化营区建设的可持续发展。为顺应时代发展潮流，发展自动化的物业管理、智能化的营区使用以及信息化的办公指挥平台能够为军队近期和未来相当时期内的军事设施建设提供强有力的技术支持。

第 2 章 数字营区顶层设计

本章在第 1 章提出数字营区起源、发展现状及基本概念等相关知识的基础上，依据相关标准规范和有关文件规定，结合数字营区建设各项需求及军队特色，提出了数字营区建设原则、总体规划，并对数字营区标准化工作做了详细阐述，介绍了数字营区建设包含的基本内容，使读者就如何建设数字营区有章可循、有的放矢。

2.1 数字营区建设顶层设计

2.1.1 问题的提出

在信息化领域，对顶层设计的认识是随着信息技术的发展和信息化建设的深入而不断深化的。顶层设计（Top-level Design）体现的是一种"自顶向下"（Top-Down）的设计思想和方法，与它相对的是"自底向上"（Bottom-Up）的设计思想和方法。顶层设计就是站在宏观的、全局的高度，对大型工程建设与发展做出科学的、总体的论证与规划，并形成相应的方案和实施进程。当前对于军队数字营区顶层设计的相关研究，就研究的深度和广度而言，主要还集中在对其重要性和内容进行概括性的论述上。更具体地说，数字营区的顶层设计，就是在进行数字营区总体规划时，理论上要保持一致，功能上要相互协调，结构上要基本统一，资源要做到共享，标准要保证统一，机制要做到稳定和权威。

为了实现军队信息化建设的统筹规划和军事信息系统的一体化综合集成，军队加强了标准和体系架构方面的研究，但已有体系架构的实用性、有效性还有待于实践检验，需要根据实践运用情况进一步改进并完善。

从广义上说，顶层设计的对象不仅包括基本的网络建设、信息资源建设、应用系统建设及安全管理等诸多技术层面的内容，还包括管理体制、组织职能、绩效管理及流程变革等方面的内容。所要解决的问题不仅仅是系统的互联、互通问题，还要将信息系统建设与组织的业务流程重组结合起来考虑，从根本上实现组织的流程再造和信息化变革。从这个意义上说，在信息化建设领域，数字营区顶层设计就是数字营区建设的宏观层次构想，是数字营区建设规划的细化和具体化、工程化，是复杂巨系统建设规划的重要环节，关系到数字营区建设的全局乃至成败。顶层设计搭起了目标规划与具体实施之间的"桥梁"，它是铺展在意图和实践之间的"蓝图"，是具有总体明确性和具体可操作性的、科学思维的指南，使数字营区建设不再"摸着石头过河"。

2.1.2 顶层设计的概念

顶层设计是"一种源于自然科学或大型工程技术领域的设计理念。它是针对某一个具体的设计对象，并运用系统论的方式，自高端开始的总体构想和战略设计，注重规划设计与实际需求的紧密结合，强调设计对象定位上的准确、结构上的优化、功能上的协调、资源上的整合，是一种将复杂对象简单化、具体化、程序化的设计方法。它不仅需要从系统和全局的高度，对设计对象的结构、功能、层次和标准进行统筹考虑与明确界定，而且十分强调从理想到现实的技术化、精确化建构，是铺展示意图与实践之间的'蓝图'。"

在数字营区建设中采用顶层设计方法，是指在数字营区建设时，尤其是大规模营区数字化建设时，首先进行全面的、系统化、工程化设计，再按设计蓝图进行分步实施的系统建设方法。在信息化建设开始走向深入、信息系统建设重心转向整合与集成的今天，一般来说营区数字工程要做到统一规划、统一管理和有序实施，先要有一个总体规划。但只有传统意义上的总体规划还不够。如果光有规划，缺乏应有的架构、规范及实现方法，在总体规划之下很可能还是无所遵从、各自为政，最终依然会造成各子系统之间难以互联、互通、信息资源难以共享。这就需要对传统意义上的总体规划进一步细化和具体化，即进行科学的顶层设计，为系统建设提供科学指南和规范，防止出现重复建设、各自为政的情况，使不同的信息网络、不同的应用系统之间能够实现互联、互通，有效地推动跨部门、跨系统的业务协同。

2.1.3 顶层设计的内容与特点

数字营区建设顶层设计是一个关于数字营区建设工程的高层次、完整的规划设计，是对系统"战略目标及其在时间、空间的展现形态和实现方式的设计"。从工程角度来看，数字营区建设顶层设计首先是做好系统建设的需求要素与背景因素的分析论证，然后基于此提出系统建设的宏观指导、体系架构和实施方案，为下一步工程实施中的详细设计和系统具体实现提供指导、规范。数字营区建设顶层设计的实施步骤，如图 2-1 所示。

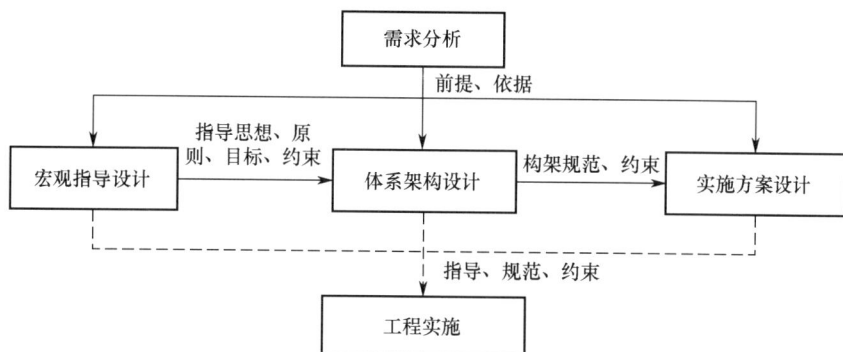

图 2-1　数字营区建设顶层设计内容体系

图 2-1 表明，数字营区建设顶层设计的主要内容包括需求层的建设背景因素与需求分析、宏观层的宏观指导设计、架构层的体系架构设计和实施层的实施方案设计四个相互联系、相辅相成的方面。

1. 需求分析

需求分析是识别组织战略，并根据组织战略确定信息系统目标、约束条件和设计原则的过程。需求分析是信息系统建设过程中最具挑战性的任务，也是顶层设计的前提和依据。只有在正确认识数字营区建设的现状和发展趋势，准确把握系统建设的战略机遇与风险，并进行准确需求分析基础上，顶层设计才能有据可依，系统建设才能做到有的放矢，才能防止出现所谓的"80/20 现象"。

需求分析是一个逐步深化和不断完善的过程，通常需要分层实施、逐步细化、分阶段实施。数字营区信息系统顶层设计中的需求分析，着眼于数字营区建设的宏观需求，着眼于系统集成、信息融合的需要。它是以军事后勤保障需要为中心所进行的宏观层次需求分析，不涉及对具体的业务与业务流程、数据与数据流程的详细分析，不涉及具体详尽的技术分析、规格说明。数字营区建设的核心目标就是满足信息化条件下一体化联合作战和执行多样化军事任务过程中后勤指挥与保障的需要，这也就是军事需求。而军事需求的满足必须以一定的系统功能和性能作为实现的基础。因此，数字营区信息系统核心需求主要包括军事需求、功能需求和性能需求三个方面，表现为如图 2-2 所示的"需求三角"。

首先，分析军事需求。军事需求是数字营区建设的核心需求，是军队后勤保障根本目的和军事后勤变革目标的根本体现；其次，分析支持军事需求所需具备的功能需求；最后，要分析提出实现军事需求和功能需求所必须具备的系统性能方面的需求。

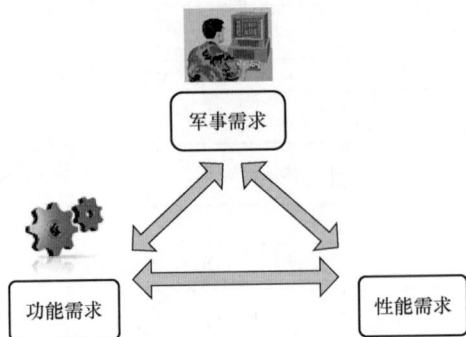

图 2-2　数字营区建设需求概念模型

此外，与需求一起影响和制约数字营区建设规划和设计决策的还有军队后勤信息系统本身的建设现状与发展趋势，以及当前国内外信息技术发展水平和军队信息化、后勤信息化建设的实践情况。

2. 宏观指导设计

宏观指导一般是指政府部门、企业、社会团体或军事机构等各类组织，为完成某项任务、针对某一对象或事物确定的，在未来一定时期内的方向性、整体性、全局性的定位与目标。宏观指导回答目标对象的总体发展方向是什么、目标定位是什么、应具备哪些实现条件、如何实现所确定的目标等宏观战略性问题。宏观指导设计就是对这些事关事物发展全局的重大问题做出决策。

数字营区建设作为一项复杂的系统工程，宏观指导设计至关重要。宏观指导设计要求数字营区信息系统的规划者和建设者要站在后勤信息化建设的战略全局和整体高度，深刻认识未来信息化战场环境和一体化联合作战行动军事后勤保障方式、方法，弄清数字营区建设所处的内外环境和时代要求，根据军队后勤保障信息可视化需求、军队后勤业务特征和信息技术基础，确立数字营区建设的发展方向和总体目标等宏观发展战略问题，达到从宏观层面指导数字营区建设的目的。宏观指导设计的主要任务是确立数字营区建设的指导思想，以务实创新的思维确定系统建设原则、建设目标和重点领域。

3. 体系架构设计

体系架构设计的目的是将所有的应用和系统有机地融合到组织的业务战略和信息化战略之中，使组织达成对信息的有效管理、最佳的投资并满足组织当前及未来业务发展的需要，为组织信息系统建设提供蓝图和指南。体系架构设计过程须要使用体系结构框架用于体系结构的规约，业界比较成熟的体系结构框架有查克曼框架（ZF）、4+1 视图模型（4+1 View Model）、联邦企业体系结构框（FEAF）、开放组织体系结构框型（TOGAF）等。

体系架构框架在数字营区建设中具有重要的作用。首先，它提供了系统工程实施时详细设计所需的指导框架，可以保持系统建设过程中战略目标、业务目标与工程实施的衔接与协调。其次，作为对系统进一步详细设计的前提和依据，提供了一套系统设计的审核方法，确保从业务需求到技术实现的可追踪。最后，描述了系统的核心要素，提供了有关信息技术运用与应用功能支持的最佳的、长期的定义，可以确保系统的可重用性和一致性，并支持统一架构下的并行开发。在数字营区建设中，尤其是在当前系统建设成长与整合阶段，运用体系架构理论与方法建立数字营区信息系统的体系架构模型，将构建起业务与技术、目标规划与工程实践之间的桥梁，促进高层领导、后勤业务人员、系统设计与开发人员、系统用户及其他相关人员之间的沟通并达成共识，极大地提升数字营区信息系统的设计、开发和管理水平，提高建设投资成本效益。

体系架构的表现形式可以是一个指导方针、一个模式或一个正式的模型。数字营区建设顶层设计中的体系架构设计目标，就是建立数字营区信息系统业务、数据、应用系统的开发模型以及系统开发中的技术体系、基础设施建设规范、安全与运营管理框架等公共核心体系架构，并把它作为数字营区建设的标准体系框架和指导规范，从而确保目标系统的适用性、科学性、经济性和先进性。

4. 实施方案设计

在数字营区建设工程实施过程中，必须高度注重建设中的管理因素，综合运用系统工程方法和现代管理科学理论设计最优化的系统建设方案，以此对系统建设的工程实施提供科学的指导，确保以最恰当的方法、最适合的规模、最适合的成本去做最适合的工作。做到这一点，最好的办法就是在数字营区建设顶层设计时就制定科学的宏观工程建设实施方案，即将工程实施方案设计纳入到顶层设计工作中来，根据数字营区建设的宏观指导思想和体系架构，依据自上而下、虚实结合、系统筹划的原则，制定系统、科学、切实可行的系统建设实施方案。

数字营区信息系统实施方案设计的主要任务是对工程实施及运营管理中的关键问题，如建设模式的选择、人员组织、工程实施及运营管理等问题做出统一的安排和科学的筹划，对信息系统建设工程管理中涉及的过程、人员、经费、文档资料等众多要素如何进行有效的组织、计划、配置、控制和协调提出原则性建议，提出系统分阶段实施的关键政策和实施程序，并最终形成实施方案决策文件。

数字营区建设顶层设计的基本步骤，各个阶段的内容、方法及设计成果，可以总结归纳为如图 2-3 所示。

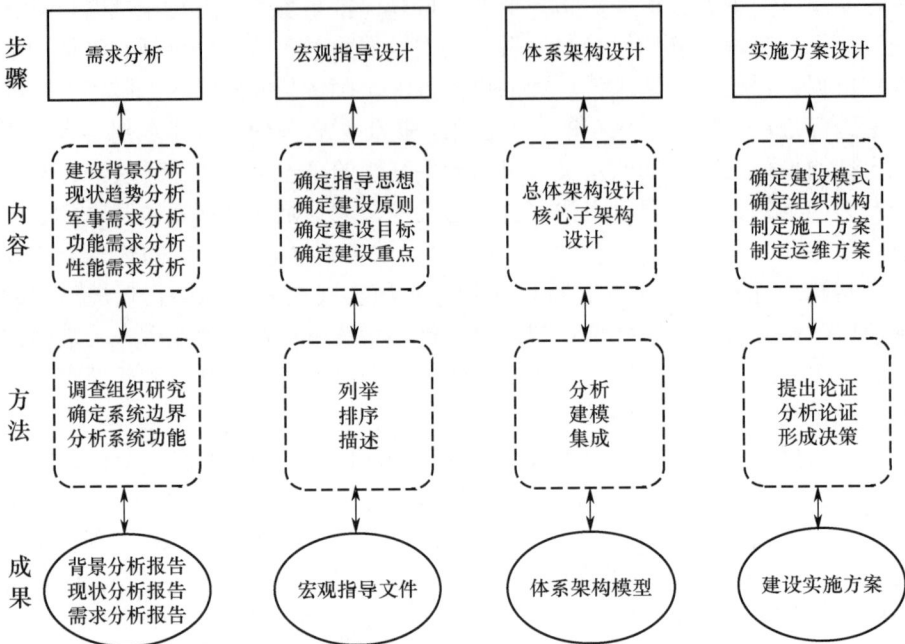

图 2-3　数字营区建设顶层设计过程图

5. 顶层设计的特点

数字营区信息系统顶层设计必须科学合理、系统完整、有针对性，能够全面指导实践。这就需要在辩证唯物主义和历史唯物主义世界观的指导下，在坚持客观性、科学性普遍原则的基础上深刻认识和把握其自身特点。

1）全局性

数字营区建设顶层设计是宏观层次的构想，要立足国家信息化建设、军队信息化建设和军队后勤信息化建设的大环境，跳出局部业务环境的束缚，去分析和思考数字营区建设的指导、目标、方法和工程实施问题。要贯彻全面协调发展的思想，把提高后勤保障水平与提高作战能力联系起来，兼顾平时服务保障和战时勤务保障，做到切合实际、系统思考、全局安排，以解决数字营区建设中的总体性、结构性难题。尤其要通过全局性、系统性的规划设计，解决信息系统建设中因互不衔接、互不兼容、互不共享而形成的信息孤岛问题。

2）系统性

数字营区建设是一个系统性工程，要注重从目标、措施到结果的全过程控制。数字营区信息系统顶层设计不只是设计目标、规定路径、明确措施，还要结合实际需求，提出实现目标的全方位解决方案。要克服由于仅仅为支持某个具体业务，而缺乏从组织角度和整体业务需求考虑所造成的系统间缺乏联系和共享、难以实现综合集成的问题。要注重后勤保障业务与信息技术相结合，把数字营区信息系统的理论框架和技术框架统一考虑，使顶层设计的成果和理念可以真正在工程建设、实践中得以运用，并切实反映业务的要求。

3）前瞻性

顶层设计作为宏观层次的总体构想，是理论创新与技术创新的结晶，一定的前瞻性是其内在要求。前瞻性就是要在数字营区建设顶层设计中坚持继承与创新的结合、实与虚的结合。数字营区信息系统顶层设计不能只顾今天，不管明天，而是要进行未来思考，着眼于未来信息化战争后勤保障的需要；要根据后勤当前和未来的总体业务需求与资源共享要求来考虑数字营区的最终实现；要考虑到技术发展、环境变化、需求变更、应用拓展的可能性，在系统的技术设计与工程方案设计中把实用性和先进性结合起来。

4）动态性

持续的动态演进是系统/体系需求的一条基本规律。顶层设计的生命力在于它不是单一的、一成不变的，而是多元、滚动发展的。数字营区建设顶层设计必须考虑到业务的可持续性和相关性，根据面临的现实需要和潜在需求不断进行修订、补充，使它能够始终反映营房保障的现实需要并体现未来发展需求，提高对系统建设指导的针对性，确保流程的持续优化、业务的可扩展和机构灵活重组，以及系统建设与运营的有效衔接，从而推动系统建设的持续发展和演进。动态性也意味着长效性，即通过持续的改进确保顶层设计长期有效，而不是短暂的眼前可用，以保障目标系统的长期、稳定与持续扩展，从长远角度降低数字营区建设与运营的总体成本。

2.2 数字营区总体规划

数字营区的建设，要以官兵需求为导向，建成高起点、高标准、能灵活沟通的营区信息化体系，实现营区管理信息化、营区服务信息化和营区生活信息化，使营区建设走上规范化、制度化和网络化的轨道，提高营区管理与服务的水平和效率，提高官兵的生活水平、生活质量，更好地为官兵服务，进一步提高作战能力，促进单位持续快速发展和全面进步。

根据这一指导思想，建设单位在数字营区建设中要坚持如下原则：统筹规划、协调发展；统一平台、统一管理；需求主导、重点推进；整合资源、协同共享。

2.2.1 数字营区规划目标

在构建数字营区时，要思考如何利用信息化手段提高房屋工程管理水平，提升军营公共服务能力；信息化如何在节能、节水、降耗、资源综合利用与环境保护方面发挥作用；如何规范信息化建设与管理，规避投资黑洞、重复建设和信息孤岛。只有认真深入地思考这些问题、分析这些问题、找到解决办法，才能真正理解数字营区建设的目标和思路，有效完成数字营区的规划与设计。

数字营区规划旨在全面分析营区信息化的现状和需求，以建设单位作战、后勤、文化等方面特点为依据，结合数字营区先进理念和经验的实证研究，构建军营信息化发展战略体系，为数字营区的建设提供指导依据。初步的数字营区总体规划如图 2-4 所示，思路的核心是解决"做什么"和"怎么做"。

数字营区以现代军事设施建设目标为出发点，依托军队信息化网络化平台、远程数据传输技术、传感技术、大数据技术、人工智能技术、地理信息系统（GIS）技术以及大容量数据存储技术，实现以下管理目标。

（1）精细量化。在营区办公、连队生活等公共用水、用电、用气、用热场所加装智能仪表，实现水电气热消耗实时计量和实时公示；在作训室、装备库、食堂等场所，按不同用途加装智能仪表，实现水电气热分类计量和经费独立核算；对公寓住房水、电、气、热实施远程控制，实现消耗用量、房租收缴等欠费提醒和开断管理。

（2）高效节能。安装智能控制阀、IC 卡控制器，实现绿化、景观用水定时开断，公共盥洗、洗碗等用水分时供应，洗浴、洗消等用水计费供应；安装网络型、感应型控制器，实现路灯、楼道等公共用电远程控制、定时和感应开断；安装智能气候补偿仪、变频控制器等装置，根据天气情况调节热交换温度，根据室温需求增减热力流量，实现供热及中央空调系统节能运转。

（3）实时可视。把营区基础信息、管理信息、实景影像，以及各类设施设备运行状态等，汇集在网上，共享于各级，实现管理保障远程可视、三维再现，为营区管理保障提供有力的决策支持。

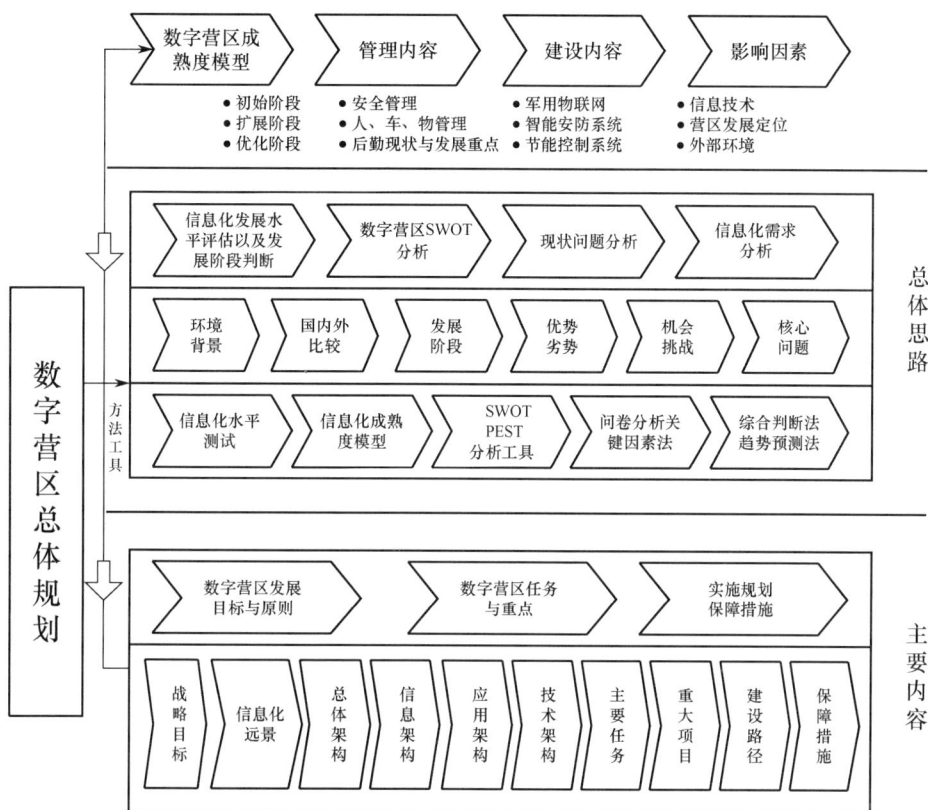

图 2-4　数字营区总体规划

（4）安全预警。在营区主干管网上，加装传感器、电动阀，实现管网泄漏自动监测和紧急关停；在营区主要位置和重点部位安装环境监测仪，实现营区水质、空气等环境质量变化实时预警。

2.2.2　数字营区规划原则

数字营区建设是一项系统工程，它涉及军队管理学、计算机科学、军事信息安全等多个学科和领域，在努力提升部队信息化管理和安全工作的同时，要遵循军队有关政策：推进军营信息化，迈向信息军营；建设先进的军营特色文化，弘扬主旋律；推行电子办公，强化后勤管理和公共服务；完善营区信息基础设施，为信息化应用奠定基础；建设营区信息安全保障体系，确保信息化营区安全运行；加强信息资源开发利用，促进信息资源转变为军队财富；大力开展信息化培训，提高官兵信息技术应用能力。

数字营区建设必须遵循一定的原则，符合整体的规划要求。信息化基础设施应具备开放性、兼容性和可扩容性的特点，满足各单位综合应用需求，能支持语音、数据、图像、多媒体业务等各类信息的传递。信息端口应布放到营区所有建筑物内，物联网应延伸至每一个智能终端设备。

1. 数字营区建设原则

1）突出信息智能

（1）按标准化要求实施。标准化是信息化的基础，信息化工作持续展开，离不开标准的引导和规范。目前，总部制定下发的6份数字营区建设标准和规范，是当前数字营区建设的基本依据和遵循，要严格遵照执行，确保规范有序。

（2）按数字化要求支撑。数据是信息化的根基，离开数据，信息化建设就是无源之水、无米之炊。数字营区建设，首先要完成营区实体要素数字化转换，并实时进行数据更新维护，以提高数据的完整性、一致性和准确性，切实搞好数字营区软硬件系统运行的数据支撑和可靠保证。

（3）按智能化要求拓展。目前，营区的大部分信息系统还停留在信息查询、统计分析等静态管理上。数字营区建设应当在实体要素数字转换和大数据采集存储的基础上深化人工智能、模式识别、自动控制等先进信息技术的应用，并向指挥、决策、评估等领域拓展，不断提高基建营房管理水平和保障效能。

2）体现科学管理

（1）统筹好建设与应用。数字营区建设要充分利用现代信息技术，切实解决营区建设、管理和保障中存在的问题和薄弱环节。"建"就是为了"用"，不能为了"演"、为了"看"，搞花架子。同时，也要着眼信息技术日新月异、换代频繁的特征，在技术上适度超前，留有发展空间。

（2）统筹好继承与发展。总部配发的数字营区系统软件，是整合营房各业务系统功能的集成处理平台，具备开放性和兼容性，能嵌入不同单位、不同厂商的设备控制系统，以及周界防范、电子巡更等营区安防监控系统。

（3）统筹好横向与纵向。数字营区建设必须高度重视系统对接和功能扩展。横向上，要强化营区数字化管控手段，满足部队作战指挥、后勤保障和装备管护需要，提高基于信息系统体系作战的保障能力；纵向上，要增强各类用房和设施设备信息智能含量，满足部队实施信息化条件下工作、训练和战备要求，提高营区承载数字化部队的能力。

3）着眼长远建设

（1）注重实践牵引，配套完善标准。按照建设现代营房实施步骤和工作实践，加强理论研究，总结探索出军港、机场、阵地、仓库等不同类型数字营区建设的特点和规律，配套健全数字营区标准体系，不断增强标准规范的可行性和操作性。

（2）注重沟通协调，形成建设合力。数字营区建设是部队建设的一项基础性工程，涉及面广，影响面大，需要强化协调工作，积极与通信、军务、保卫等职能部门沟通，并强化营房内部各业务口协作，确保形成合力共同推进。

（3）注重攻坚克难，不断创新发展。随着现代营房的深入推进，要不断研究探索新组扩编、部署调整、收缩住用等部队数字营区怎么建的问题，力争取得新发展、新突破。

2. 营区信息智能设计应做到以下五点要求

（1）营区信息系统建设应做到安全可靠、经济合理、技术先进、维护管理方便，采用的技术与手段应具有前瞻性、开放性和可扩充性，满足较长时间的应用需求。

（2）营区网络及数据传输系统应能支持语音、数据、图像、多媒体业务信息传递，并综合作战、训练、政工、视频会议、教育以及日常办公一体化系统等。

（3）数字营区信息智能设计应统一规划、统一数据标准和管理标准，定制合理的信息体系结构，走通用化、系列化、模块化的建设模式，确保各类系统的互连、信息的互通和功能的互操作，避免"信息孤岛"的产生。

（4）军事设施信息智能化建设应采取工程化建设思路，综合运用系统科学的思想、现代管理的理念、工程技术的手段，研究解决复杂系统的建设管理问题，以实现最优规划、最优设计、最优管理和最优控制。

（5）数字营区信息智能设计应循序渐进、分阶段发展，科学界定建设内容，梳理系统构成各个要素，明确系统建设边界，重点强化营区管理的可控性，提高官兵战备、训练、工作及生活的便利性。

具体来说，数字营区信息智能设计，应与营区建筑、设施设备设计同步进行，根据营区的性质、功能、环境条件、使用需求及中长远发展的需要，本着综合集成、量力而行、效益优先、急用先上的原则，分布实施建设。

3. 建设的依据

已颁布的数字营区《建设标准》《数据规范》《图形规范》《施工规范》《三维实景模型制作规范》及《营区信息化基础设施建设规范》，详细解答了数字营区建什么、怎么建等问题，是开展数字营区建设的基本依据。同时要遵照以下国家相关部门下发的相关标准规范。

（1）《安全防范工程技术规范》（GB 50348—2018）；

（2）《入侵报警系统工程设计规范》（GB 50394—2007）；

（3）《视频安防监控系统工程设计规范》（GB 50395—2007）；

（4）《出入口控制系统工程设计规范》（GB 50396—2007）；

（5）《公共广播系统工程技术规范》（GB 50526—2010）；

（6）《通信线路工程设计规范》（YD 5102—2010）；

（7）《建筑物电子信息系统防雷技术规范》（GB 50343—2012）；

（8）《工程勘察设计收费管理规定》（国家发展计划委、建设部）；

（9）《综合布线系统工程设计规范》（GB 50311—2016）；

（10）《综合布线系统工程验收规范》（GB 50312—2016）；

（11）《电子信息系统机房施工及验收规范》（GB 50462—2015）；

（12）《智能建筑设计标准》（GB/T 50314—2015）；

（13）《智能建筑工程质量验收规范》（GB 50339—2013）；

（14）《电子计算机场地通用规程》（GB/T 2887—2011）。

2.2.3　数字营区规划重点

数字营区的规划包含几个方面：数字营区的发展战略；数字营区建设的原则；数字营区建设的方向、重点及任务；数字营区的总体架构。

1. 制定数字营区的发展战略

从需求的评估与整合出发，结合对已建应用项目的完善和整合，建立面向管理与应用的总体架构，并对各平台及资源进行整合。

2. 制定数字营区的建设原则

为规范军队营区信息化基础设施建设，提升营区承载信息化部队的能力，从数字营区建设目标出发，依据营区信息化建设有关规定，制定数字营区的建设原则。

3. 制定数字营区建设的方向、重点及任务

从需求出发，明确数字营区建设的方向，分别从安全领域、管理领域及服务领域做好信息化总体规划，同时要做好基础设施增量投资规划，对于建设的重点内容要单独进行详细规划。

4. 制定数字营区的总体架构

数字营区的总体架构是对数字营区系统进行抽象性描述，抽取其基本要素并描述其相互关系、体现数字营区特点的体系结构参考框架。

2.3　数字营区标准化

　　为加快营区信息资源数据互联、互通与信息交换共享整合，迫切需要构建营区信息化标准体系，便于系统、全面、直观地了解营区行业相关信息化标准及信息化领域当前和未来的标准状况，明确信息化标准的发展方向。

　　营区信息化标准化工作是指全军信息系统建设、信息网络建设以及信息资源的综合利用实现标准化。营区信息化标准体系是指导军队信息化标准化工作的纲领性文件，是全面推进军队信息化的技术支撑和重要基础。通过营区信息化标准体系，可以系统、全面、直观地了解营区相关信息化标准及信息化领域当前和未来的标准状况，明确信息化标准的发展方向。标准体系模型如图 2-5 所示。

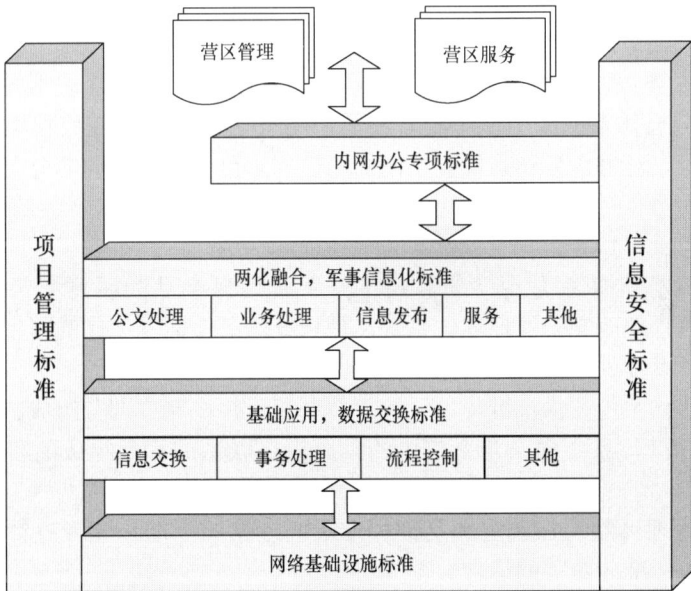

图 2-5　标准体系模型

2.3.1　营区信息化标准体系

　　营区信息化建设涉及的标准相当众多和复杂。在这样一个庞大而又复杂的环境中，要建立营区信息化标准体系需依照以下几步：首先，必须按照有关的标准化方针、政策和方法，运用标准化原理，根据营区信息化建设对标准的总体需求，确定出所需标准的类目，摸清每一类标准的具体内容；其次，明确其所对应的国际标准、国家标准和行业标准的现状和发展趋势，并根据对标准的具体需求，规划出尚缺标准的发展蓝图；最后，按照上述框架，对所需标准（包括现有的、正在制定的和应予制定的标准）进行科学筛选、分类和组合，明确其相关属性，在此基础上形成营区信息化标准体系框架，从而在总体上形成一个层次清晰、结构合理、体系明确、标准类目齐全的营区信息化标准体系框架。

在调查和分析国内外信息化标准化现状的基础上，结合营区信息化建设和发展对标准化的总体需求，按照国家有关标准化的方针政策，运用标准化原理，构建营区信息化标准体系框架，为未来营区信息化建设明确建设内容和工作重点，从而为营区信息化建设打下扎实的基础。营区信息化标准体系指的是由营区信息化建设范围内的具有内在联系的标准组成的科学的有机整体。

1. 标准体系组成与逻辑框图

营区信息化标准体系建设中应包括下列内容。

（1）按照"层次结构"以标准体系框架和标准明细表的图表形式构成。

（2）标准体系框架由多个相互制约、相互作用、相互依赖和相互补充的分体系构成。对每个分体系根据不同的属性再划分为若干不同的分支。

（3）标准明细表，包括营区信息化建设所必需的现有的、正在制定的和应予制定的所有标准。

信息化标准体系是围绕信息技术开发、信息产品的研制和信息系统建设、运行与管理而制定的标准体系。它是指导信息化标准工作的纲领性文件，为信息化建设提供标准信息与技术依据。

标准化体系主要由标准体系、管理体制和运行机制三部分组成。

（1）标准体系：由一定范围内的具有内在联系的标准组成的科学的有机整体。

（2）管理体制：在制定和贯彻标准中应遵循的标准化管理方针、原则、组织制度和标准体制等的综合。

（3）运行机制：在制定贯彻标准中所运用的方式、方法和组织形式的综合。

标准体系建设是营区信息化建设的基础，是实现信息共享的前提，根据营区流通管理的工作流程，营区信息化标准体系由六大分体系构成，即总体标准、应用标准、管理标准、安全标准、信息资源标准和基础标准六个方面，如图 2-6 所示。

营区信息化标准体系框架

总体标准　应用标准　管理标准　安全标准　信息资源标准　基础标准

军队营区数字化建设标准｜军队基建营房信息化建设十二五规划｜军队基建营房信息化建设发展路线图｜营区基础数据库建设规范｜信息系统技术要求｜信息系统接口要求｜数据中心建设指南｜业务建模规范｜智慧营区建设规范｜军队营区数字化建设定额标准｜军队营区数字化建设施工规范｜军队现代营房建设管理评估试行办法｜数字营区使用维护规范｜军队营区数字化建设施工规范｜军队数字营区设计规范｜军队数字营区数字化建设验收评估标准｜信息安全总体标准｜信息安全技术标准｜信息安全管理标准｜三维实景模型制作规范｜军队营区数字化建设数据规范｜军队营区数字化建设图形规范｜信息资源共享与交换规范｜军队营房信息系统通用代码规范｜军队基建营房信息中心数据标准｜军队基建营房数据化设施建设规范｜软件工程建设标准｜软硬件技术建设规范

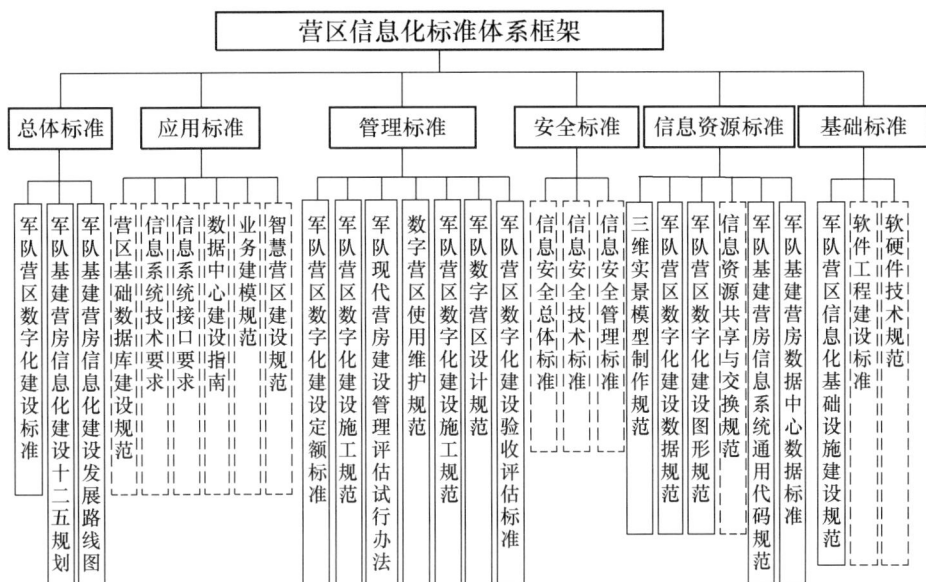

图 2-6　营区信息化标准体系框架

营区信息化标准体系包括下列内容。

（1）以标准体系框架和标准明细表的图表形式表示。

（2）由相互制约、相互作用、相互依赖和相互补充的分体系构成。对每个分体系根据不同的属性再划分为若干不同的分支。

（3）营区信息化建设所必需的现有的、正在制定的和应予制定的所有标准。

营区信息化标准体系的逻辑框图如图 2-7 所示。其中，总体标准层处于整个体系的最上位，它为下位的其他五个分体系提供总体指导和机制保障；信息安全和信息化管理贯穿于网络基础设施层、信息资源层、应用支撑层和应用层之中。

2. 分体系说明

1）总体标准分体系（图 2-8）

总体技术要求、术语标准和标准化指南共同构成了总体标准，作为三个二级类目，构成要素分别如下。

总体技术要求主要包括计算机网络规范、信息安全技术规范以及形成统一的营区信息化技术平台。具体内容参照《军队数字营区建设标准》。

术语标准主要指的是与营区信息化密切相关的术语标准，对信息化建设过程的术语、主要名词以及技术词汇进行统一，避免在使用过程中出现歧义的现象。在术语标准体系下，又包括了三个方面的术语，即专业性术语、基础性术语以及营区专业术语。

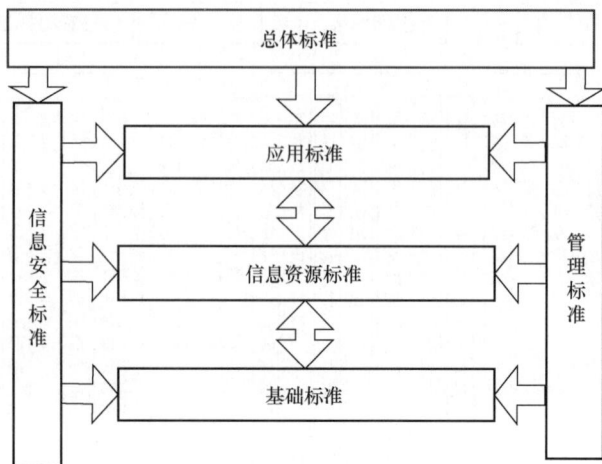

图 2-7 营区信息化标准体系逻辑框图

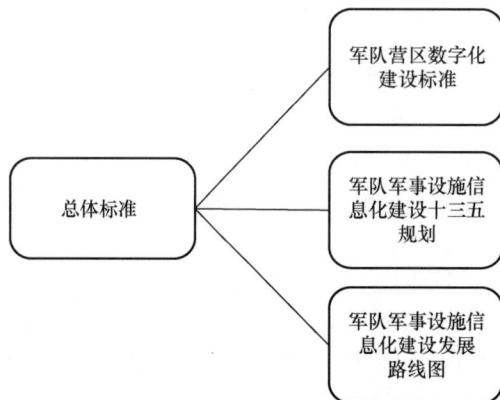

图 2-8 总体标准分体系

标准化指南主要包括营区物联网标准化的指导原则、编制指南以及在实施过程中的具体细则。它的参考依据主要是《军队军事设施信息化建设发展路线图》和《军队军事设施信息化建设十三五规划》。

《军队军事设施信息化建设发展路线图》中指出在 2020 年前，军队军事设施建设信息化建设发展思路是：按照全面建设现代后勤总方略，紧紧围绕建设军事设施建设现代化任务，以基于信息系统体系作战军事设施保障需求为牵引，以重点信息工程建设为突破，整体推进信息化建设创新发展，不断增强军事设施一体化指挥、基地化保障和数字化管理能力。

《军队营区数字化建设标准》是为实现现代军事设施信息智能建设目标，规范军队营区数字化建设工作，依据《军队基建营房信息化工作管理办法》而制定的。标准所称营区数字化建设，是指在营区建设与管理过程中，综合运用信息网络、自动控制和智能识别等技术，实现营区要素数字化、设施设备智能化、信息资源网络化和日常管理可视化。军队营区数字化建设应当遵循统筹规划、统一标准、需求牵引、分类实施，技术先进、适度超前、精细量化、高效节约的原则。它适用于军队新建、改（扩）建营区，其他营区可参照本标准执行。

2）应用标准分体系（图 2-9）

应用标准分体系包括数字营区建设规范、业务建模规范、数据中心建设指南、信息系统接口要求、信息系统技术要求和营区基础数据库建设规范等标准体系。

图 2-9　应用标准分体系

3）管理标准分体系（图 2-10）

对标准化领域中需要协调统一的管理事项所制定的标准，称为管理标准。管理标准按其对象可分为评估指标体系、项目管理规范和运维管理规范等。管理标准的制定可以合理组织、利用和提升部队战斗力，正确处理官兵信息、装备数量和质量情况以及部队的日常管理模式，科学地行使计划、监督、指挥、调整、控制等职能。该分体系包括营区信息化管理所需的标准、规范及相应的管理文件和规章制度等。

（1）《军队数字营区设计规范》为规范军队数字营区工程设计，提高数字营区建设质量，依据《军队工程建设管理条例》《军队现代营房建设管理评估试行办法》和《军队营区数字化建设标准》而制定的。该规范适用于新建、改

（扩）营区数字化工程设计。数字营区设计应当着眼精细量化、资源节约、管理高效的目标，按照因地制宜、安全可靠、兼容开放的原则，综合应用信息网络、自动控制、智能识别等成熟先进技术和设备。数字营区设计应当与营区土建工程统一规划、同步实施。

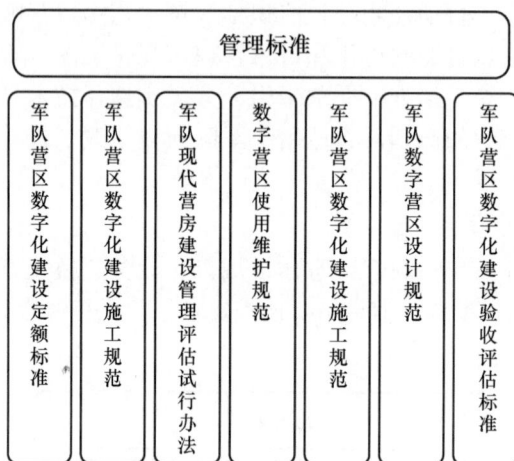

图 2-10　管理标准分体系

（2）《军队营区数字化建设施工规范》是为规范军队营区数字化建设工程施工，确保工程质量，依据《军队工程建设管理条例》和《军队营区数字化建设标准》而制定的。该规范所称施工，是指营区数字化建设中的前期准备、综合布线、设备安装、运行调试和工程验收等工作。它是营区数字化建设施工的基本依据。

4）信息安全标准分体系（图2-11）

信息安全标准主要是以技术作为支撑，从信息系统逻辑构成的角度，划分为五大方面，即系统管理、安全支撑环境、应用支撑平台、应用平台和网络平台。

图 2-11　信息安全标准分体系

信息安全标准分体系下设信息安全总体标准、信息安全技术标准以及信息安全管理标准三个三级目录。信息安全标准分体系是确保环境信息系统安全运行，以及信息和系统的保密性、完整性和可用性的保障体系，为营区信息化建设提供各种安全保障的技术和管理方面的标准规范。

5）信息资源标准分体系（图 2-12）

信息资源标准分体系包含了军队营区数字化建设数据规范、军队基建营房数据中心数据标准、军队营房建设信息系统通用代码规范、军队营区数字化建设图形规范、三维实景模型制作规范、信息资源共享与交换规范等部分。它主要适用于信息资源的规划、设计、验收、运行以及维护。

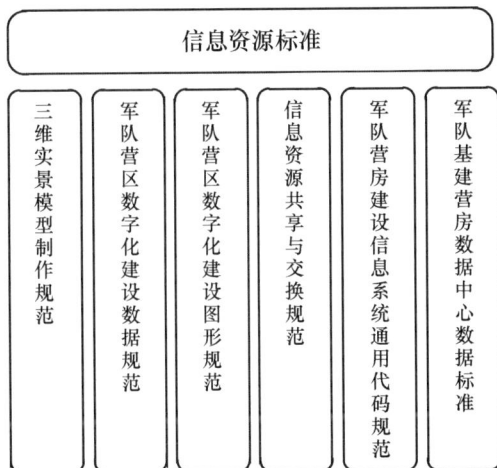

图 2-12　信息资源标准分体系

（1）《军队基建营房数据中心数据标准》是为规范军队基建营房数据中心建设，统一数据结构和统计口径，依据《军队基建营房信息化工作管理办法》而制定的。该标准中所称数据，是指在营房建设和管理中使用的各类属性数据和管理数据。它是营房建设数据中心数据库设计和数据采集的基本依据。

（2）《军队基建营房信息系统通用代码规范》是为规范军队营房建设信息系统研制开发、融合集成、数据处理与交换等工作，依据《军队基建营房信息化工作管理办法》和《军队基建营房信息化建设技术规范》而制定的。该规范中所称通用代码，是营房建设信息系统使用的单位、地区和坐落代码的统称。它是营房建设信息系统通用代码编制的基本依据。

（3）《军队营区三维实景模型制作规范》是为规范军队营区三维实景模型制作，统一数据采集和处理流程，实现模型数据集成共享，依据《军队营区数字化建设标准》而制定的。该规范中所称三维实景模型，是指以营区实景图像为基础的三维空间数字模型。它是军队营区三维实景模型制作的基本依据。

（4）《军队营区数字化建设图形规范》是为规范军队营区数字化建设图形制作，统一图层要素和图形样式，依据《军队营区数字化建设标准》而制定的。该规范中所称图形是指营区数字化建设所需的数字化图形，主要包括营区现状图、规划图和管网图。它是营区数字化建设图形绘制的基本依据。

6）基础标准分体系（图 2-13）

根据营区信息化行业对通信和计算机网络基础建设的实际需求，营区信息化基础标准分体系包括网络总体标准、网络传输与接入技术以及网络与机房标准等部分。目前，已下发的标准规范有《军队营区信息化基础设施建设规范》，它是为规范军队营区信息化基础设施建设，提升营区承载信息化部队的能力，依据《军队工程建设管理条例》和《军队营区数字化建设标准》而制定的。该规范中所称营区信息化基础设施，是指营区内统一规划、统一建设的信息管路、线缆、出线盒和机房（设备间）等土建配套设施。信息化基础设施建设应遵循统筹规划、安全可靠、预留发展、综合集成的原则，支持语音、数据、图像、多媒体业务等各类信息的传递，满足营区住用单位战备、训练、工作和生活需要。这个规范适用于军队新建营区，改（扩）建营区参照执行。

图 2-13 基础标准分体系

3. 标准体系发展模式

本标准体系虽然描绘出了营区信息化标准体系的总体框架和发展蓝图，指出了未来标准化工作重点和发展方向，但是它并不是一成不变的，标准体系框架及标准明细表会随着技术的进步和管理理念的更新而不断发展、变化。

为了能够适应技术的进步和管理理念的更新，本标准体系采用 PDCA 的循环发展模式，如图 2-14 所示。

图 2-14　营区信息化标准体系的 PDCA 循环发展模式

P（计划）：为达到良好的目标，需要研究如何做好工作。对于第一次循环而言就是建立标准体系，在此之后的循环就是对其进行不断的改进。

D（实施）：贯彻执行体系。

C（检查）：定期或不定期检查、评审标准化工作的进展和实施情况。

A（改善）：如果检查的结果与预期的结果不一致，则进行分析研究，找出原因，并提出解决问题的计划 P。

因此，建立标准体系只是 PDCA 循环的第一个周期的第一个环节，做好其他环节并且不断进行 PDCA 循环将是更为艰巨的工作。PDCA 循环是螺旋上升的，每进行一次循环，标准体系就将得到一次改进。

2.3.2　营区物联网标准体系

1. 营区物联网标准体系组成与逻辑框图

营区物联网标准体系框架由总体标准、感知层标准、网络层标准、应用层标准和共性标准五个分体系组成，如图 2-15 所示。

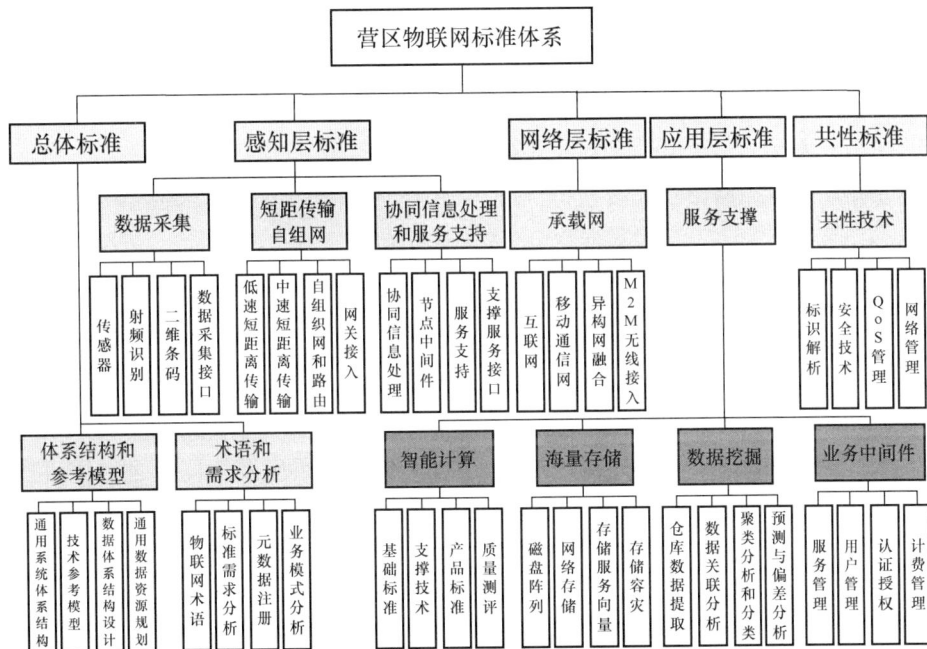

图 2-15　营区物联网标准体系框架

营区物联网标准体系的逻辑框图如图 2-16 所示。其中，总体标准是整个体系的基础，它为其上的其他五个分体系提供总体指导和机制保障；共性技术标准贯穿于感知层标准、网络层标准、服务支撑标准和应用层标准，指导各层标准的设计。其他四个层次标准相邻层级间相互影响、相互支撑，共同保障整个体系框架的运行。

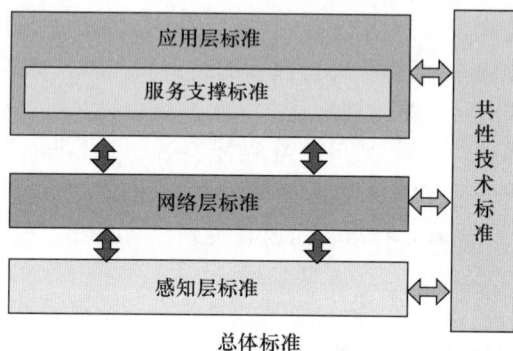

图 2-16　营区物联网标准体系逻辑框图

2. 营区物联网标准体系的分体系说明

1）总体标准分体系

总体标准分体系包括体系结构和参考模型、术语和需求分析两个二级类目。

（1）体系结构和参考模型包括通用系统体系结构、技术参考模型、数据体系结构设计和通用数据资源规划等。

（2）术语和需求分析包括物联网术语、标准需求分析、元数据注册和业务模式分析等。其中术语主要包括与营区物联网相关的物联网术语标准，以统一营区物联网建设过程中遇到的主要名词、术语和技术词汇，避免引起对它们的歧义性理解。

2）感知层标准分体系

感知层标准分体系包括数据采集、短距传输自组网及协同处理和服务支持等三个二级类目。

（1）数据采集是指营区行业各种业务中采集数据的方式、格式及各种数据交换接口等相关标准。

（2）短距传输自组网是指营区物联网感知网络中各种速度短距传输技术、自组织网络等接入网络和网关接入相关标准。

（3）协同处理和服务支持是指为参加协同处理的计算机之间分配负载、共享数据文件和内存竞争，以及维持信息的同步安全性和准确性而服务的相关标准和规范。

3）网络层标准分体系

网络层标准分体系主要有担任传输任务的承载网这一个二级类目，具体包括互联网、移动通信网、异构网融合和 M2M 无线接入等内容。异构网融合是指用于规定在营区行业业务中多种不同类型的网络之间进行网络互连、信息共享、资源整合的相关标准。

4）应用层标准分体系

应用层标准分体系为营区行业各类应用及业务管理提供服务，规定了支撑各种应用的相关中间件技术、相关的数据及业务流程等标准，包括服务支撑和行业应用两个二级类目。其中服务支撑标准分体系为各种营区行业应用提供支撑和服务，是一个与网络无关、与应用无关的基础设施，确保各类资源的可互联、可访问、可交换、可共享、可整合，包括智能计算、海量存储、数据挖掘、业务中间件等四个三级类目。

（1）行业应用为各类专业应用统一标准，营区行业应用标准主要包括自动化作业、安全溯源、仓储监控和储运监管等相关标准。

（2）海量存储是指在存储营区业务过程中产生的或与营区相关的其他大量数据相关标准，主要包括磁盘阵列、网络存储、存储服务向量和存储容灾等方面标准。

（3）数据挖掘是指在占有海量营区行业数据的基础上，通过深入分析每个数据，从中寻找其规律，为用户服务。数据挖掘标准包括仓库数据提取、数据关联分析、聚类分析和分类及预测与偏差分析等相关标准。

（4）业务中间件主要为行业应用提供支撑服务，完成各类管理和认证授权等相关功能。它具体包括服务管理、用户管理、认证授权和计费管理等标准。

5）共性技术标准分体系

共性技术标准分体系阐述了支撑营区物联网运行的共性技术的相关标准，包括标识解析、安全技术、QoS 管理和网络管理等标准。

2.3.3　数据标准化

建立统一的数据标准是营区物联网标准体系中各层功能系统实现数据交

换和信息交互的基本保障，是数字营区系统集成的关键。

在数字营区的系统参考架构中，感知层基于物理、化学、生物等技术和发明的传感器"标准"多称为专利。而网络层的有线和无线网络属于通用网络，有线长距离通信（如骨干光纤通信网络）基于成熟的 IP 协议体系，有线短距离通信（如局部独立应用网络）主要以 10 多种现场总线标准为主，无线长距离通信（如卫星通信网络和第三代移动通信网络）的基于 GSM 和 TD-SCDMA 等技术的网络标准也基本成熟，无线短距离通信因频段不同也有 10 多种标准，如 RFID、WAPI 等，建立新的物联网网络通信标准难度较大。

因此，我们认为数字营区建设标准的关键点和可以大有作为的部分是营区信息的数据表达、交换和处理标准，以及相应的软件体系架构。

数据交换标准主要落地在物联网应用三层体系中的应用层和感知层，配合网络层传输通道。如何融合现有的国内标准以及借鉴国外公开标准，实现一个统一的物联网数据交换大集成的应用标准是较大的挑战。如果国家能够从战略层面整合资源，建立这个标准还是具有较大的可行性。如果从国家战略高度来推动物联网数据交换标准和中间件标准，一定能够很快（比制定其他通信和传感器的技术攻关见效快）发挥整体效果，占领物联网应用的制高点。不过由于涉及面广，整体协调难度大，只有受到高层的高度重视，才有可能实现这个目标。

数据标准化是通过制定、发布和实施标准，对重复性事物和概念（各种数据）进行统一定义，以获得最佳秩序和效益的过程。其主要流程包括制定数据管理的法规性文件或标准、明确数据标准化方法、提供数据标准化的工具等；其主要内容包括元数据标准化、数据元标准化、数据模式标准化和数据分类与编码标准化以及数据标准化管理。

物联网统一数据的表达、交换、预处理标准的建立，首先需要定义一批 XML 数据表达与接口标准，然后更重要的是要开发出支持这个标准配套的运行环境和中间件业务框架，使用户能够快速开发出数字营区业务系统，让标准落到实处，推动物联网应用的高速发展。如果不能制定统一的物联网数据交换标准，一个完整的数字营区业务基础中间件平台将被迫支持所有的数据交换标准，或只是支持相关的标准，专注于特定应用领域业务，这将重蹈以往"信息孤岛"的覆辙，是实现真正的"物物相连"的巨大障碍。

2.4　数字营区建设基本内容

数字营区建设可以总结为夯实信息化基础设施、健全营区安全领域、管理领域和服务领域等内容，如图 2-17 所示。

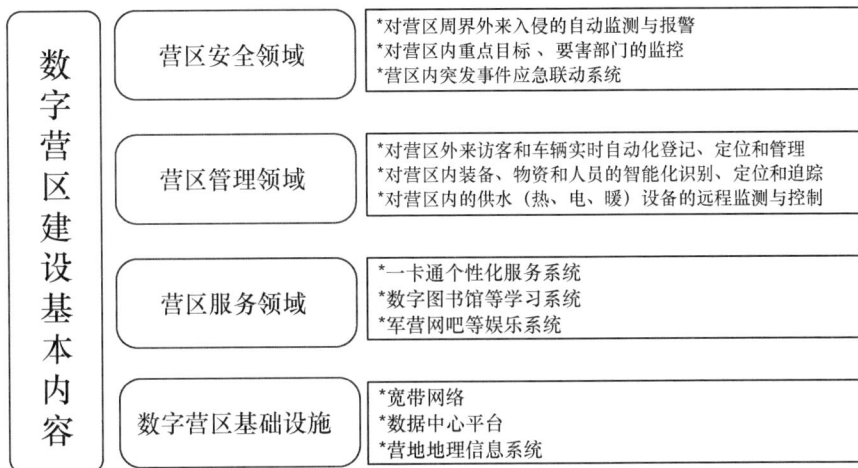

数字营区建设基本内容	营区安全领域	*对营区周界外来入侵的自动监测与报警 *对营区内重点目标、要害部门的监控 *营区内突发事件应急联动系统
	营区管理领域	*对营区外来访客和车辆实时自动化登记、定位和管理 *对营区内装备、物资和人员的智能化识别、定位和追踪 *对营区内的供水（热、电、暖）设备的远程监测与控制
	营区服务领域	*一卡通个性化服务系统 *数字图书馆等学习系统 *军营网吧等娱乐系统
	数字营区基础设施	*宽带网络 *数据中心平台 *营地地理信息系统

图 2-17　数字营区建设基本内容组成图

2.4.1　数字营区基础设施

数字营区基础设施主要是支撑数字营区上层服务和运行的基础设施设备、平台、系统等，包括宽带网络、数据中心平台、营区地理信息系统等。

下面以营区传感网为例给出数字营区基础建设的基本内容。营区传感网是指基于物联网的营区后勤保障体系，通过射频识别、红外感应器、全球定位系统、激光扫描器等信息传感技术，按约定协议，将任何物品与营区内部局域网和军事综合信息网连接起来，进行有效的信息交换和通信，实现物品的智能化识别、定位、跟踪、监控和管理。以《军队营区信息化基础设施建设规范》为依据，完善营区局域网、构建营区设备控制网，确保信息网络安全。通过将光纤铺设到安装智能设备的楼栋；配备相应的设备间，配置安装网络交换机、设备控制分机和 220V 电源；布设五类以上双绞线到各信息端口等来完善局域网。利用穿管铺设智能设备到设备控制分机之间的 RS-485 通信线缆、控制信号线缆、直流 24V 电源线缆和交流 220V 电源线缆等进行设备控制网的构建。

建立独立网段或虚拟网，安装工业网络防火墙，确保工控网安全进入综合军事训练网段。

综上所述，营区传感网通过构建营区局域网、设备网，加装设备控制箱，实现营区信息交换、营房智能设施设备数据传输与控制，如图 2-18 所示。

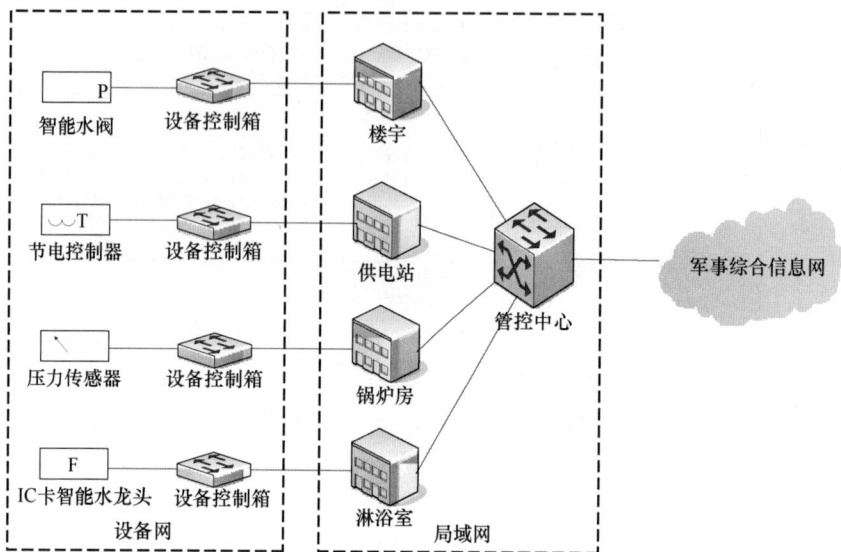

图 2-18 营区传感网组成示意图

2.4.2 营区服务领域

营区服务领域建设以服务官兵日常生活、学习、娱乐为核心建设内容，包括一卡通个性化服务系统、数字图书馆等学习系统、军营网吧等娱乐系统。

下面以军营网吧为例给出数字营区服务领域建设的基本内容。军营网吧是指设置在军营里、提供给部队官兵上互联网络进行信息交流及互动的娱乐空间环境，在军营网吧中官兵足不出户就可以实现网上冲浪、收看新闻、查阅资料、学习技术，有效拓展了官兵的视野，营造了拴心留人的内部环境。军营网吧有三种建设模式：一是自建自营，由部队独资建设，资费自收；二是军地联建，由部队提供场所，地方网络运营商投资设备，负责运营管理和技术保障，实现互惠双赢；三是双拥共建，由部队与地方政府、企业共同出资，建设拥军网络学习室。军营网吧网络结构如图 2-19 所示。

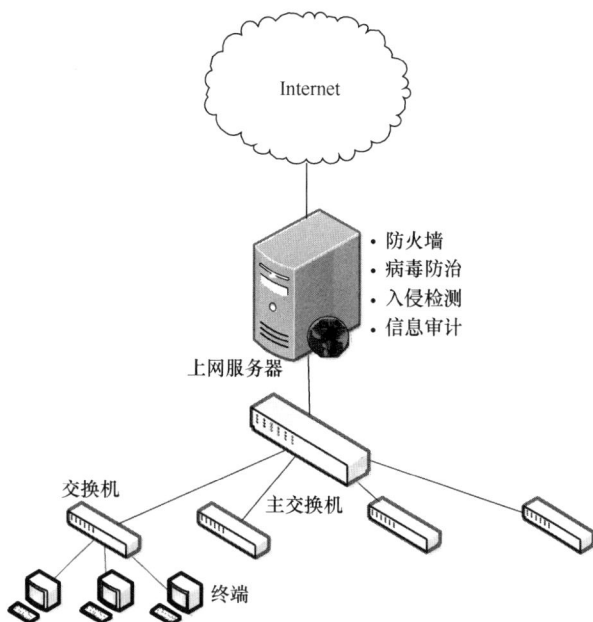

图 2-19　军营网吧网络结构

需要重点注意的是，军营网吧与社会网吧相比运行环境更为特殊，采用先进的网络管理系统、防火墙、病毒防治、入侵检测和信息审计等严密的网络防泄密手段，以求在技术上尽可能杜绝漏洞。

2.4.3　营区管理领域

营区管理领域建设聚焦于实现营区的人、装、物的综合管理，包括对营区访客和车辆自动化登记、定位，对营区内物资、装备，以及物资的智能化识别、定位、跟踪，对营区内供水（热、电、暖）设备的远程监测与控制。下文以装备营具智能识别系统为例说明营区管理领域的建设内容。

对营区重要设施设备等物资，包括枪支和涉密载体等，加装射频识别卡和二维条码，标识基本属性和管理责任，达到装备、营具的智能识别，实现营区物资的出入库、保修报废闭环管理，如图 2-20 所示。

对装备和营具加装 RFID 射频电子标签或者二维条码，标识基本属性和管理责任，实现装备营具智能识别与管理。电子标签主要是用来标识营产营具的相关信息，如型号、使用状态等。大门控制系统在工作时，通过 AVI 设备获得营产营具电子标签的信息，根据电子标签中记录的装备和器材信息以及出入记录判断其合法性，以此来管理营产营具进出。可见电子标签是整个系统正常工作的基础，需重点管理。

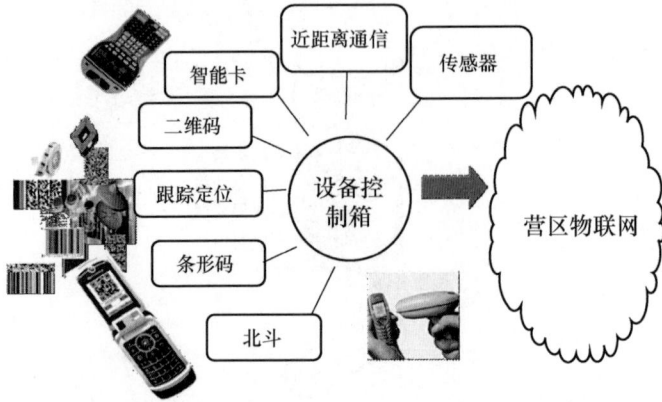

图 2-20　装备营具智能识别系统

1. 系统组成

电子标签发放与管理系统包括电子标签读写器、计算机和编码管理软件。通过计算机上编码管理软件的控制，电子标签读写器将录入的营产营具信息写入到电子标签的存储器中。电子标签发放与管理系统是一个相对独立的系统，除单机操作外还可以获取系统数据库中营产营具信息，然后按照预定编码规则编码后更新电子标签内的信息。

2. 系统功能

根据录入的营产营具相关的信息，按照预定的编码规则，将电子标签号、营产营具参数等标识信息写入到电子标签内。对电子标签进行检测，包括合法性检测、编码信息校对、性能状况检测等。对废弃的电子标签进行格式化操作，清除原来电子标签所存储的信息，使电子标签失去原有标识信息的功能。

通过建设军械、油料、车场等处调度室和信息中心，对所属器材、装备、后勤保障进行数字化监控管理，贴上电子标签，有效感知装备、器材的任何动作，并通过网络使上级部门能及时快捷掌握情况。在装备器材出入库时，按单件射频自动识别出入库情况并登记；系统自行对装备器材库存现状进行盘点，并能计划申请对装备器材的动用、补充、维修、报废等；对于装备器材的维修情况也能详细记录。

要实现上述系统功能，首先要对装备安装射频电子标签或二维条码标签，对营具安装二维条码标签，并在营区相应管理部门配套安装射频读/写器、二维条码扫描器、条码打印机等管理设备，实现对装备和营具的智能管理。

第 3 章　数字营区总体架构

本章依据第 2 章数字营区规划与设计相关要求，遵循数字营区建设相关建议，以数字营区建设需求分析为基础，结合营区物联网的特点，提出了数字营区体系架构，对数字营区的总体架构和技术框架进行了分析。同时，给出了营区物联网应用平台的总体架构和技术框架，并分析了数字营区系统集成的基本要点，使读者对数字营区有系统全面的理解。

3.1　体系结构概述

3.1.1　体系结构的基本概念

对系统体系结构的准确把握是能否构建安全可靠、经济合理、技术先进、管理便捷的高性能数字营区系统的关键所在。体系是对系统整体内涵和外延的研究，而结构则是对系统整体层次和内在关系的剖析。

若干有关事物或意识形态互相联系而构成的一个整体称为体系，而整体中各个组成部分的搭配和排列称为结构。体系研究整体的内涵和外延，结构研究整体的层次和关系。只有弄清了这些内涵和外延、层次和关系，才能在系统建设中更好地体现系统的客观需求，满足实际应用效果。

根据 IEEE STD 610.12 的定义 "The structure of components, their relationships, and the principle and guidelines governing their design and evolution over time." 可将"体系结构"的构成要素概括为三个方面：诸组成单元的结构、组成单元的关系、制约组成单元的原则和指南，如图 3-1 所示。

$$\boxed{\text{体系结构}} = \boxed{\text{诸组成单元的结构}} + \boxed{\text{组成单元的关系}} + \boxed{\text{原则和指南}}$$

图 3-1　体系结构的三要素

"框架"是为描述体系结构提供指导而制定的文件，它是制定体系结构的方法或模型的规范，而不是用来描述具体的体系结构。体系结构框架确定了体系结构应当从需求、系统总体方案和技术标准三个视角进行描述。需求表述的准确、完整与否是评判待建系统与用户需求是否匹配的前提；系统总体（建设）方案的充分论证是保证最终实现的系统能够满足用户需求的基础。因此，需求表述以及总体方案论证对系统研制的成功性起决定作用。另外，体系结构框架提供了开发和表述体系结构过程中常用的指导原则、相关规则及用于描述体系结构视图的各产品定义、目的和构成。框架将为系统体系结构理解、比较和综合集成提供一个共同的基准。

　　体系结构顶层规划和系统开发与实现之间还有很长的路要走。体系结构框架适用于系统蓝图制定阶段，即系统立项前的分析阶段，而不是用于指导系统立项后的设计与实现。其原因是所需产品的数量、内容还比较笼统，不能完全满足系统设计和系统实施阶段的详细和具体要求。

　　结构由一系列重要决策所组成，这些决策通常来源于行业标准、业界最佳实践、经验与教训的总结、用户的需求与期望等，这些决策体现了组件之间的交互关系。例如，安全技术架构可以规定，内部用户访问内部高密级应用必须经过双因子身份认证或生物认证。

　　体系结构的表示形式可以多种多样，如图形、表格、视图、图纸等。例如，法国艾菲尔铁塔的架构抽象为 5000 多张图纸，一个企业的信息安全体系架构抽象为包含信息安全策略、标准及规定在内的一系列正式签发的文件，一个 Web 应用的架构抽象为 Web 展示层、应用层、数据层三层架构。根据国内外实践表明，框架不仅适用于单个系统体系结构的开发，而且更适合于综合系统、系统家族和系统网络的体系结构的开发。综合系统、系统家族和系统网络的体系结构的开发和跨体系结构的综合集成是制定"框架"的根本出发点。

　　另外，体系结构框架不仅适用于系统体系结构的开发，而且也适用于管理工作，如国防系统分析中的规划、计划、预算拟制、综合集成和系统开发、装备采购等工作的拟定和管理。

3.1.2　体系结构的作用与地位

　　随着我们要处理的问题越来越复杂，抽象变成了一种主要的处理手段。抽象出一套好的总体架构，具有两方面的优点：第一，总体架构提供了一个完整的技术解决方案，这与我们的业务目标相一致，使得建设者能够有的放矢；第二，总体架构可以牵引需求，管理需求，把需求纳入到一个标准的框架去分析，最后落到具体项目上，做到有针对性，达到实际效果。就拿一个企业来说，若没有进行规划，没有一个总体架构，很多部门可能会提出一样的需求，我们很难去回答这些需求如何定位、如何实现，这样在做项目的时候，还是分别基于需求去做，最后造成了企业的重复投资。

对于数字营区的建设而言，进行统一规划，制定总体架构会带来以下几个方面的好处：第一，它可以搭建数字营区建设战略规划与数字营区各系统实施之间的桥梁，明确各项业务组成，从而将制定的远景蓝图清晰化；第二，将规划出来的远景蓝图进行细化，从数据、应用、基础设施几个层面层层细化到标准，便于用户与开发人员的沟通，达成共识；第三，营区数字化建设相关部门可牵引需求，管理需求，同时在数据层面上，整个营区内部数据与数字营区一体化平台可以共享数据，避免资金的重复投资；第四，能够避免信息孤岛，方便系统集成。若建系统时没有任何规划，都是基于固定的需求来做，做了很多系统但都是孤立的，系统之间没有什么关系，而且平台也是不一样的，管理的数据定义也是不一样的，这样集成起来就很困难，而且有些系统根本就无法集成。如果我们有整体规划后再建系统，这样就会节省整合信息系统的成本。第五，如果有了整个系统的设计和细化的标准，那么在软件包的选型和技术应用系统开发的路线上，就可以基于标准来选择，使软件包的选型更有依据。

3.2　数字营区的体系结构

数字营区建设是物联网为基础的，即以感知为目的将物物互联，涉及众多技术领域和应用领域。为了梳理数字营区的体系结构，研究数字营区的系统架构、关键技术和特点，促进数字营区的发展，需要建立统一的体系结构参考框架和标准的技术框架。

随着物联网技术的发展、融合，数字营区作为物联网军事应用的内容之一，在物联网体系结构的基础上，也需要建立起数字营区的体系结构，引导和规划数字营区的建设。

数字营区的体系结构必须综合各类军事应用的特点和需求，满足共性需求。建立数字营区体系结构的相关标准，将能够规范和引领数字营区的建设和发展，为数字营区的设计者、使用者以及服务提供者提供各方面的基础支持。例如，有效集成新的设备、软件和服务到现有的数字营区体系中；建立不同网络融合的桥梁；使未来数字营区的设计和应用更为有效；可与其他组织和应用领域共享系统数据；在使用共享数据的基础上提供更多的目标应用等。

数字营区体系结构描述了通用的数字营区服务，是数字营区中设备实体的功能、行为和角色的一种结构化表现。数字营区体系结构是抽象的数字营区建设解决方案，为数字营区设计和建设者的目标应用提供可重复使用的结构，是在对数字营区理念及物联网等各项技术研究的基础之上，对数字营区系统进行抽象性描述，抽取其基本要素并描述其相互关系，建立的体现数字营区特点的体系结构参考框架。

数字营区中存在多种异构的物和环境，因此模块化、可扩展性、互操作性是数字营区体系结构构建的关键要素。结构必须是可重复使用的，对许多的环境都适用，同时也必须是可扩展的，不仅能够适应当前环境，而且能够做少量修改后为将来使用，它也必须具有互操作性，支持异构信息间的相互访问。对于系统解决方案提供者和开发者是一个开放的平台，在这个平台中，应用能被评估，用户能从竞争性的解决方案中获益。结构的设计要考虑版本维护、业务模式、信息、技术和机遇等多种因素。

数字营区的多样性和特定性，决定了其体系结构必须具备兼容性和灵活性等特点，体系结构的设计也决定数字营区的技术特点、应用模式和发展趋势等。将各种不同的数字营区系统纳入统一的标准化框架下，并以此为出发点，从方法论指导与建立面向不同应用的数字营区系统参考结构，将为实际应用系统的规划和建设提供参考。

数字营区体系结构的参考框架是总体和统一的，它是进行软件和硬件应用系统架构设计的基础，它能按照特定的应用来裁剪和调整，同时它将促进数字营区的标准化设计。数字营区的标准需要对当前数字营区的各项需求、功能、端口、数据类型和相关因素做出评估和透彻分析。

数字营区体系结构总体框架制定：弄清数字营区中的各项内容，从感知、传输、应用的层次结构出发，制定数字营区体系结构框架。图 3-2 所示为数字营区的体系结构框架图。

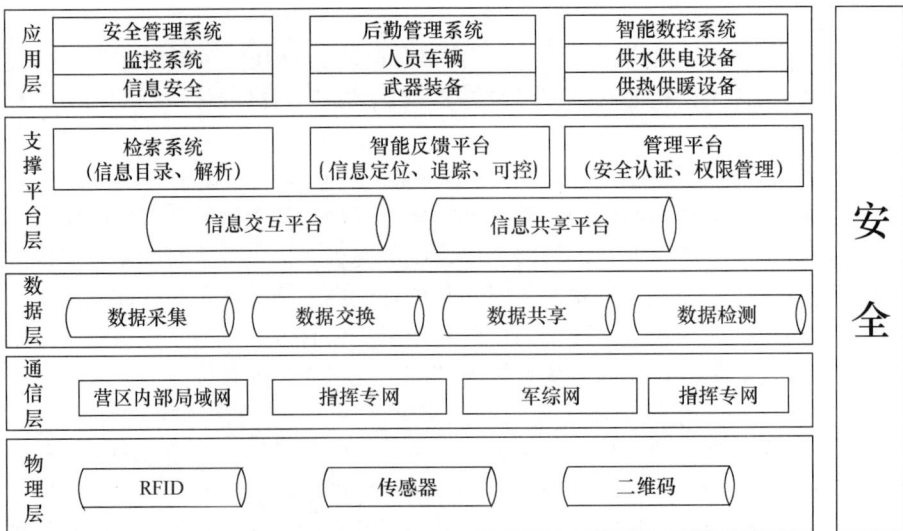

图 3-2　数字营区体系结构框架图

3.2.1　数字营区概念模型

数字营区概念模型共分基础、应用两层，其中基础层包含了图 3-2 数字营区体系结构框架中的物理层、通信层、数据层和支撑平台层，是对上述各层内容的凝练整合，应用层主要包括各类上层应用，实现领导层实时可视、业务层实时可控、用户层实时可知的功能。

1. 基础层

基础层靠一个中心指挥、两套系统支撑、三项功能运转。

（1）一个中心即营区数字化管控中心。它负责收集、整理和处理各类营区管理业务信息，实现营房保障和营区设施设备集中管控；受理各类网上保障请求，接收水电气热管网跑冒滴漏、供应超额超时使用、环境质量变化等预警信息，及时做出处理。图 3-3 所示为营区管控中心信息流示意图。

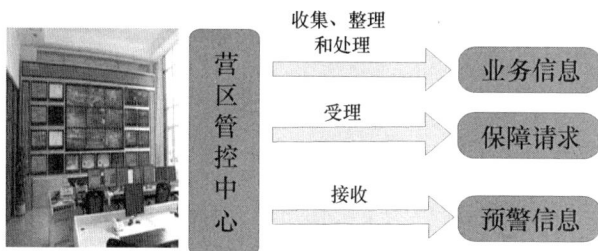

图 3-3　营区管控中心信息流示意图

（2）两套系统即营区物联网和数据库系统。它负责布设物联网联通"人与物""物与物"，实现营区各用户、各保障单元、各保障设施设备与计算机的数据交换和指令传送；数据库系统集数据、图形、文档为一体，整合了营房、土地、设施设备等保障实体信息，以及工程管理、住用管理、营产营具管理等业务数据。图 3-4 所示为营区物联网系统示意图。

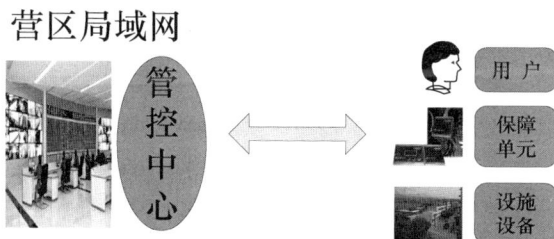

图 3-4　营区物联网系统示意图

（3）三项功能即智能控制、业务处理和信息服务功能。三项功能分别对应于支撑平台层的智能反馈平台、检索系统和管理平台、信息交互平台和信息共享平台。智能控制功能分析处理各类智能设备运行状态数据，实施在线监测和远程控制；业务处理功能应用计算机软件系统，对营区基础信息和工程建设、营房住用、营房维修、装备物资等管理业务进行自动处理；信息服务功能通过开通网站，公示营区管理保障信息，提供营房服务信息查询，受理网上报修、物资申领和意见建议等。

2. 应用层

应用层实现领导层实时可视、业务层实时可控、用户层实时可知。

（1）领导层实时可视。营区住用单位领导通过数字营区系统，能够对营房管理保障工作实施可视化的指挥决策。以前是听汇报，现在是看得见。通过网络，可以实时了解基层连队住用情况、营房保障实体运行情况，以及各楼栋、各单位、各住户消耗情况；以前是指挥办，现在是动手控。通过监控软件，可以直接对营房保障实施管理控制；以前是现场定，现在是网上办，对集中反映的营房保障突出问题，可以在网上收集情况、制定措施、下达处理意见。

（2）业务层实时可控。营区营房管理部门通过数字营区系统，能够实施迅捷高效的服务保障。底数更清了，通过网络可以实时掌握保障资源现有数量和消耗情况，及时提出补充和加强意见建议；需求更明了，能够准确了解掌握营区保障需求和存在的问题，及时调配力量，组织实施，应急情况下，可以快速编制保障方案；保障更准了，通过管控中心，可以实施末端管理，直接控制到单体设备，杜绝中间环节消耗，提高精细化保障水平。

（3）用户层实时可知。营区各单位、各住户通过数字营区系统，能够随时查询水电消耗、剩余数量等情况，并获取相关保障信息；营房保障各实体能够及时获取需求信息，根据担负的任务和环境变化情况，及时调整保障计划，调配保障物资，实施精确、灵敏的服务保障。

3.2.2 数字营区的总体架构

围绕"建设"这一核心，从系统建设角度，在数字营区体系结构框架基础上对相关内容作进一步提炼整合，给出数字营区通用建设框架，建设单位可以结合自身单位的优势特色，有选择地进行子系统动态重组。

数字营区通用建设框架为分层体系结构，共分三个层次，从底层到顶层分别是物理层、数据层和应用层，如图3-5所示。

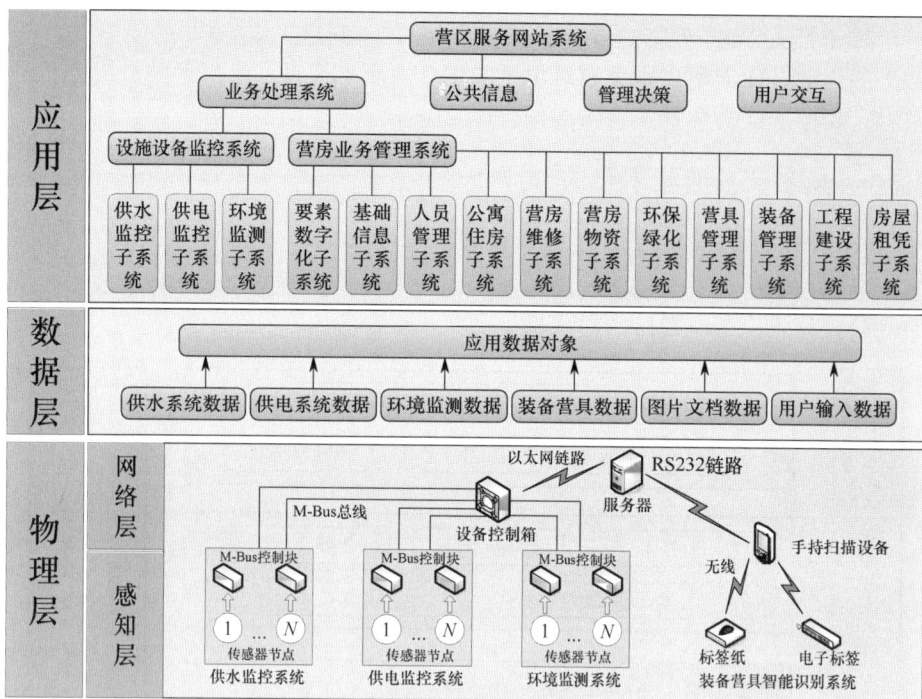

图 3-5　数字营区通用建设框架

1. 物理层

物理层又包括感知层和网络层两部分，主要通过各类信息采集设备完成对人员、车辆、装备、涉密载体、营区环境等信息的采集，为数据层提供原始数据。从营区场所范围内的各类目标信息通常采用 RFID、智能视频、传感器等多种技术实时采集。例如，对车辆装备通过 RFID 技术、全球定位系统（GPS）技术等实时采集监控位置信息，对营院周界通过智能传感设备实时采集越界、报警等异常信息。信息采集后，进行逐级融合处理，并传输至管控平台，平台对设施设备进行智能控制，从而达到协同感知和综合控制。

2. 数据层

主要是处理各种初始数据，为应用层提供标准的数据对象。

3. 应用层

主要是提供用户所需的各种应用功能，是物联网总体架构在部队营区这一特定应用场景下的物化和具体化，在功能和技术实现上，可以由上述营区物联网各类功能组件和应用映射而来。围绕"数字营区"这一核心内容，结合营区管理及保障现状，还可以拓展开发专门面向营区的军事训练等功能。

综上所述，物理层主要是解决"传感"的问题，数据层主要解决"报知"的问题，而应用层则主要解决"应用"问题，通过三个层面的有机完整的组合，构建部队数字营区总体架构。

3.2.3 数字营区的技术框架

由数字营区的系统总体架构来解读数字营区的技术框架，可以将数字营区中所用技术分为五个层次：感知技术、网络技术、服务技术、智能技术、安全与管理技术。数字营区的技术框架如图 3-6 所示。

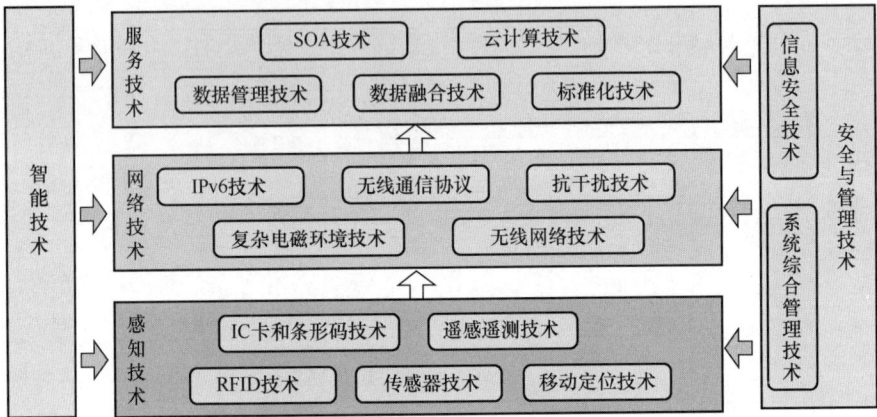

图 3-6　数字营区技术框架图

1. 感知技术

感知技术是指能够用于物联网底层感知信息的技术，包括 RFID 和 RFID 读写技术、传感器技术、遥测遥感技术以及 IC 卡与条形码技术等。

2. 网络技术

网络技术是指能够汇聚感知数据，并实现物联网数据传输的技术，包括 IPv6 技术、无线通信协议技术、抗干扰技术、复杂电磁环境技术、各类无线网络和接入网络技术等。

3. 服务技术

服务技术指用于物联网数据处理和利用，以及用于支撑物联网应用系统运行的技术，包括 SOA 技术、云计算技术、数据管理技术、数据融合技术、标准化技术等。

4. 智能技术

智能技术指用于数字营区感知、传输、信息处理及决策的自动化、智能化技术，包括生物识别技术、计算机视觉技术、自然语言处理技术和机器人技术等。

5. 安全与管理技术

安全与管理技术是指用于物联网的信息安全和系统管理的技术，包括信息安全技术、系统综合管理技术等。

3.2.4　数字营区的平台架构

数字营区的平台指的是营区物联网应用平台和营区物联网技术平台，担负业务和网络设备层面信息的转换、业务设备信息的呈现以及网络设备的管理等功能。平台采用模块化构建方式，通过对各部件的编排、整组、策略调度等手段，统一设备数据接口以及平台信息模型，有效地屏蔽了数字营区感知层各类设备及其网络的多样性和复杂性，灵活支持各类场景应用。

1. 营区物联网应用平台架构

营区物联网应用平台架构从底层到顶层分别为接入层、服务层、逻辑层和界面层，如图 3-7 所示。

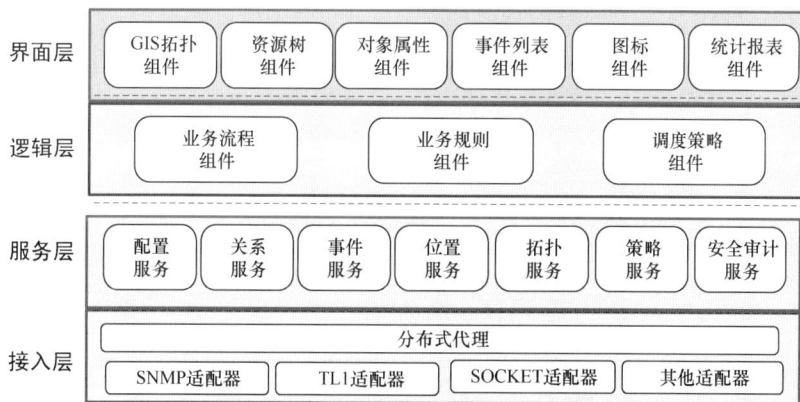

图 3-7　营区物联网应用平台架构图

接入层主要是屏蔽营区物联网应用平台底层的相关辅助设备、网络传输设备以及传感设备之间的设备参数差异。这些差异包括信息模型、厂家制式、外部接口标准、组网方式等诸多方面。在设计时，可以参照 TMN 行业规范，采用面向对象的设计方法，将各类对象抽象为参数一致的管理对象，以此构建平台共享信息模型。

服务层是以平台共享信息模型为基础，从上层应用实际需求出发，整合出的一组业务层面的公共服务。它主要包括关系服务、拓扑服务、事件服务、配置服务、策略服务、位置服务、安全审计服务等，服务的设计采用面向服务、面向对象的原则，服务统一透明部署在软件总线上。值得注意的是，这些服务与具体行业和应用服务并没有关系。

逻辑层主要是营区物联网应用平台针对其应用复杂、多样的特性，通过该层来实现向上支撑差异化、多样化的功能业务。其具体说是通过对服务层各服务的编排来支撑业务流程；通过在服务中应用业务规则判断业务逻辑；通过在服务中加载调度策略完成设备层面的控制联动。

界面层主要完成人机交互功能，是营区物联网应用平台的应用基础。它可以通过对不同应用场景进行分类细化，从其中提炼出通用 HMI 组件（如拓扑、GIS、图表、事件列表等）进行有效组织，快速搭建不同功能的物联网应用平台。

2. 营区物联网技术平台架构

营区物联网应用具有地理区域分散、构造环境差异、组网形式复杂、终端数量巨大、部分场景实时性要求高等特点，因此在技术平台架构设计方面存在严格的要求。营区物联网应用平台主要采用分布式软件总线技术构建整体技术框架，属于开放式的技术架构。平台的技术架构的各层面、各服务、各组件之间均通过软总线方式来实现互联、互通功能。软件总线为平台提供了一致的开发、设计、部署和运行框架，同时具备稳定运行、透明部署、高可靠性等诸多优点。具体而言，营区物联网技术平台架构由各类基础服务及分布式中间件构成，如图 3-8 所示。分布式中间件是软总线的核心内容，包括 Web 容器、分布式对象请求代理等内容，基础服务是业务服务稳定运行的基础，是附属软总线的基础设施，主要包括流程引擎、命名服务、事务服务、规则引擎、目录服务等内容。

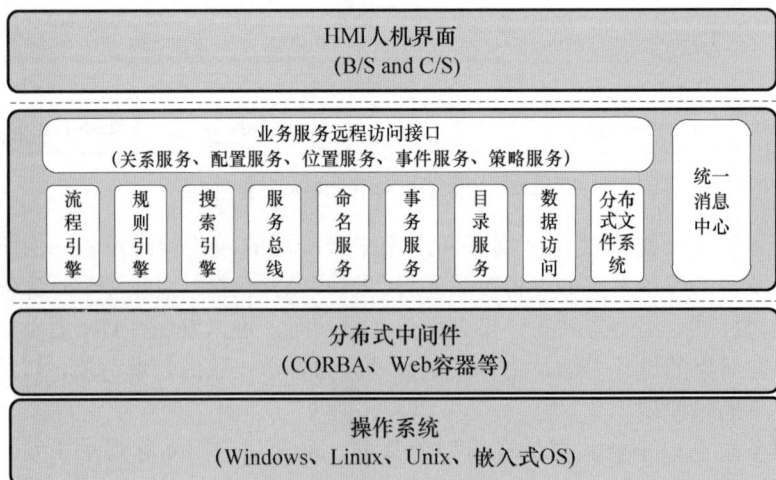

图 3-8　营区物联网技术平台架构图

3.3　营区信息化基础设施

营区信息化基础设施系统是前面介绍的设施设备监控、营区管理信息化、营区安全管理的一个基本条件，主要包括信息网络系统、综合布线系统、数据存储管理系统、时钟同步系统、网络共用广播、公共信息发布系统、程控电话交换机系统等内容。

3.3.1　信息网络系统

信息网络系统是整个信息化系统的基础工程。其应具备以下能力。

（1）组网能力：营区信息网络应覆盖基地所有单位和功能区域；能为各类用户提供入网手段。

（2）传输能力：支持多种传输方式，包括点对点、点对多点、多点对多点、广播及多播等，实现对实时数据、图像、视频音频流的传输。

（3）信息服务能力：依托网络实现各种信息服务，包括指挥控制命令传送、实时数据采集、综合信息查询、公文文件传输等。

信息网络系统主要由核心层交换机、汇聚层交换机、接入层交换机、各种光电转换设备和网络管理系统构成。

网络的拓扑结构是数字营区信息网络系统最重要的规划内容之一。网络拓扑规划主要要点包括数据中心冗余备份方式、核心交换机冗余方式、汇聚点位置和数量、桌面接入带宽、接入交换机到汇聚交换机的带宽、汇聚交换机到核心交换机带宽等。

3.3.2　综合布线系统

综合布线系统是整个数字营区的基础设施，是构成数字营区的各功能子系统之间进行信息数据传输的物理介质。综合布线为办公自动化网络系统、营区办公楼宇自控系统、营区生活服务及消费一卡通系统、车辆出入和停车场自动管理系统等系统提供一个性能优良的系统平台。应用于数字营区管理的综合布线系统不仅要物理连接计算机、服务器、交换机等多种网络设备，也要为各类传感设备如智能控制器、各种仪表和探测器等建立至各信息系统控制中心的传输通道，且能够同时承载视频、语音、数据及控制等多媒体信号的传输。因此，数字营区管理所涉及的结构化综合布线系统应该是一个包含光缆、同轴电缆、非屏蔽双绞线（UTP）及无线电波等多种传输介质的综合布线系统。

数字营区的综合布线包括建筑群综合布线和建筑物内综合布线。

（1）室外建筑群间：网络一般采用单模光缆，语音采用市话电缆。

（2）建筑物内的垂直布线：网络一般采用室内单模或多模光缆，语音采用市话电缆或大对数三类线。

（3）水平布线：网络和语音都采用双绞五类或六类 6 芯以上网络线缆，根据工程性质确定是否需要屏蔽。

（4）营区内应建相应的信息管路。

3.3.3 数据存储管理系统

营区的管理、训练、运行保障、办公过程中，每天都有大量的信息产生，这些信息通常以数据、文档、图片、视频等形式存在，如各种专业勤务保障业务数据、保障设备运行数据、训练过程的视频图像等。这些信息在业务保障过程分析、业务保障任务完成情况评价、辅助决策、突发事件处理与分析等方面发挥重要作用。数据是营区一种宝贵资源，必须对这些结构复杂且数量庞大的信息进行综合有效管理和存储。因此，数字营区需要建立专门的数据存储系统，形成功能强大的数据中心。

数据存储管理系统又称为数据存储与管理系统、信息管理与存储系统，主要由数据库服务器、应用服务器、磁盘阵列、光纤存储网络等组成，实现对视频、音频、业务数据的存储和管理。建议选用光纤存储系统 FC-SAN，网络视频监控数据的存储一般选用 IP-SAN 存储。

3.3.4 时钟同步系统

网络办公、保障指挥、设施设备都要求信息系统的每个终端都具有一个标准同步时钟。

数字营区的信息网络时间同步可利用"北斗+GPS"网络时间服务器，同时接收北斗和 GPS 卫星信号，双卫星系统授时互为备用，采用国际标准的 NTP/SNTP 网络时间传输协议，通过网口为计算机网络中的计算机、路由器进行高精度网络授时，为计算机网络提供统一的时间服务保障。

3.3.5 网络公共广播系统

背景音乐是营造营区人文环境的重要手段，同时又可实现管理通知、紧急事件处理和新闻播放功能，是军事营区的重要建设项目之一。

1. 设置位置

（1）营区室外环境。喇叭可设在营房周围的绿化地带、人行道旁或营房景观区，可采用室外音柱、草坪音箱，主要用于背景音乐和新闻广播。

（2）办公建筑。喇叭可设在走廊和门厅等公共位置，可采用天花喇叭或壁挂音箱，主要用于休息时段的背景音乐、新闻广播以及管理通知、下班钟声，可与大型建筑的消防广播合并建设。

（3）公寓楼。喇叭可设在走廊和门厅等公共位置，可采用天花喇叭或壁挂音箱，主要用于休息时段的背景音乐、新闻广播、管理通知以及起床熄灯的铃声。

（4）食堂。喇叭可设在大厅，采用天花喇叭或壁挂音箱，主要用于用餐时间的背景音乐、新闻广播以及管理通知。

（5）训练场。主要用于训练用的背景音乐或讲话。

（6）门岗、各单位值班室、营区管控中心。可实现各级值班室之间的直接对讲。

（7）流动哨巡逻点。通过安装在各巡逻点上的固定对讲终端，让巡逻人员可随时与值班人员通话。

2. 系统组成

网络公共广播系统主要包括系统管理服务器、采播工作站、领导工作站、数字网络音频终端设备、寻呼话筒、对讲终端、音箱等。

3.3.6　公共信息发布系统

按照统一技术体制，依托公共信息服务系统平台，建设集接受、转换、制作、发布为一体的公共信息服务系统，在公共区域（门厅、电梯厅等部位）安装全彩 LED 屏、双基色 LED 屏和液晶显示器等信息显示屏，显示新闻传播、国际主题新闻、党和国家重大活动专题新闻、部内重要活动剪影、公告通知和天气预报等信息。

3.3.7　程控电话交换机系统

程控电话交换机系统对内向营区官兵提供日常的办公和生活电话，对外向营区官兵用户提供访问外部网络的接口。一般来说，采用成熟的程控交换机产品就可以满足数字营区建设要求。

3.4　营区数据中心

营区数据中心基于数据集中存储与分布式应用相结合的原则，配置具备可扩展、可移植的大数据处理能力的大数据库管理系统，建设营区大数据中心，实现营区各类业务数据的统存统管。数据中心应能够与内网、外网进行信息交换，同时基于信息资源目录与交换体系提供安全可靠的数据交换，实现跨系统跨部门的数据共享与信息协同。

以网络链路为纽带将各单位连接起来，对数据资源进行整合存储、共享分发、挖掘分析以及安全备份，为应用层的相关业务提供数据支持；建设运维监控管理平台，实时监视各类资源的运行情况，保障各种资源的正常运行；建设统一标准化体系，采用统一标准接口，以模块化方式研发具体业务模块，使现有业务能够持续正常运行，同时易于后期新业务的扩展接入，便于管理，统筹安排，提高效率；建立整套安全保障体系，保障数据信息安全，包括终端用户安全管理、物理链路的冗余安全、网络边界的防攻击安全以及信息层面加密安全等。图 3-9 所示为数据中心体系结构示意图。

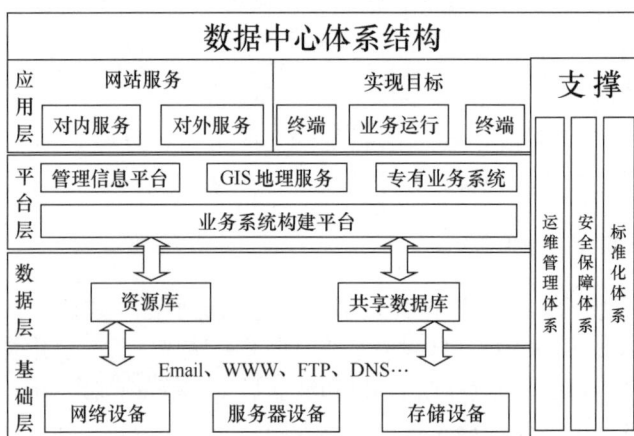

图 3-9　数据中心体系结构示意图

数据中心体系结构可以划分为基础层、数据层、平台层和应用层，以运维管理体系、安全保障体系、标准化体系为支撑，提供数据查询、运算、交换、存储、网络传输等服务。基于实际需求分析及设计原则，考虑到数据在进入数据库汇总前和汇总后，密级可能会发生变化，数据中心按功能区域划分可分为数据交换区、安全认证区、通用数据访问区、涉密数据访问区、涉密数据存储区、应用服务区等，如图 3-10 所示。

1. 数据交换区

数据交换区核心为数据传输与分发服务器。数据传输与分发服务器通过安全保密机接入网络，实现数据上传、分发、定制传输等数据交互过程。防火墙通过包过滤、地址绑定等技术实现对交互数据监控。

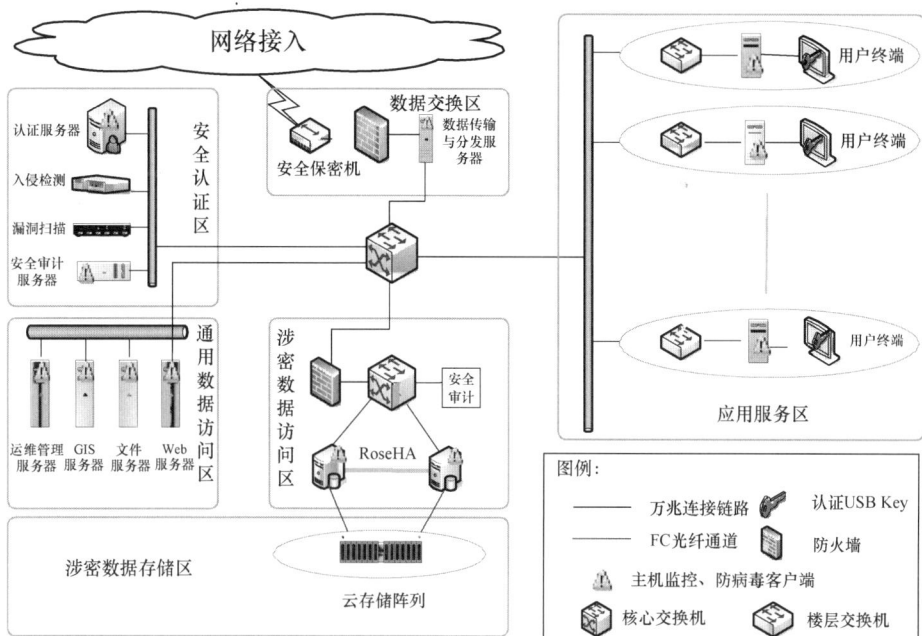

图 3-10　数据中心功能区域划分示意图

2. 安全认证区

部署认证服务器对用户身份进行鉴别，不同用户具有不同的数据访问权限。部署漏洞扫描设备、入侵检测设备为数据中心提供主动安全防御功能。部署安全审计服务器对数据访问行为进行审计和分析。结合安全保密机、防火墙等，形成以数据为中心的安全和密码防护体系，确保信息在传输和使用中的机密性、完整性，实现安全可控的数据访问。

3. 通用数据访问区

通用数据访问区核心，为刀片式高性能集群服务器系统提供运维管理、GIS、文件、Web 等通用服务，为用户提供高速、高可靠性的应用服务。只有配置了通用数据认证 USB Key 的终端才能够实现对通用数据访问区服务器系统的接入访问。

4. 涉密数据访问区

部署防火墙实现对涉密数据的访问控制。配置高性能数据中心交换机，实现两台机架式数据库服务器互连。采用 RoseHA 双机热备软件实现数据库服务器热备份，确保数据安全。数据库服务器连接至云存储阵列，实现海量数据存储和备份。在数据库服务器中安装安全审计软件，对数据库访问行为审计分析。

5. 涉密数据存储区

涉密数据存储区需提供大容量、高可靠、高访问速度的共享存储服务，同时具有自动化备份功能，确保重要数据的安全。涉密信息存储区采用云存储技术，并通过在异地设置其他云存储节点，实现系统异地容灾备份，为系统提供可靠的存储和备份功能。

6. 应用服务区

利用高性能三层交换机和各楼层接入交换机构建全交换无阻塞网络，为用户提供高可靠的数据传输。终端用户配置认证 USB Key 实现对通用数据访问区的访问。

7. 联合值班室

综合运用物联网、自动控制、智能识别等新技术，依托各级指挥中心和覆盖旅部/营区的工作指挥调度网络，接收管控中心上报的营区实时数据，强化信息服务、资源管理、动态研判、要害防控、应急处置、执法督察职能，实现 24 小时全天候值守、实战化运作。

3.5　数字营区的系统集成

系统集成，是指在系统工程科学方法的指导下，根据用户需求，优选各种技术和产品，将各个分离的子系统连接成为一个完整、可靠、经济和有效的整体，并使之能彼此协调工作，发挥整体效益，达到整体性能最优。

在数字营区中，通过结构化的综合布线系统以及计算机网络、物联网等技术，将各个分离的设备、功能和信息等集成到相互关联、统一和协调的系统之中，使资源达到充分共享，实现集中、高效、便利的管理。系统集成实现的关键在于解决系统之间的互连和互操作问题。

3.5.1　网络系统集成

网络系统集成，是指在建设数字营区的过程中，根据应用需要，运用系统集成方法，铺设营区计算机通信网络，构架营区物联网，将硬件设备、软件设备、网络基础设施、网络设备、网络系统软件、网络基础服务系统等组织成为一体，使之成为一个完整、可靠、经济、安全、高效的计算机网络系统的全过程。从技术角度来看，网络集成是将计算机技术、网络技术、控制技术、通信技术、应用系统开发技术、建筑装修等技术综合运用到网络工程中的一门综合技术。

在数字营区中所强调的网络集成，更侧重于网络基础设施及协议接口的集成。从需求出发，仔细分析数字营区总体架构，统一铺设营区网络基础设施，各子系统开发前规定统一的通信协议，规范接口应遵循的标准，按照规范进行建设，方便各子系统间的通信协作。

3.5.2　统一数据标准

建立统一的军用数据标准是数字营区总体架构中各层功能系统实现数据交换和信息交互的基本保障，是数字营区系统集成的另一个关键。

物联网军事应用标准的关键点和可以大有作为的部分是物物相连的军事数据表达、交换和处理标准，以及相应的软件体系架构。我国物联网产业发展基本能和世界发展保持同步，这使得我们有机会制定自己的标准。其主要问题还是集中在数据表达、交换和处理的标准，以及应用支撑的中间件架构。目前，欧盟正在进行数据交换标准"融合"研究，目标是综合考虑相关领域已有的基于 XML 数据交换标准，提炼出一个类似于互联网 HTML 标准的基础元数据标准，作为物联网数据交换的核心。

3.5.3　系统集成平台

根据需求的不同，数字营区中通常包含很多个子系统，这些子系统在履行各自不同职能的同时也存在着一定的联系，若是分开进行管理，可能会出现管理混乱、相互冲突、效率低下的问题，必须保证各子系统间的数据更新同步。因此，需要建立营区一体化管控中心，将各种应用集成起来。通过设立营区专用控制室，配置一体化管控平台，应用数字营区综合管理保障信息系统，实现人员、车辆、装备、涉密载体、营区设施设备以及营房保障的集中管控。

系统集成平台部署在管控中心，由数据库管理服务器、中心管理服务器、媒体交换服务器、磁盘阵列、智能接入网关等设备组成，集中统一管理系统的所有设备及用户，具有设备接入、状态管理、告警管理、时钟管理、控制管理、调度管理、用户管理、权限管理、媒体信息转发、分发、存储、回放等功能。同时，在管控中心还应该配置监控操作台、综合管理操作台、电视墙等终端设备，用于实现远程控制、视频显示、系统管理等业务操作。

营区管控中心存储单位各项信息数据库，如官兵数据库、装备数据库、地理信息数据库、物品数据库等，对下属单位统一授权开放，做好信息采集及向上级单位上报工作。智能接入网关主要是将不同来源的信息进行汇聚，向监控平台提供各种服务支撑。营区管控中心可通过网络平台实现数据共享、交换、比对、查询、更新。

同时，各部门要根据自身的业务特点及需求，建设好各自应用系统的业务数据库，这些业务数据库均由营区管控中心统一存储、管理。这就要求不同部门之间在开发应用软件时，必须要统一规划，统一业务数据库建设标准，实现各类数据的有机融合、共享共用，以及数据的纵向传输、横向交换。

软件建设方面，在军队信息化历史潮流推动下，基层单位在大力加强硬件建设的同时，软件建设也取得了可喜的成绩，但同时也存在信息缺乏有效共享、"信息孤岛"普遍存在，应用软件缺乏有效集成和统一接口，缺乏统一规划和管理，缺乏统一的用户界面等问题。因此，软件建设需要解决以下问题：一是信息共享，信息数字化后存入计算机系统，如何对存入的信息进行分类和标准化管理，消除"信息孤岛"，使之发挥最大作用；二是系统集成，对现有的业务系统进行整合和集成，使所有应用系统成为一个有机整体呈现给用户；三是统一门户平台，以建立一站式门户网站方式向用户提供各种服务；四是统一身份认证，用户获得与自己身份角色相应的密码和权限后，可以实现"单点登录，全网通行"；五是安全管理，必须保证数据的秘密性、完整性、可用性，能按照用户的需求提供有效服务。

第 4 章　营区物联网

物联网技术实现了无处不在的人与物、物与物的互连，军事应用前景无限广阔，在战场感知精确化、武器装备智能化、后勤保障灵敏化等方面优势尤其明显。作为数字营区的支撑技术，营区物联网在数字营区建设中处于重要地位。本章首先介绍物联网军事应用相关知识，进而引出营区物联网的概念；分析营区物联网的系统组成、体系框架和特点；剖析营区物联网的三种基本应用模式；归纳营区物联网构建的基本原则、规范营区物联网构建的具体步骤；最后，本章对物联网在营区的拓展运用进行了展望。

4.1　营区物联网概述

4.1.1　营区物联网的概念

营区物联网指的是基于物联网的营区后勤体系，通过射频识别、红外感应器、GPS、激光扫描器等信息传感技术，任何物品都可以按约定协议和营区的军事综合信息网和设备网连接起来，进行有效的信息交换和通信以达到实现物品的智能化识别、定位、跟踪、监控和管理的目的，将营区后勤精确保障与数字化战场环境融为一体，极大地提升现代营区的信息智能化程度。

4.1.2　营区物联网的系统组成

营区物联网由网络部分、设备部分和主要系统三部分构成，如图 4-1 所示。

图中，网络是信息传输、设备互联的载体，是营区物联网的全局性、基础性支撑；设备是运行在网络之上的各类实体；系统是对营区设施、物资进行集中管控的软件平台。

1. 网络部分

（1）营区局域网。依托军事综合信息网，通过架设光纤、双绞线、路由器、交换机等传输设备，将营区内各建筑物、办公室、战士宿舍、值班室等所有需接入计算机终端的房间进行互联、互通，构成信息网络，为数据的传输做好硬件准备。

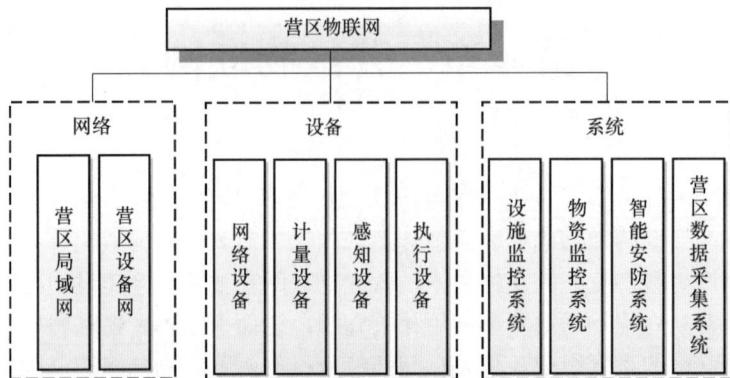

图 4-1 营区物联网的组成

（2）营区设备网。根据用户需求，依照设计安排，在每个信息点处依据该点位所担负的职能安装相应智能设备，采集、处理相应点位信息，并能够将所收集信息上传至营区数据中心统一存储、管理，构成营区智能设备网。

在传感器网中的每个信息点，依据其担负的职能安装相应设备，以设备控制箱和模数转换器为例：设备控制箱连接营区局域网和设备网，与设备网连接实现设施设备数据采集和控制，与局域网连接实现数据网络传输；模数转换器安装在传感器、变频器、电动阀等设备前端，通过总线与设备控制箱连接，实现模拟与数字信号相互转换。

2. 设备部分

（1）网络设备。网络设备是指设备控制箱等实现现场数据实时采集、实时上传，并实时控制智能执行器设备的智能网络控制设备。

（2）计量设备。计量设备是指智能水表、智能电能表、智能热能表等具备网络通信功能的计量器具。

（3）感知设备。感知设备是指获取现场信息的传感器、装备营具识别设备和环境监测设备。

（4）执行设备。执行设备是指完成现场设施设备开关启停功能的电动风/水阀、调节阀、变频器、智能龙头、路灯/电热水炉控制器和智能电闸等操控设备。

3. 主要系统

（1）设施监控系统。

① 供水。在供水井或者营区总入水口、主干支水管、楼栋主入水口加装

电动水阀、智能水表、水压传感器和变频控制器等设备，同时可在其他用水场所（如绿化、洗消、训练、实验、医疗、洗浴、炊事等地）加装安装水表等设备。实现营区内供水状态及参数远程/人工监测、报警和关停等管控功能。

② 供电。在营区每个供电回路加装智能电闸、智能电表等设备。实现营区内供电状态及参数远程/人工监测、报警和关停等管控功能。

③ 供气。在营区每个天然气供气回路加装智能气闸、智能气表，在关键节点安装气压传感器、漏气传感器等设备。实现营区内供气状态及参数远程/人工监测、报警和关停等管控功能。

④ 供热。在营区每个供热回路按距离锅炉房远、中、近处各选择一栋建筑物，分别在入水口和出水口安装管温传感器；在每个供热水路主干管道及其分支处安装管压传感器；在锅炉房近端建筑物各入水口安装可电动调节阀门；在锅炉房近端或者热负荷小的出水口安装管网流量调节控制器；在建筑物供热管道入水口安装热量表。实现营区内供热质量远程/人工动态监测、调节等功能。

⑤ 中央空调。在营区内每个空调循环泵处加装变频控制器；室内风机盘管安装室内温控仪；冷冻水出水口、入水口安装管温传感器。实现营区内中央空调远程/人工调节、温度限制、节电管控等功能。

⑥ 环境监控。在营区室外相关环境安装空气质量、水质、噪声、温湿度、辐射监测仪。实现营区环境质量动态监测。

（2）物资监控系统。其对营区重要设施设备等物资，以及涉密数据载体，加装无源射频电子标签或者二维条码标签，实现营区物资的出入库、保修报废闭环管理。

（3）智能安防系统。智能安防系统包括视频监控、门禁控制、报警系统等内容。

① 视频监控。通过在营区内安装视频监控等设备，实现对营区内重要场所和重要通道实时监控、视频图像动态存储、网络传输等功能。

② 门禁控制。在营区内重要和核心场所设置门禁系统，采用身份识别的方式，加强对特定区域的人员进出管理水平，同时可以远程控制门禁的开关状态。

③ 报警系统。营区内设置声光报警系统，实现与其他系统和传感器的联动控制，对于突发情况可进行迅速、有效的响应。

（4）营区数据采集系统。营区数据采集系统是数字营区建设的核心部分，主要完成营区要素数字化、数据存储与处理、营房业务管理等功能。

① 营区要素数字化。营区的属性数据（坐落、分栋、设施设备、环保绿化、消防等）、管理数据（工程、住用、物资、营具、人员、营房维修）、图形数据（营区平面图、建筑结构图、设施工艺流程图）以及文档数据（土地证、房产证、地契等）的数字化转换并录入数据库。

② 数据存储与处理。营区内各类传感器采集数据的集中存储与处理。传感器数据类型主要包括供水、供电、供气、供热和环境监控等数据。

③ 营房业务管理。实现对数字化营房的全面管理，主要包含营房维修、营具管理、营房物资管理等。

4.1.3　营区物联网的体系框架

营区物联网包括营区局域网和营区设备网，通过设备控制箱，联通局域网两大要素实现实时交换设备数据的功能。图 4-2 所示的就是将营区物联网体系架构划分为四个层次：物联网感知层、物联网设施层、物联网平台层和物联网应用层。

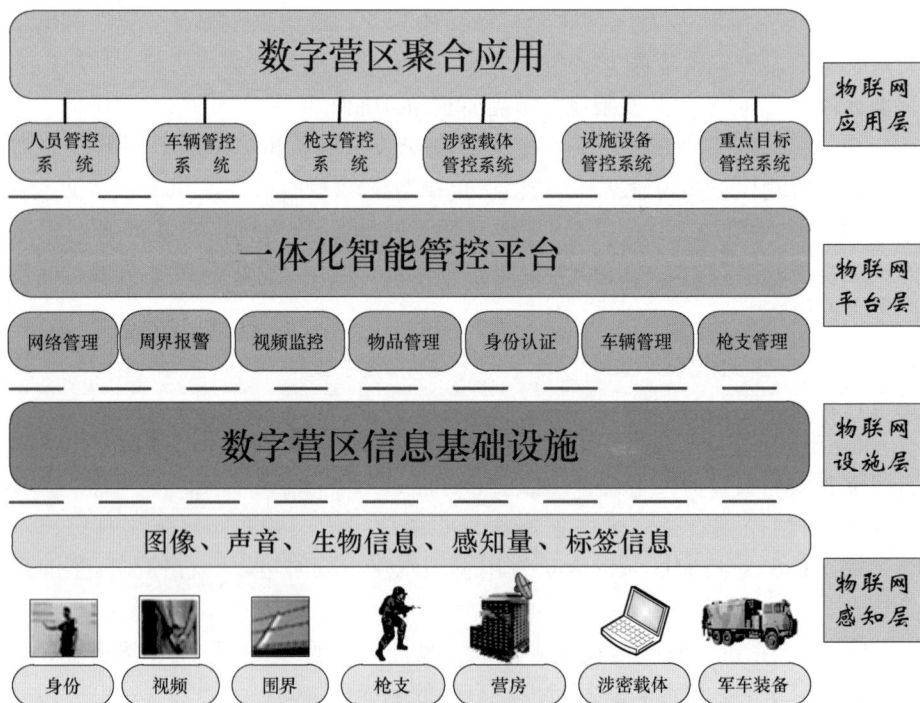

图 4-2　营区物联网体系架构示意图

1. 物联网感知层

物联网感知层通过布设在营区内的各类传感设备，如传感器（温度传感器、湿度传感器、气体传感器等）、二维码标签及识读器、RFID 标签及读写器、摄像头等，其主要功能是营区信息感知和原始数据采集并在必要时辅助完成下行的末端物体（如龙头、水阀等）控制。

2. 物联网设施层

物联网设施层主要依托营区局域网和设备网完成信息的传输和交换，提供更大范围内的应用以及服务所需的基础承载传输网络。

3. 物联网平台层

物联网平台层主要由计算设备和存储设备，以及建立在其上的各类服务构成，主要用于实现汇聚、转换、分析所采集数据的功能，并用于应用层呈现的适配和事件触发等。

4. 物联网应用层

物联网应用层主要完成前端智能设备的运行状态调整和控制并为营区提供广泛的人与物、物与物互连应用的解决和处理方案。

所有控制器独立工作，管控中心故障和误操作不会影响控制器正常运行。

4.1.4　营区物联网的特点

1. 架构完整清晰

营区物联网根据各层的特性分为四层：感知监测层；接入传输层；管理服务层；综合应用层。每一个具体功能根据各层的名称即可一目了然地知晓其功能。

2. 一体化程度高

营区物联网的开发原则以易用、实用、够用为主，能够适应信息化条件下军队基建军事设施建设和作战基建军事设施保障需求，实施深入而全面的网络运维监管并把网络拓扑发现、资源管理、设备管理、终端管理、性能管理、故障分析、异常流量监测、服务器管理、数据库管理、Web 监控等融为一体。

3. 统一的信息模型

通过营区物联网实现营区安防和信息中心数据监控的整合，同时可以通过振动探测、智能视频分析、报警点管理、射频自动识别等技术手段，对营区安全情况进行检测和对人员进行身份辨认，对营区安全进行数据统计，真正做到多个系统的整合应用，有效降低成本，真正地实现了统一管理、统一授权和统一指挥。

4. 高实时性和可靠性

清晰全天候的监控、各子系统间的联动，减少了人力资源的投入，很大程度上降低了营房管理人员的工作强度；同时，营区围界的防入侵系统确保了营区安全防范水平。

5. 高度灵活扩展

提供并开放标准的接口，为后续的系统升级改造节约大量的人力物力。

6. 丰富的接入手段

营区物联网支持多种传输手段，考虑到未来技术的发展，考虑有线传输方式和无线传输方式相结合。在确保信息安全的条件下，对于布线困难的地方可选择采用无线方式，无线传输施工方便，图像可以实时且清晰传输，并且可根据现场自然条件的不同和传输距离的远近，按需求配置功率。

4.2　物联网营区应用模式

营区物联网依据实现原理的不同主要包括三种应用模式：基于 RFID 的应用模式、基于传感器的应用模式和基于 M2M 的应用模式。

4.2.1　基于 RFID 的应用模式

基于 RFID 的营区物联网应用模式是指通过对营区各类营产营具、军事人员、武器装备等"贴上" RFID 标签，从而可使固定或非固定的营区资产互连起来，实现营区资源的连接、跟踪和管理。本质上，RFID 仅仅是一种电子标签，而这种应用模式绝不仅仅限于 RFID 标签，还包括其他的条码标签（如一维条码、二维条码、混合条码等），甚至未来可能出现的各类新型自动化标签。由于需要附着标签，对于非我方目标实体是难以实现的。因此，这种基于 RFID 的营区物联网应用模式通常都用于以控制和管理我方或友方营区内活动为主的各类军事活动，如日常训练、正规化建设、油料物资管理、武器装备管理与维护等，如图 4-3 所示。

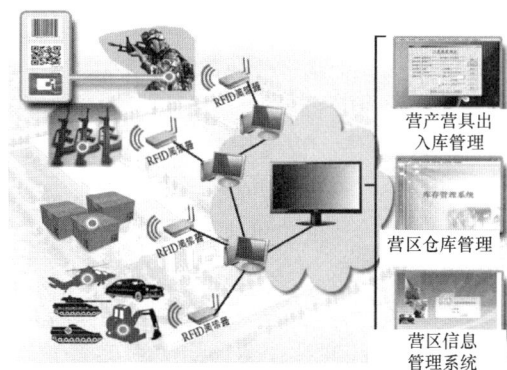

图 4-3 基于 RFID 的营区物联网应用模式示意图

4.2.2 基于传感器的应用模式

营区物联网应用中，应用类型复杂多样，既存在如营产营具等固定物体的管理维护，也存在营区安全动态环境的监测控制，单纯的 RFID 应用模式不具备此类应用服务的功能，此时基于传感网的营区物联网应用模式的优势便突显出来。基于传感网的营区物联网应用模式可以综合采用红外、光学、振动等各种传感设备，将营区营门、哨兵点位、重点部位等敏感部位的动态环境信息进行自动感知，将信息进行汇聚融合，通过自动组网，将信息传输到综合指控中心，以供管理员进行决策。其实现了营区安全监控、防入侵、重点部位安全防护、营区环境动态监测等功能，如图 4-4 所示。

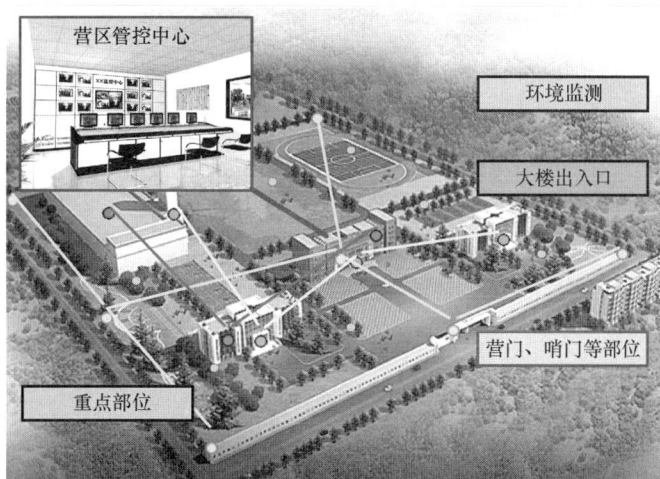

图 4-4 基于传感器的营区物联网应用模式示意图

4.2.3 基于M2M的应用模式

信息感知和信息服务之间的纽带便是信息传输。以信息传输为线索，连接各种营区装备设施和军人实体，实现物与人之间的泛在通信，以此为基础，开发各类个性化营区军事服务，也是物联网营区军事运用的一个重要方面。基于M2M的营区物联网应用模式是其中的典型。

M2M中的M即设施设备或人（Machine/Man），通常设施设备为装有嵌入式系统的设备或经过智能化改造的设备。基于M2M的营区物联网应用模式是在民用通信运营商主导的M2M模式基础上发展起来的，与民用M2M模式相似，通过各种无线通信和军事通信网络，使得设施与设施、人与人或人与设施之间联系起来，进行信息交换和设备设施的管理控制。由于对于设备设施范围理解的不同，基于M2M的营区物联网应用的覆盖范围与基于RFID和传感网的应用范围有部分重叠。基于M2M的营区物联网应用主要用于军事训练成效跟踪、武器装备状态监控、信息基础设施建设等，其应用模式如图4-5所示。

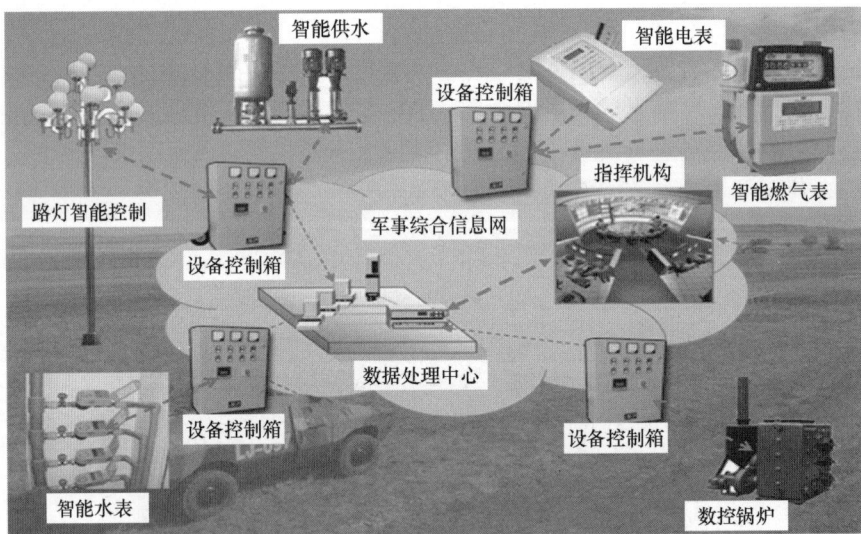

图 4-5 基于 M2M 的营区物联网应用模式示意图

4.3 营区物联网构建

在研究了营区物联网的使用模式之后，首先应考虑如何进行营区物联网建设，以应用以上的应用模式，本节将进行详细分析。建设数字营区，首先要通过布设营区设备网和加装设备控制箱并联通局域网建成营区物联网以此提供互联、互通的平台，进而实现设备数据的实时交换。

4.3.1 营区物联网构建的原则

1. 实用性和先进性原则

在设计营区物联网系统时首先应该注重实用性并贴近具体运用。在选择具体的网路通信技术时，不必追求新技术和产品，一定要同时考虑当前主流应用技术，而且这些技术未来一段时间内仍在应用：一方面，新的技术和产品还有一个逐步推广的过程，立即选用这些技术可能会出现各种无法预测的状况；另一方面，当前主流技术和产品价格相对低廉，相比最新技术可以避免资金浪费。

任何一个网络系统都应具备性价比高、实用性强的基本要求。组建营区物联网也一样，特别是在组建大型营区物联网系统时更是如此。否则，虽然网络性能足够，但如果营区目前或者未来相当长一段时间内都不可能有实用价值，就会造成投资的浪费。

组建营区物联网时，针对多种数据、语音、视频传输需求，尽可能采用先进的传感网技术，在相当一段时期内使整个系统保持技术上的先进性。

2. 安全性原则

按照物联网本身的特点及部队保密工作的要求，它不仅要处理通信网络传统安全问题，还要面临与已有网络安全不同的特殊安全问题。例如，感知网络的传输与信息安全问题、核心承载网络的传输与信息安全问题以及营区物联网业务的安全问题等。

营区物联网安全涉及很多方面，其中最重要的就是对外界入侵、攻击的检测与防护。当前，互联网几乎每时每刻都在遭受外界安全威胁，包括病毒感染和黑客入侵并导致整个网络陷入故障甚至瘫痪。一个安全措施完善的网络要具有病毒防护系统和防火墙隔离系统，还应尽可能地部署入侵检测系统、木马查杀系统和物理隔离系统等。当然，要根据网络规模大小和安全需要选用系统的具体等级，并不一定要求每个网络系统都全面部署这些防护系统。

除此之外，用户对数据的访问权限也体现了网络系统的安全性需求，不同用户、不同数据域配置根据相应工作需求设置相应的访问权限。同时，用户（特别是高权限账号）的安全性也应受到重视并采取相应的用户防护策略（如密码复杂性策略和用户锁定策略等），以防被非法盗取。

3. 标准化、开放性、互连性和可扩展性原则

营区物联网系统作为一种应用信息网络系统，具有始终处于发展完善的趋势，所以它必须具备良好的标准化性质和开放性、互连性与扩展性。

标准化是指积极参加国内和军队相关标准制订。营区物联网的组网、传输、信息处理、测试、接口等一系列关键技术标准应遵循国家标准化体系框架，遵照参考模型，推进协议、接口、标识、架构、安全等物联网领域标准化工作；建立起适应物联网发展的检测认证体系，开展电磁兼容、信息安全、环境适应性等方面检测认证和监督检验工作。

开放性和互连性是指凡是遵循物联网国家标准化体系框架及参考模型的软硬件、智能控制平台软件、系统级软件或中间件等都能够进行功能集成、网络集成、互联互通，实现网络通信、资源共享。

可扩展性是指设备软件系统抽象、核心框架及中间件构造、模块封装应用、应用开发环境设计、应用服务抽象与标准化的上层接口设计、面向系统自身的跨层管理模块化设计、应用描述及服务数据结构规范化、上下层接口标准化设计等要有一定的兼容性，保障物联网应用系统以后扩容、升级的需要，能够根据物联网运用不断深入发展的需要，易于扩大网络覆盖范围和网络功能，使系统具备支持多种通信媒体、多种物理接口的能力，可实现技术升级、设备更新等。

在进行网络系统设计时，尤其是节点部署、综合布线和网络设备协议支持等方面一定要严格按照相应的标准进行设计。只有根据开放式标准，包括各种传感网、LAN、WAN 等，并坚持统一规范准则，网络系统的未来才更有前景。

4. 可靠性与可用性原则

可靠性与可用性原则决定了所设计的网络系统能否满足用户应用，以及系统稳定运行的需求。网络系统应能长时间稳定运行，而不应经常出现各种运行故障，避免给用户带来十分严重的损失。

电源供应在物联网系统的可用性保障方面也居于重要地位，尤其是关键网络设备和关键用户机，需要为它们准备大功率的 UPS，以免数据丢失。

营区物联网应具备高可靠性以保证营区各项业务应用并尽量防止系统单点故障。在服务器设备、网络设备、网络结构等方面，要采用具有高可靠性的设计和建设。不但要采用硬件备份等可靠性技术，还要通过相关软件技术提供较强的控制手段、管理机制以及网络安全保密与事故监控等技术措施以促使整个营区物联网系统可靠性得到提高。

构建营区物联网除应遵循以上原则外，可管理性也是营区物联网建设值得关注的问题。随着业务的不断发展，营区物联网需要采用智能化、可管理的设备，同时采用先进的网络管理软件，实现先进的分布式管理，最终达到对整个网络运行情况的监控，并做到网络负载动态配置、网络资源合理分配、网络故障迅速定位等。通过使用先进的管理工具和管理策略，确保物联网运行可靠性得到提高，同时简化网络维护工作，从而为管理与维护提供有力保障。

4.3.2　营区物联网构建的步骤

营区物联网规划是在用户需求分析和系统可行性论证的基础上，确定营区物联网总体方案和网络体系结构的过程。营区物联网构建的关键步骤如图 4-6 所示。

1. 用户需求调查与分析

物联网是在互联网的基础上，利用 RFID、无线数据通信、计算机等技术，构造一个涵盖所有事物的实物互联网。与其说它是一个网络，不如说是一个应用业务集合体，它将千姿百态的各种业务网络组成一个互联网络。而营区物联网也是如此，因此，在构造营区物联网时，应紧密结合部队实际情况，充分调查分析物联网的应用背景和工作环境，及其对硬件和软件平台系统的功能要求及影响，是在进行系统设计之前必须做的。在了解了用户建网的目的和目标之后，应进行更细致的需求分析和调研，一般有以下几个方面。

（1）一般状况调查。在设计具体的营区物联网系统之前，先要比较确切地了解该营区目前和 5 年内的网络规模、分析该部队当前的设备、人员、经费投入、站点分布、地理分布、职能特点、数据流量和流向，以及现有软件、广域互连的通信情况等。

（2）性能和功能需求调查。向数字营区建设负责人了解该部队希望新的网络系统实现的功能、接入速率、服务器和感知节点所需存储容量、响应时间、扩充要求、安全需求，以及特殊职能应用需求等。

（3）应用和安全需求调查。应用需求调查，决定了所设计的营区物联网系统是否满足用户的应用需求。再好的性能、再完善的功能、再强大的应用系统，没有安全保障，都没有任何意义。

（4）成本和收益评估。根据用户的需求和现状分析，对设计的营区物联网系统所需要投入的人力、财力、物力，以及建成后可能在部队工作、训练、管理等方面产生的收益进行综合评估。

（5）书写需求分析报告。在详细了解用户需求、现状分析及成本和收益评估后，要以书面形式向用户和项目负责人提出分析报告。

需求调研
1. 一般状况调查
2. 性能和功能需求调查
3. 应用和安全需求调查
4. 成本/收益评估
5. 书写需求分析报告

系统设计

系统初步设计
1. 确定网络规模和应用范围
2. 统一建网模式
3. 确定初步方案

系统详细设计
1. 确定网络协议体系结构
2. 设计节点规模
3. 确定网络操作系统
4. 网络设备选型和配置
5. 综合布线系统设计
6. 确定详细方案

用户和应用设计
1. 应用系统设计
2. 计算机系统设计
3. 系统软件的选择
4. 机房环境设计
5. 确定系统集成详细方案

系统测试和试运行

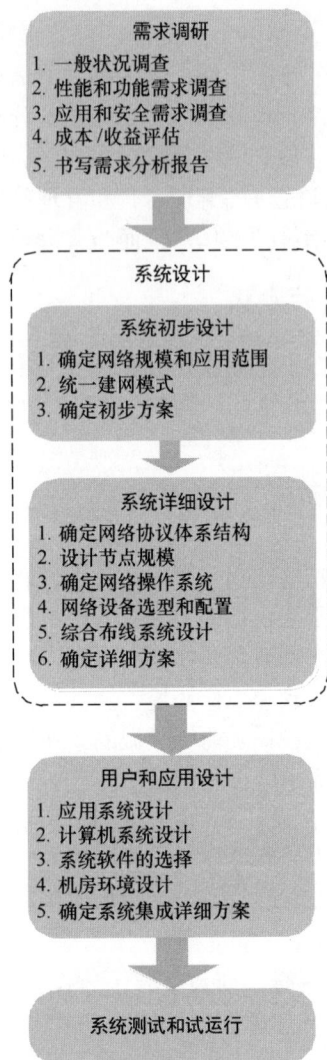

图 4-6 营区物联网构建的关键步骤

2. 网络系统的初步设计

在全面、详细地了解用户需求并进行用户现状分析及成本和收益评估之后，在用户和项目负责人认可的前提下，就可以正式进行营区物联网系统设计了。首先拟定初步方案。

（1）确定网络规模和应用领域。确定营区物联网覆盖范围（这主要根据终端用户的地理位置分布而定）和定义营区物联网使用的边界（重点是用户的特殊职能应用和关键应用，如 MIS 系统、数据库系统、WAN 连接、VPN 连接等）。

（2）统一建网模式。根据用户营区物联网规模和终端用户地理位置分布确定营区物联网的总体架构，如是采用客户端/服务器（C/S）相互作用模式还是对等模式等。

（3）确定初步方案。将初步设计方案形成书面报告并向相关人员提交进行审核。

3. 营区物联网系统详细设计

（1）确定网络协议体系结构。根据应用需求，确定用户端系统应该采用的拓扑结构类型，包括星状、树状和混合型等。如果涉及接入 WAN，则还需确定采用哪一种中继系统并确定整个网络应该采用的协议体系结构。

（2）设计节点规模。主要根据用户网络规模、应用需求和相应设备所在的位置确定营区物联网主要感知节点设备的档次和应该具备的功能。在传感网中按性能要求由高到低依次为核心层，会聚层，边缘层。在接入广域网时，用户主要考虑安全性、保密性、带宽、可连接性、互操作性等问题。

（3）确定网络操作系统。在一个营区物联网系统中，安装在服务器的操作系统决定了整个系统的主要应用、管理模式和终端用户所采用的操作系统和应用软件。

（4）网络设备的选型和配置。根设计方案选择性能和价格都适中的网络设备，并以恰当的方式进行有效的连接组合。

（5）综合布线系统设计。依据用户的感知点部署和网络规模，设计整个网络系统的综合布线图，在图中要求标注关键感知点的位置、传输速率、接口等。综合布线图要符合各类布线标准。

（6）确定详细方案。最后确定网络总体及各部分的设计方案，并形成正式报告提交项目负责人审核，以便及时发现问题并进行修正。

4. 用户和应用系统设计

前面三个步骤用于设计营区物联网构架，此后是进行详细的用户及应用系统设计，其中包括具体的用户应用系统设计和 ERP 系统、MIS 管理系统选择等。主要有以下几个内容。

（1）应用系统设计。分模块设计出符合用户需求的各种应用系统的架构，特别是一些部队特殊职能的应用。

（2）计算机系统设计。依据用户业务特点、应用需求和数据流量，对整个系统的服务器、感知节点、用户终端等外部设备进行配置和设计。

（3）系统软件的选择。为计算机系统选择适当的 ERP 系统、数据库系统、MIS 管理系统及开发平台。

（4）机房环境设计。确定主要工作站机房环境以及用户端系统服务器所在机房包括温度、湿度、通风在内的环境要求。

（5）确定系统集成详细方案。集成整个系统所涉及的各部分，并形成系统集成的正式报告。

5. 系统测试和试运行

系统设计后还要先做一些必要的性能测试和小范围的试运行才能正式运行。性能测试主要检测网络接入性能、响应时间及关键应用系统的并发运行等。试运行是对营区物联网系统的基本性能进行评估，一般不少于 7 天。小范围试运行成功后即可全面试运行，时间一般不少于 30 天。在试运行过程中出现的状况应及时加以完善直到符合用户期望。

4.3.3　营区物联网的拓展应用

1. 节能控制系统

以传感器网络和 LAN 技术为基础实现对灯、暖气等设施的远程监控，对营区内照明、音响、太阳能、锅炉等设备进行数字化管理，实现定点、定时、按需开启和关闭，达到节能效果，同时为工作人员配备手持机以方便现场处理相关问题。

2. 岗哨人枪管理系统

通过 RFID 电子标签对值班人和枪的分离进行管理。首先将电子标签放置在值班人员背枪的背带中，值班人员也随身携带一张电子标签；然后在士兵站岗的地下区域安放远距离读卡天线，只有两张电子标签同时被感应到，认为枪和人在一起。若任意一张标签离开，认为人和枪分离，会自动报警。

3. 周界智能防入侵系统

采用先进的融合分析算法，智能监测攀爬等入侵行为并报警，误报率低、适应性强；多防区布控，实现精确定位；与视频系统进行联动，一旦出现警报，自动切换至报警区域，进行人工复核，及时采取处置措施。

第 5 章　数字营区关键技术

数字营区是一个涉及多个学科的交叉研究领域，数字营区的顺利实施有赖于众多关键技术的支撑，同时也有若干关键技术有待进一步深入研究。本章着重介绍营区物联网技术、营区大数据技术、营区智能技术、网络安全技术、营区数字化图形制作技术、系统集成技术，使读者熟悉、掌握、利用信息技术开展数字营区建设。

5.1　营区物联网技术

在营区现有信息网络基础上，完善局域网、新建设备网，构建营区物联网，联通数据采集、传输、监控和管理信息通道，实现营区资源共享、信息互联、互通。在数字营区中的应用场景下，营区物联网产生了独立的应用需求和技术形态，如图 5-1 所示。

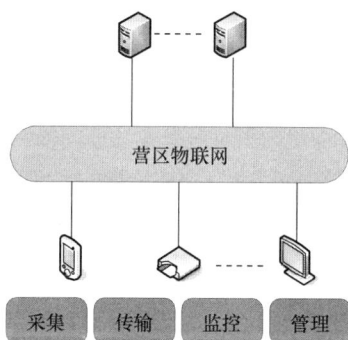

图 5-1　营区物联网技术分类示意图

营区物联网的主要技术架构如图 5-2 所示。

5.1.1　感知与识别技术

感知与识别技术是此项目的支撑技术，对营区产生的物理事件和数据信息进行实时提取，能够应用于营区物联网探测和营区现实世界物理属性的认知，包括传感器技术、RFID 和 RFID 读写技术、探测器技术和遥测遥感技术等。另外，安装空气、温湿度、水质和噪声监测仪，完成营区环境质量动态分析，做出安全预警。图 5-3 所示为感知技术在数字营区中的应用。

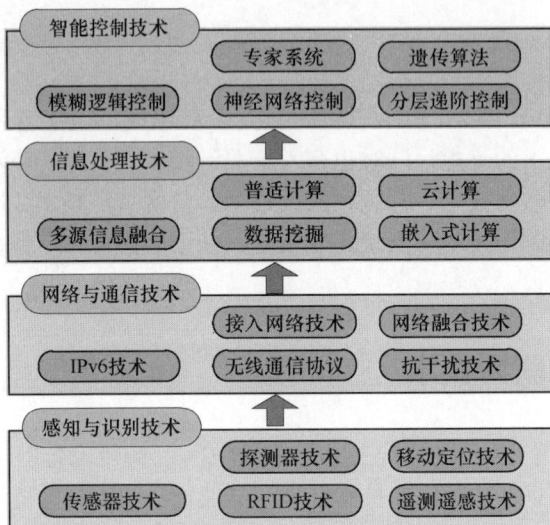

图 5-2　营区物联网的主要技术架构

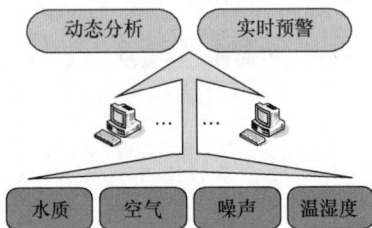

图 5-3　感知技术在数字营区应用的示意图

1. 传感器技术

GB/T 7665—2005《传感器通用术语》对传感器下的定义是："能感受规定的被测量信号并按照一定的规律转换成可用信号的器件或装置，通常由敏感元件和转换元件组成"。在生活中，传感器一般称为能换器、变换器，是人体的眼耳等五官功能的器材化，作用是将外界自然信号变换成可以量化的数字信号。

依据分类标准不同，传感器主要分为以下几类。根据被测物理量的不同，传感器可以分为加速度、角速度、矢量、温度、压力、重力、弹力等传感器；根据工作原理的不同，传感器能够分为电阻式、电容式、电压式、涡流式等传感器；按能量提供方式的不同，可以分为无源和有源传感器；按输出信号的不同，可分为模拟传感器和数字传感器。目前在实际应用中，数字传感器远远不如模拟传感器运用的广泛。随着社会信息化程度的提高，数字传感器的需求日渐迫切，其直接输出数字测量值，排除了使用模数转换器的不便，可直接与计算机互连。数字营区中常见的传感器如图 5-4 所示。

(a) 水阀及执行器　　　(b) 二氧化碳传感器　　　(c) 光照度传感器

(d) 液位变送器　　　(e) 水流开关　　　(f) 水管温度传感器

图 5-4　各种传感器示例

美军的传感器技术发展策略是广泛采用多模式传感手段和发展多种传感器布设方式。网络采用多种模式传感，可以使网络在执行侦察任务时，各个节点的探测信息进行融合，提高探测的准确率。如美国陆军的"遥控战场传感器系统"综合运用了声、振动、红外/磁等几个模块，协同感知探测监控区域内行进的轮式车辆或留下的印迹。多模式的传感信息经处理融合后，可以准确地测量出目标的类型、数量以及目标的方向、位置和速度。FCSUGS 开发的战术 UGS 也使用 ISR 节点和红外节点两种传感模式，为了确保数据可靠，ISR 节点触发的告警要由红外节点成像进行确认。未来的传感器将向着具备路由选择、数据聚合的功能方向发展，并具有面向多应用和异构化的特点。

下面以数字营区安全防范系统中用于防入侵报警的各类传感器举例说明。

1）主动式红外探测器

主动式红外探测器的组成部分包含红外发射装置和接收机。主动式红外探测器适用环境为室内周界控制和室外"静态"干燥气候。它不适用于室外恶劣气候，特别是经常有浓雾、毛毛雨的区域或动物出没的场所，如灌木丛或杂草、树叶树枝多的地方。

2）被动式红外探测器

被动式红外探测器本身并不是像主动式向外发射光波，而是通过红外探测元件拾取监视区内运动目标红外辐射能量的变化而工作。当人进入并在作用范围的空间内移动时，被动式红外探测器就会接收到红外辐射能的变化，从而发出报警。被动式红外探测器适宜在室内安装，探测效果最佳温度为 15～25℃。当场景温度出现强烈变化（如冷热气流、强光间歇照射等）、场景温度与人体表温度相差不大、有强电磁场干扰或在小动物频繁出没的场所，都不适宜安装被动式红外探测器。

3）雷达式微波探测器

雷达式微波探测器是一种同时满足微波发射和接收的微波探测器。雷达式微波探测器对警戒区域内活动目标探测控制范围比较大，可对直径为几百米的球体内进行监控。可在环境噪声较强、光变化热变化较大的条件下工作，不适宜在小动物频繁出没、微波段高频电磁场环境和防护区内有过大过厚物体的场所安装。同时，安装时应考虑微波不能穿透金属物质的特性，探测范围内不要有金属物体遮挡。

4）微波探测器

微波探测器也是一种同时满足微波发射和接收的微波探测器。当信号的接收与发射通信信道之间出现障碍物时，因为阻碍了信号的直线传播，使得接收天线收到的信号多为侧面信号，信号信息容易丢失，因而微波墙式探测器的适用环境是无高频电磁场存在且收发机之间无遮挡物的场所。当防护区内存在高频电磁场，或外周界线平直度不是特别理想、曲折很多时，不建议使用微波墙式探测器。

5）振动电缆传感器

振动电缆传感器主要有两种类型：一种是驻极体电缆传感器；另一种是电磁感应式电缆传感器。振动电缆传感器适用于非嘈杂振动环境中，如周界的栅网、围墙、房顶等处。当入侵者侵入时，电缆因受外力作用而产生振动，其内部的可移位导线在空隙磁场中做切割磁力线运动，从而触发报警。

6）泄漏电缆传感器

泄漏电缆传感器是由平行埋在地下的两个泄漏电缆组成。其中一个与发射机连接，用来进行能量发射；另一个与接收机连接，用来进行能量采集。轻微扰动即可被电缆之间的电磁耦合场所察觉，当有人进入此探测区时，耦合场产生干扰，接收电缆收到的电磁波能量与发射机发出的信号产生差异。通过信号处理电路提取此变化量、变化速率和变化时间等，就可触发报警。该传感器适用于两探测电缆间无活动物体（如小动物、灌木丛、树等）、无高频电磁场存在的场所。

7）光纤报警装置

用光纤做周界报警系统的传感器，如将光缆敷设在围栏的铁丝网栅栏、围墙上，一旦有人攀登产生振动，使传输的光图像变形，就可使控制器及时得到信息并发出报警信号。光纤探测器抗干扰性能很好，在一些自然天气和恶劣环境的中工作性能仍有保障，对于一般传感器不能运用的高频磁场和环境恶劣的场景，光纤传感器十分适用。

8）激光入侵探测器

激光入侵探测器由发射机和接收机组成。激光入侵探测器发出的光是受激辐射光，此种光与发光二极管发出的光相比，方向性、单色性、相干性更好，亮度也更高，因此它传输的距离也更远，往往可以控制数千米，适用于对机场、边境线、仓库、监狱、军营等需要较长距离防范的场所。但是，由于激光入侵探测器是视距型的探测器，不允许在光路传播路线有障碍物阻碍信号传输，所以在地形复杂的场景中不是特别适用。另外在室外使用时要考虑，其所用激光波长处于近红外波段，受气候干扰较大，如风沙、雨、雪、雾等恶劣天气的影响会大大缩短激光探测距离。

9）超声波探测器

超声波探测器是利用超声波段（高于 20kHz）的机械振动波作为信源，专门用于探测生物移动的空间型探测器。超声波探测器有两种类型：一种是将两个超声波传感器安装在同一壳体内，即收、发合置型，通常称为多普勒型超声波探测器；另一种是收、发分置型的声场型超声波探测器。该探测器适用于有较好封闭性的警戒空间，对于简易或封闭性差的室内及噪声大、警戒场景内杂物过多或附近有金属撞击声、汽车鸣笛声、电铃等高频声响的场所，不适合使用超声波探测器。

10）声控探测器

声控探测器是利用声电传感器探测声音的强弱作为报警依据，可以对监控现场进行立体式空间警戒。它不适用于在气候条件恶劣或附近有强噪声源的环境。因此，声控探测器应与其他种类的警戒措施配合使用。

11）开关式探测器

开关式探测器是通过开关的开和闭来控制电路产生 0、1 效果，触发报警的装置。常用的有磁控开关、微动开关和用锡丝、金属条等代用的开关。磁控开关式探测器适用于非强磁场的警戒空间；微动开关装在门框或窗框的合页处，当门窗被意外破开时，开关接点断开，或锡丝、金属条断裂，控制电路激发报警装置，发出报警信号。

12）振动探测器

振动探测器是以探测入侵者行动时（如犯罪分子在进行破墙、打洞、暴力打开门窗、撬保险柜等）产生的振动信号作为报警依据的。常用的振动探测器有机械式、电动式、压电晶体式三种。

13）玻璃破碎探测器

玻璃破碎探测器是当入侵者击碎玻璃试图犯罪时，立即发出报警信号的专门用来探测玻璃破碎功能的探测器。依据工作时的机制不同，玻璃破碎探测器可分为声控型的单技术玻璃破碎探测器和振动型与声控型组合在一起的双技术玻璃破碎探测器两种。玻璃破碎探测器可应用于所有需要警戒玻璃破碎的场景。应在需要警戒的正方向安装玻璃破碎探测器，正面不应有遮挡物，以免影响声波的直径传播，降低探测灵敏度。同时，要尽可能贴近玻璃，避开噪声源。

2. 自动识别技术与 RFID

自动识别技术与 RFID 在数字营区中典型应用，如加装 RFID 标签，能快捷精确掌握装备物资、营产营具的流向流量。识别技术涵盖物体识别、位置识别和地理识别，实现全面感知应当建立在对物理世界识别的基础上。为了实现营区物联网，需要攻克对象标识体系这一技术，其中一维码、二维码等传统标识技术和 RFID 标识均可以作为营区物联网标识的基础。从营区应用需求的角度来看，对营区对象的全局标识是应当摆在首位的问题，应当深入研究营区物联网的物体标准化标识体系，综合运用并适当兼容现有各种传感器和标识方法，实现对现有的和未来的识别方案的兼容。

自动识别技术可以分为以下几类：条码技术（Bar code）、射频识别技术、生物特征识别技术（Biometric Identification Technology）、语音识别技术、图像识别技术、光字符识别技术（OCR）、磁识别技术等。

1）条码技术

条码技术自 20 世纪 70 年代起，经过 30 多年的发展，现已经得到普遍运用的新技术，它综合运用光、机、电和计算机技术，可以实现自动收集数据并存储起来。它完成了计算机数据采集的难题，可以做到低误差的收集数据并存储到计算机中。如图 5-5 所示为条码示例。

(a)　一维条码　　　　　　　　　　　(b)　二维条码

图 5-5　条码示例

（1）一维条码。由连续的"条"和"空"的排列组成，信息通过条和空的不同宽度和相对位置来表示，条码的宽度和印刷的精度决定了所含信息量的大小。因为这种条码技术只在一个方向上通过"条"与"空"的排列组合来存储信息，所以称为"一维条码"。一维条码的编码主要有交错式 25 码、UPC 码、三九码、CODEBAR 码、EAN 码（欧洲商品条形码）、128 码、ISBN 码（国际标准书码）、ISSN 码（国际标准刊号）等。

（2）二维条码。二维条码（2D Barcode）是用某种特定的几何图形按一定规律在平面上分布的用于记录数据信息的黑白相间图形的方法。与一维条码不同的是，它可在横向和纵向两个方向进行信息的表达，因此其所含的信息密度非常大。二维条码可以分为两种：矩阵式和堆叠式。

2）射频识别技术（RFID）

作为感知层的重要基础网络，RFID 技术是物联网的重要技术之一。RFID 区别于接触式自动式识别技术，它是依据射频信号及其空间耦合原理，可以完成对静止或者移动物品的自动模式分类及主动采集相关数据，可以做到无人化智能识别，能克服各种不良天气影响。RFID 原理图如图 5-6 所示。

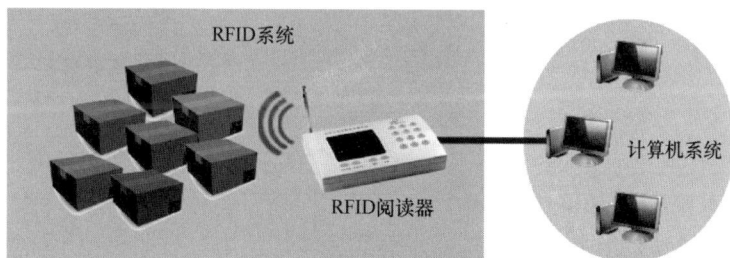

图 5-6　RFID 原理图

RFID 技术的分类通常根据 RFID 标签（图 5-7）的特性进行分类，按标签的产生频率能够分为低频段电子标签、中高频段电子标签和超高频与微波标签；按可读性则可分为只读标签、可读写标签和一次写入多次读出标签；按工作方式可分为主动式电子标签、被动式电子标签和半主动式电子标签。下面从供电形式角度展开介绍。

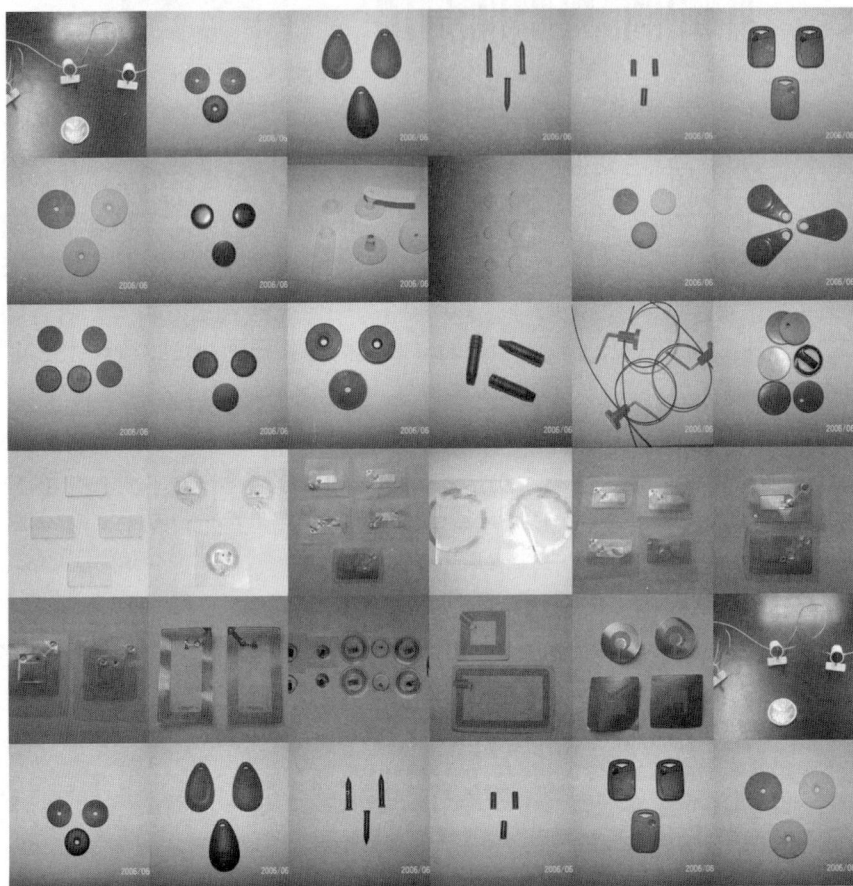

图 5-7　各种 RFID 标签

（1）有源式电子标签。有源式电子标签的能源支撑是由自身携带的电池提供的，电能足够应付一般工作，结果可靠性高，信号传送的距离远。有源式电子标签能够凭借对操纵电池寿命进而对标签的使用有效期或使用次数进行约束，适用于数据传输量或者使用数据有限制的场景中。有源式电子标签的缺点也因为自身携带的电池显得十分明显：体积大、附加成本高、使用寿命或使用次数有限；同时，随着电池电力的消耗，标签的不可靠性越来越大，严重影响系统的正常工作。

（2）无源式电子标签。无源式电子标签的能量支撑则是来自外界，本身不会携带电源。该类标签的经典电能产生方法是依靠天线与线圈，当目标进入有效工作区域后，感知天线接收到阅读器发出的特定电磁波，与天线相接的线圈中就产生了感应电流，经整流后会将电能存储到电容中。通过对电容电压进行稳压处理后即可对标签进行供电。

RFID 技术的应用范围非常广泛，见表 5-1。

表 5-1　RFID 技术的应用范围列表

应用领域	应用范围
物流	RFID 在物流仓储方面应用潜力极大，其正被 UPS、DHL、Fedex 等国际物流巨头所试验，以期将来提升其物流能力。可应用于物流过程中的信息自动采集、货物追踪、港口应用、仓储管理应用、快递、邮政包裹等
交通	出租车管理，高速不停车收费，铁路机车识别，公交车枢纽管理等，已存在较多成功案例
汽车	制造、定位、防盗、车钥匙。可应用于汽车的个性化生产，自动化，汽车的定位、汽车的防盗，也可以作为安全性极高的车钥匙
零售	由沃尔玛、麦德龙等大超市积极推进的 RFID 应用，可为零售业带来如下好处：降低劳动力成本、商品的可视度提高，降低因商品断货造成的损失，减少商品偷窃等。可应用在商品的销售数据实时统计、防盗、补货等
身份识别	由于 RFID 技术天生的快速读取与难伪造性，被广泛应用于身份识别。如现在开展的我国第二代身份证、电子护照项目、学生证等其他各种电子证件
制造业	应用于生产过程的生产数据实时监控、自动化生产、个性化生产、质量追踪等。在贵重及精密的货品生产领域有更为急迫的应用
服装业	可应用在服装的自动化生产、品牌管理、仓储管理、渠道管理、单品管理等过程。这一领域将有极大的应用潜力。但如何防护个人隐私是应用时必须考虑的问题
医疗	可应用于医院病人身份识别、婴儿防盗、医疗器械管理等领域
防伪	RFID 技术伪造难度大。可用于贵重物品（烟、酒、药品）的防伪、票据的防伪等
资产管理	贵重资产或数量大相似性高的资产或危险品等
动物识别	畜牧牲口、驯养动物、宠物等识别管理、畜牧牲口的个性化养殖、动物的疾病追踪等
航空	可用于飞机的制造，零部件的保养及质量追踪、旅客的包裹追踪、旅客的机票、快速登机
军事	弹药、枪支、物资、人员、卡车等识别与追踪
其他	考勤、门禁、一卡通、电子巡更、电子停车场、消费等

3）磁识别技术

磁识别技术是指利用介质的磁效应完成对目标对象识别的技术，主要包括磁卡技术和智能卡技术等。

磁卡是利用磁特性记录信息的介质卡片。通常卡基以强度高、耐高温的工程塑料或纸质涂覆塑料作为原材料，防潮、耐磨且柔韧性强，易携带、使用稳定可靠。磁卡一面通常印刷各类使用信息或宣传信息，如不可弯曲等；而反面则分布有磁层或磁条，一般具有 2～3 个磁道来存储相关数据信息。当有电流流过存储磁头的线圈时，就会在间隙处产生与之匹配的磁场，这时，与空隙接触部分的磁卡的磁体就被磁化，信息便被记录了下来。如果信号记录电流不恒定，相应的当磁体通过空隙时，会被不同程度地磁化。如图 5-8 所示为磁卡示意图。

图 5-8　磁卡示意图

智能卡（Smart Card）又称集成电路卡（IC 卡），它在塑料基片中镶嵌具备存储、加密及数据处理能力的集成电路芯片，集成了计算机技术、微电子技术和信息安全技术等，是一种广泛应用的高技术产品，智能卡为人们工作和生活提供了便利，已成为一个衡量国家科技水平的重要标志。

4）生物特征识别技术

生物特征识别技术是基于人体的生理特性或行为特性用自动化的方法予以分辨或认证的技术。传统的身份鉴定技术包含身份标识物品和身份标识知识，但应用不是很广。与之相比，生物识别技术更具稳定性、保密性和便利性。对于数字营区而言，生物特征识别无疑是一个好选择。

（1）指纹识别。指纹识别主要根据人体指纹的纹路、细节特征等信息对操作或被操作者进行身份鉴定，是目前生物检测学中研究最深、应用最广泛、发展最成熟的技术。指纹识别的实现方法众多。其中一些借鉴传统公安识别方法，借由对比指纹的局部细节来识别；有些通过记录全部特征直接对比识别；

还有一些较新颖的应用，如采用指纹的波纹边缘方式和超声波等。指纹识别是当前最受欢迎的一种生物识别技术，更适合于室内安全系统，因为它足够的条件支持可为用户讲解操作工程和进行技术培训，且系统运行环境方便可控。

（2）虹膜识别。虹膜识别是与眼睛有关的生物识别中对人产生较少干扰的技术。使用相当普通的照相设备，用户不必与机器发生接触就可实现识别，而且可以实现更高的模板匹配性能。此技术得到了各界的广泛关注。它具有唯一性高、稳定性高、抗欺骗性强、可采集性强等特点。

（3）面部识别。关于面部识别，在实际操作中是很难实现的。比较两个静态图像是一回事，在人群中发现和确认某个人的身份而不引起别人的注意，就是完全不同的另一回事了，人总是处于不断运动的过程中。目前，该技术在实际应用中还缺乏成功的先例。但技术障碍一旦克服，将成为一种重要的生物识别方法。

3. 定位技术

1）GPS 定位

GPS 经过多年的发展，今天已经可以与现代通信技术结合，完成了地理坐标从静态到动态的进步，不仅如此，随着民用市场的不断拓宽，GPS 应用逐渐向新方向发展。

（1）GPS 的组成。GPS 由用户设备部分（GPS 信号接收机）、地面控制部分（地面监控系统）、空间部分（GPS 卫星星座）等三个部分组成。

（2）GPS 的特点。GPS 具有如下特点：精度高、全天候、效率高、功能多、操作简单、应用广泛等。最初设计 GPS 的主要目的是用于军事，如导航、情报搜集等，现在，除了上述应用，GPS 还能进行米级至亚米级精度的动态定位、厘米级甚至毫米级精度的静态相对定位、亚米级至厘米级精度的速度测量和毫微秒级精度的时间测量。

（3）GPS 的用途。GPS 最初来由是为解决军队执行任务时准确定位的问题，现各国都在提高自己的定位精度，为野外士兵和军舰等军用设施提供位置和进行跟踪等。

2）蜂窝无线定位

近年来，随着蜂窝移动通信技术的迅速发展，人们越来越重视蜂窝无线定位技术。这主要有两点原因：政府的强制性要求；市场本身的驱动。目前，5G 通信技术的发展正在全面展开，我国越来越重视在通信领域的话语权。此外，随着高铁等技术的高速发展，人们对移动通信在一些特定场景下的应用要求也越来越高。

通过移动蜂窝网络对移动平台进行定位主要有三类方法：基于电波到达入射角（AOA）的定位技术；基于电波场强的定位技术；基于电波到达时间（TOA）或到达时间差（TDOA）的定位技术。

5.1.2 网络与通信技术

数字营区的正常运行离不开网络与通信技术的支撑，可以说，网络与通信是整个数字营区的神经系统，任何一处发生异常都将会导致整个系统的故障。本节主要介绍传统网络技术和移动通信网络技术及其基本特征。

1. 营区网络

营区网络是指通过通信线路将分布在营区范围内不同地理位置（有时某些单位拥有多个分布在不同位置的营区）的具有独立功能的多台计算机及其外部设备连接起来，通过共同的网络操作系统、网络管理软件及网络通信协议的管理和协调，实现资源优化配置和信息共享传递的计算机系统。

1）营区局域网

营区局域网通常为一个营区服务，站点数目有限，覆盖范围有限。营区局域网能够方便地共享昂贵的外部设备、软件及数据，设备的位置可灵活调整和改变，系统可靠性高。例如，一个营区内所有连队图书室的计算机连接到交换机就可以形成一个局域网，实现数字图书资源的共享。

2）数字营区通信系统对网络的要求

近年来，营区网络建设成效显著，营区内网络设施越发齐全，已基本实现"网络到连，信息到兵"的目标，使广大官兵能够网上办公和浏览网页，不仅极大丰富了官兵生活，也为部队军事及政工的现代化发展开拓了新天地。

现有营区网基本都含有电视会议系统、图文传真系统、网络教育系统、电子邮件系统、话音信箱系统、安全监控系统，为营区现代化建设提供了有力保障。业务方面具有网络业务、语音业务、数据业务、多媒体业务等。网络规模及用户数量随部队信息化建设的发展不断增加，各业务种类也逐步得到扩大，现有网络的一些薄弱环节也逐渐暴露出来。

（1）各系统独立存在，相互间没有资源共享及整合，网络应用单一，办公系统与电视电话会议系统、网络教育系统等未能进行有效融合，导致网络设施重复建设，网络管理难度加大。

（2）由于实时视频语音业务不断增加，急需对网络流量与延时进行有效调整，急需提高网络带宽的利用率。

一般要求数字化营区的通信网络具备如下功能：电视电话会议、可视图文网络业务、提供话音数据通信，还要包含如电视网络系统、传真机网络系统、数字程控交换机电话网络系统、卫星通信系统、视频点播等设施。因此，如何将各类资源进行整合，使这些功能更好地得到实现，是数字营区的网络建设需要解决的问题。

2. 串口通信协议转换 TCP/IP 技术

数字营区中设备众多，使用的通信协议也不同，需要将设备串口通信协议转换为 TCP/IP，才能进行互联、互通。目前，多采用串口转以太网的方法实现串口转换。但这个过程过于复杂，需要将串口协议转换为 TCP/IP。

1）关键技术一：TCP/IP 工作模式问题

串口向以太网的转换，并不是简单的数据链路层和物理层的转化。串口协议本身不含有网络层和传输层，而 TCP/IP 的应用层数据是 TCP/IP 所要传输的真实数据。

但是，TCP/IP 并不是那么简单，它有不同的工作模式，包括 TCP 模式和 UDP 模式。工作模式的不同导致协议的连接、关闭、监听等方式都有所不同。

（1）TCP/IP 的工作模式。TCP 与 UDP 的选择：在 TCP 模式可用的情况下，不考虑 UDP 模式，原因在于传输大量数据时，UDP 容易误码和丢失。

（2）TCP 客户端和服务器的选择。

原则一：客户端是发送数据的一方，例如，在一个数据采集系统中，采集终端就是客户端。这是由于在 TCP 连接断开时，要求当客户端需要发送数据时，客户端可以主动建立连接。而 TCP 服务器只能接受连接而无法主动建立连接并发送数据。

原则二：当 IP 地址或域名通常情况下不会变动时，可以选择服务器端。例如，当拥有多个数据采集终端，但中心服务器只有一个时，我们可以选择中心服务器作为服务器端。原因在于，中心服务器的 IP 地址通常不会改变，但数据采集终端的 IP 是临时的，不断变换。所以，中心服务器难以记住所有的 IP，当需要对特定采集终端发起连接时，因为 IP 地址的不确定，就很难建立有效的连接；但采集终端可以很容易地找到中心服务器并建立连接。

2）关键技术二：串口分帧技术

由于以太网数据以数据包为单位发送，而串口数据可以连续发送，这就关系到打包多长的串口数据后作为一个以太网数据包进行发送。

数据包长度：以太网的数据包最大 1500B，当串口转网口的转发器累积到 1500B 后，就会将其打包并发送。

数据包间隔：串口分帧可以依据数据包长度，也可依据数据包间隔。当转发器检测到数据流空闲时间达到阈值时，则判定可以将之前收到的串口数据作为一个以太网数据包进行发送。m 是用户设定的数据包间隔。

3）关键技术三：9 位技术

以太网数据按 Byte 计算，每个字节 8 位，但是，串口数据可能有 9 位，第 9 位用于区分数据帧和地址帧，1 代表地址帧，0 代表数据帧。因此，如何在串口转化为以太网后，也将第 9 位传送出去成为了一项关键技术。众多串口转网口方案中都选择直接舍弃第 9 位，而 RealCom 协议则可实现快速地适应 9 位的功能，它将打包后的串口数据整个作为 TCP/IP 的应用数据进行传输，在 RealCom 的协议头上加入该数据包的第 9 位信息，从而使 9 位传输技术得以实现。

5.1.3　信息处理技术

信息处理技术是对从物理世界感知和探测到的海量数据进行分析处理的技术，它包括多源信息融合技术、数据挖掘技术以及多种计算技术，如云计算、数据库技术、分布式计算、嵌入式计算、普适计算、绿色计算等，下面以云计算技术、数据库技术为例给出其相关内容。

1. 云计算技术

云计算（Cloud Computing）是一种近几年提出的一种计算方法，如图 5-9 所示。

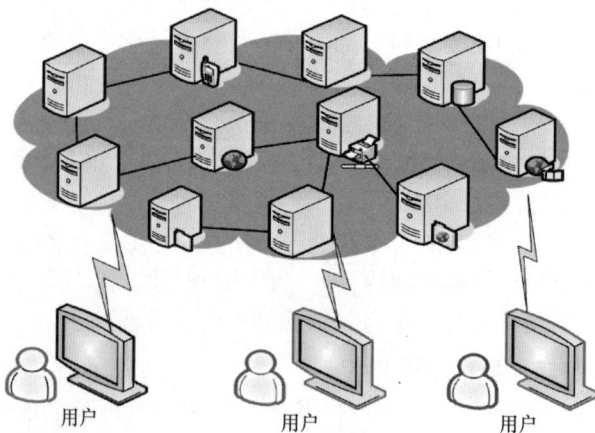

图 5-9　云计算示意图

目前，云计算没有统一的定义，但可以总结出云计算的一些本质特征。

（1）云计算提供的是服务。用户不需要了解云计算的具体运行机制，它所提供的服务对用户透明。

（2）通过冗余提供可靠性。云计算采用数据冗余和分布式存储等方式，来降低用户使用数据的不可靠性。

（3）高可用性。云环境通过集成高性能计算和海量存储能力，能提供一定满意度的服务质量。

（4）高层次编程模型。通过简单学习，用户即可编写满足自己需要的能在"云"系统中运行的程序。

（5）经济性。"云"系统组建了一个大规模机群，相对于生产一个同样性能的超级计算机费用要少很多。

平台即服务为用户提供了一个高层次的集成环境，用来构建、测试和部署定制的应用程序。例如，谷歌公司的 App Engine 使用户能够在相同可扩展性的系统上创建 Web 应用程序来发布谷歌的应用程序。

基础架构即服务规定了硬件、软件和设备（主要是在统一资源层，但也可以包括构造层的一部分），实现了以定价模式为基础的使用资源的软件应用环境。基建规模可以根据应用程序资源的需求动态变动。

2. 数据库技术

数据库技术在数字营区中的典型应用是采集整理营区土地、建筑物、构筑物、其他附着物和水电气热设施设备等各类保障实体属性信息，建立营区基础数据库，为管理决策提供信息支撑，如图 5-10 所示。

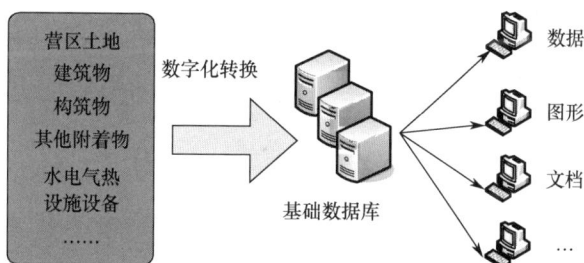

图 5-10 数据库技术在数字营区应用的示意图

营区数据处理系统主要完成营区要素数字化、数据存储与处理等功能，其核心为数据库服务器系统。由于系统运行所依赖的核心数据都存储于数据库系统，因此数据库系统必须具有高可靠性。同时，由于系统数据量大，需利用共享磁盘阵列，故采用 Oracle 数据库软件双实例运行技术实现系统数据库对用户透明的热备份。数据库服务器双机热备份系统如图 5-11 所示。

双实例并行 Oracle 数据库系统由两台数据库服务器和一个磁盘阵列构成。该磁盘阵列同时连接到这两个数据库服务器，并提供并发的数据访问功能。系统在两台数据库服务器上各启动一个数据库实例（Database Instance），并均以并行服务器（Parallel Server）方式运行，共同控制存储于磁盘阵列中的数据。磁盘阵列采用 RAID-5 技术，确保系统免受磁盘硬故障的干扰，支持针对故障磁盘的热插拔维修操作，在更换故障磁盘的过程中无需中断系统的运行。磁盘阵列与服务器主机之间采用光纤通道连接，为数据库实例提供访问磁盘数据的高带宽数据传输。数据库系统采用 Oracle Clusterware 来管理两台服务器对磁盘阵列中数据文件的读写操作，并在操作系统的层面上实现文件访问的一致性要求。同时，Oracle 数据库实例的实时应用簇组件（Real Application Cluster）来管理应用系统对数据库表的访问，确保对数据操作的原子性特征，在应用层面上实现对数据访问的一致性要求。

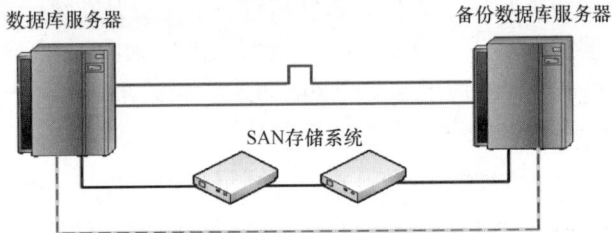

图 5-11　数据库服务器双机热备份系统

数据库的客户端软件可以连接到任意一个数据库实例来访问系统数据。当数据库连接断开时，客户端软件可以通过 Oracle 提供的 Fail over 技术切换到另一个服务器上的数据库实例。双实例并行数据库不仅可以提高系统数据库服务的可靠性，还能够支持通过适当的负载均衡策略来分担系统的数据库访问，提高数据库系统的性能。

5.1.4　智能控制技术

应用计算机自动控制系统实施营区水电气热设备智能改造，实现营区供应保障实时可视、消耗实时可知、过程实时可控，从而达到精细量化、资源节约的目的。本节主要是对营区内的水、电、气、暖等设施设备智能改造及控制技术的介绍。图 5-12 所示为智能控制技术在数字营区应用示意图。

智能控制技术包括专家系统、遗传算法、模糊逻辑、神经网络、基于深度学习强化学习的人工智能技术等。其中，人工智能技术近年来得到了飞速发展，必将为实现营区的智能控制提供重要的技术支撑。在人工智能技术中最关键的技术之一是智能分析技术。

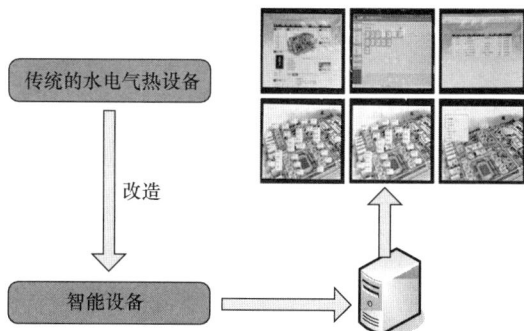

图 5-12　智能控制技术在数字营区应用的示意图

近年来，智能分析技术不仅在平安城市、金融等系统性安防建设中应用普遍，在中小型项目中的应用也逐渐增多。智能分析技术在数字营区的主要应用有敏感目标识别与跟踪、文本信息检索、基于内容的多媒体信息资源检索等。但目前对营区内设施设备进行智能化改造，是数字营区建设的一项基本内容，它是以计算机控制、管理为核心，把营区内电力（空调）、照明、电梯、供水、喷泉、供暖、防盗、消防等水电气热设施设备改造为具有信息感知、传输、控制能力的智能设备，实现营房设施设备的数据采集与分析、在线监测与远程管控，达到安全、节能、经济与舒适的目标，在为官兵提供舒适便捷的生活环境的同时，能够尽量节约能源，使能源得到充分利用。

设施设备智能改造主要包括营区供水、供电（空调）、供热（锅炉、管网）、环境监测以及物资装备的智能化改造等。营区设备智能改造主要由控制器、传感器、通信网络以及监视器构成。

（1）供水设施设备智能化改造。供水设施设备智能化改造主要包括安装智能水表、电动水阀、水压传感器、变频控制器以及智能水龙头，实现营区供水的远程抄表、管控、爆管监测以及水资源的合理节约利用。

（2）供电设施设备智能化改造。供电设施设备智能化改造主要包括智能电表、智能电阀、路灯控制器、喷泉控制器、电梯运行监测器、背景音乐（紧急广播）控制器、电热水炉控制器及中央空调智能控制设备等。

（3）供热设施设备智能化改造。供热设施设备智能化改造包括锅炉、供热管网和供热终端运行监测设备智能化改造，主要设备有热量表、管温传感器、管压传感器、变频控制器、流量控制器、电动调节阀和室内温控仪，一般安装在供热井或者楼栋供热管出入口，通常在营区非供热期集中安装。

（4）中央空调智能化改造。中央空调智能控制设备主要有室内温控仪、管温传感器、管压传感器、变频控制器、气候补偿器、新风管保温器等。

（5）环境监测设备智能化改造。环境监测设备主要包括空气质量监测仪、水质在线监测仪、噪声监测仪、温湿度检测仪以及辐射监测仪等。

目前，营区基本仍在使用传统的水电气热等设备，设备规格及型号的数量和种类繁多，在数字营区的建设过程中，对这些品种繁杂的传统的水电气热等设备进行智能改造工作量大，需要系统的技术支持。本节在这方面利用了网络技术、传感技术以及自动控制技术，将传统的水电气热等设备改造为具有感知、传输与控制能力的智能设备，实现对营区水电气热管网阀门的自动开关、火灾报警信息的自动处理、锅炉运行远程监控、营区给水配电设备远程监控、营区路灯照明智能控制，以及营区环境信息实时采集等功能，并通过对各类设备信息的集中管理和控制，提供资源的使用效益，降低能耗和管理工作成本，实现精细量化、资源节约的管理目标。

5.2　营区大数据技术

将大数据应用于营区主要是应用于军事管理领域，军事管理将更加刚性，军事管理活动量化程度更高，工具更加先进，边界更加宽广，管理质量、效率会随之更高。营区大数据在采集、存储原始数据基础上，对大数据去粗取精、去伪存真，挖掘有价值的信息，并通过计算分析以可视化方式加以展现，实现了智慧营区的全系统、全业务、全信息数据汇总和集成存储管理，提供大规模并行数据分析，为管理者提供决策支持，是智慧营区的记忆中枢和决策中枢，为管理进行态势研判和决策分析做辅助。营区大数据技术主要包括云存储技术、数据挖掘技术、智能分析技术和安全管控技术。营区大数据涉及的主要技术如图 5-13 所示。

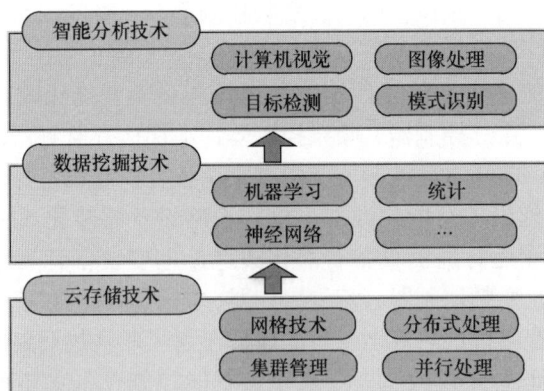

图 5-13　营区大数据主要技术

5.2.1　云存储技术

大数据技术的发展及广泛应用，使得以云存储技术为代表的新型存储技术快速涌现。这类新型存储技术通常具备如下特点：存储设备与主机之间是多对多的关系；在逻辑上是完全一体的，实现数据的集中管理；面向网络应用，容易扩充，伸缩性强。

云存储是云计算技术在存储领域的运用，它通过集群管理、网格技术、并行处理和分布式处理，将网络中大量相连的各类存储设备综合集成起来协同工作，向用户提供虚拟化的存储空间服务和业务访问功能。与云计算相比，云存储多了一个存储层以及与数据管理、数据安全相关的功能。在云存储领域，目前已形成 Google Drive、微软 SkyDrive、Dropbox 以及苹果 iCloud 四大云存储平台。越来越多的用户开始使用云存储系统。云存储系统具有以下特点。

（1）易于扩充，成本低廉。云存储采用的是并行扩容技术，其容量分配不受物理硬盘限制，可以很方便地扩充容量和性能，对存储设备升级不会导致服务中断，以减少各单位存在的硬盘空间浪费，用户可以根据自己的需求向服务器弹性地申请所需空间，降低用户的使用成本。

（2）易于管理，可靠性高。易于管理是云存储系统设计时需要重点考虑的问题，相比分散零落的小集群，云存储系统后面有着专业的维护人员，使得用户可以减少维护数据时间。同时，数据采用集中存储的方式，由数据中心的管理员对数据进行统一管理，负责资源分配、负载均衡、软件部署、安全控制，并能对数据进行安全实时的监测以及备份和恢复，降低了数据被盗、被破坏和外泄的可能，减少了控管风险。

（3）网络分布，移动方便。云存储系统以综合网或局域网为依托，用户一旦将自己的数据存入云中，只要能连上网络，便可以在任意地点读取自己数据，也减少了用户携带移动存储设备的隐患，对于营区而言，只要能连入网络，就可以上传下载信息，数据管理效率高。

5.2.2　数据挖掘技术

数据挖掘是将隐含的、不为人知的、同时又带有潜在有用的信息从数据中提取出来，以发现某种规律或者某种模式。明确的业务工作和特定任务需求，促进各类数据挖掘工具的研发。

借鉴多维数据立方体表示的概念，首先提出了数据挖掘工具三维模型，即用数据挖掘工具的不同属性类作为多维立方体的维，从而建立一个多维的立方体模型如图 5-14 所示；然后在此基础上进行有关知识的挖掘。数据挖掘工具三维模型的三个维分别是：数据源（包括营区人员、营区装备、管理数据、业务数据等）；业务功能（包括：营区建设、人员管控、综合研判等）；挖掘算法（包括机器学习方法、统计方法和神经网络方法）。其中，机器学习方法可细分为决策树、规则归纳、基于范例学习、遗传算法和贝叶斯算法等。统计方法可细分为回归分析、关联分析、聚类分析、序列分析、孤立点分析、探索性分析、模糊集、粗糙集和支持向量机等。神经网络方法可细分为前向神经网络、自组织神经网络、感知机、多层神经元和径向基函数等。

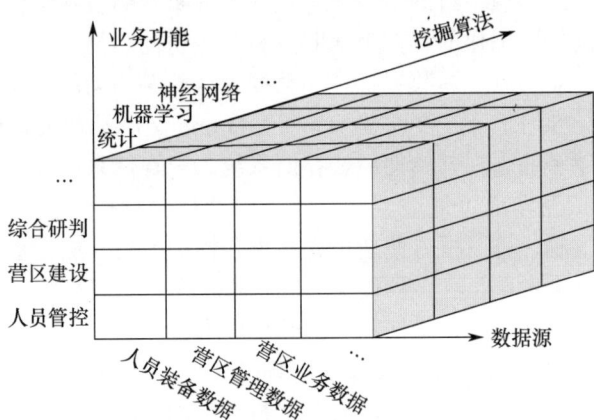

图 5-14 数据挖掘工具的三维模型

数据挖掘工具的最终目的是支撑应用，营区的数据挖掘支撑的功能不尽相同，但每项功能均可映射为数据挖掘工具所能完成的七类任务：分类、回归、聚类、关联分析、序列分析、时序分析和概念描述。

5.2.3 智能分析技术

智能分析技术包括计算机视觉技术、综合应用图像处理、目标检测与跟踪、模式识别等技术，通过对视频场景中的目标进行检测分析，实现图像质量诊断、人脸识别、车牌识别、视频检索等功能。该技术主要用于卡口监控、人流量监控等安防领域。

智能分析技术通过将场景中背景和目标分离从而分析并追踪视频内出现的目标。用户可以利用视频内容分析功能，在不同视频场景中预设不同的报警规则，一旦关心的目标在场景中出现了违反预定义规则的行为，系统会自动发出报警，便于用户及时采取相关措施。

智能分析技术主要分为两大类：一类是通过前景提取等方法对画面中物

体的移动进行检测，通过设定规则来区分不同的行为，如绊线、物品遗留、周界等；另一类是利用模式识别技术，对画面中感兴趣的物体进行针对性的建模，从而实现对视频中特定物体的检测及相关应用，如车辆检测、人流统计、人脸检测等应用。

智能分析技术在营区的典型应用场景如下。

（1）物品丢失、可疑物品滞留检测。某物品对象从已定义的监控区消失或滞留时间过长后，就会立即触发报警，并第一时间遏制营区突发情况发生。

（2）警戒线跨越报警。在营区内需要保护的重点区域架设一道虚拟墙，当相关对象进入或离开这堵"墙"时，就会触发报警。

（3）场景变更报警。摄像机在正常工作状态下，出现了诸如人为移动拍摄角度、拆除镜头、图像聚焦不良、利用油漆或黑布涂抹或遮挡镜头等情况时，触动报警。

（4）徘徊报警。营区某一重要区域内，可疑人物徘徊次数到达规定次数以上便会触发报警。

（5）火焰侦测。监控区域内如有火源出现，触发报警。火源分为火焰、火苗，通过计算火光的亮度区分。

（6）自动追踪。自动追随移动的目标，记录追踪路径，方便营区管理者快速搜索事件的数据及视频，常用于无人值守的安全监测环境。

（7）人脸识别。自动识别人物的脸部特征，并通过与数据库档案进行比较来识别或验证人物的身份。当用于重点人员监控时，人的脸部出现异常或与数据库中人脸系统不一致，如人脸被异物遮住或戴帽子遮住人脸等，都会触发报警。

（8）人群聚集侦测。通过分析监测营区内的前景目标密度和分布来判断是否发生了聚集事件。一种是人的聚集，有可能突然聚集，也有可能逐步聚集。另一种是物体的聚集，如车辆聚集等。

5.3　营区智能技术

营区智能技术是综合运用现代信息系统开发、网络通信、物联网、大数据、人工智能等技术手段实现对营区内部人车物等各类要素的信息化、智能化管控，以有效实现营区"可感、可知、可视、可控"，有力地提升营区科学管理水平。

5.3.1　计算机视觉

用摄影机和计算机代替人眼对目标进行识别、跟踪和测量等机器视觉，并进一步做图像处理，成为更适合人眼观察或传送给仪器检测的图像。计算机视觉技术运用由图像处理操作及机器学习等技术所组成的序列将图像分析任务分解为便于管理的小块任务。由计算机视觉技术又衍生出许多相关技术，如图像处理技术、模式识别技术、图像理解技术等。

计算机视觉的应用是一个较为复杂的处理过程，其在营区目标分析、目标理解之中有着重要的价值，通过图像、视频采集终端对目标进行分析理解，充分体现了营区管理中灵活的人机交互和智能化管控。随着智能化技术及营区智能化水平的不断提高，计算机视觉逐渐从传统的二维、静态的工作模式中走出来，开始应用于三维、动态的目标识别，通过对目标进行时空多维度采集，提高了识别的精度，可以从对目标分析中挖掘出更多潜在的有价值的信息，从而为营区的目标识别、跟踪和测量提供了更多可能。

5.3.2　自然语言处理

自然语言处理技术主要通过建立语言模型预测语言表达的概率分布，确定某一串给定字符或单词表达某一特定语义的最大可能性。选定的特征可以与文中某些元素结合识别文字，通过识别这些元素，将某类文字同其他文字区分开。

目前，自然语言处理技术对我军营区建设而言有着巨大的潜在应用价值，自动的语音识别、语音编码、语音合成、文本挖掘、机器翻译等技术目前正在发挥重要作用。以自然语言处理在日常训练中的应用为例，训练有素的军事人员是确保军事行动成功的关键。由于实弹演习的成本很高，营区内武器系统的训练更多是使用模拟器进行的。在基于模拟器的训练中，必须把语音和语言处理技术融入到训练系统中，包括语音形式的人机对话、人机界面、语音控制系统等。此外，在语言训练中，计算机辅助的学习系统、测试系统都将由于自然语言处理技术而提高其训练效果和效率。官兵通过语音技术与先进的模拟系统进行互联互通互操作，由此提高训练的质量。

5.3.3　机器人技术

机器人技术即机器+人工智能，将机器视觉、自动规划等认知技术整合至极小却高性能的传感器制动器以及设计巧妙的硬件中，使机器人具有与人类一起工作的能力，能在各种未知环境中灵活处理不同任务。近年来，随着算法等核心技术的提升，机器人技术已取得重要突破。

21 世纪以来，机器人技术呈现井喷式发展，类人机器人、机器狗、机器骡子等各种仿生机器人不断问世，并在军事领域广泛应用。如美军"大狗"机器人，在军队遂行营区保障任务过程中帮助战士搬运补给品、实施伴随保障；俄罗斯军队近期计划加紧研制可以驾驶车辆的类人机器人等以遂行营区运输保障任务。军用机器人（Military Robot）是一种用于军事领域的具有某种仿人功能的自动机器，在我军也称军事机器人。从物资运输到搜寻勘探以及实战进攻，军用机器人的适用范围非常广泛。在营区中机器人的应用比较聚焦，多为后勤保障、军事训练教学等。后勤保障领域的机器人主要有"车辆抢救机器人""自动加油机器人""搬运机器人""医疗助手机器人"等，主要工作在泥泞、污染等恶劣环境中遂行装卸、运输、加油、抢修装备、抢救伤病员等后勤保障任务。军事训练教学中的机器人应用最近几年发展迅速，如"模拟教学机器人""射击训练机器人"等。

5.3.4　生物特征识别技术

生物特征识别技术是利用人体固有的身体特性如指纹、人脸、虹膜、静脉、声音、步态等特征，融合计算机、光学、声学、生物传感器、生物统计学，对对象予以识别和认证的一种技术。在 5.1.1 节已经对基于指纹、虹膜、面部的生物特征识别技术做了详细介绍，在此对生物特征识别技术在数字营区中的几种典型应用进行总结。

近年来，随着营区对生物识别需求的逐渐增多，对体征形态的数据进行采集、比对、分析的需求愈加迫切，生物特征识别技术由此迎来发展良机。传统的身份识别方法主要采取身份标识知识（如钥匙、证件）和身份标识信物（如口令、账户密码等），尽管有些部门使用 RFID 智能卡，但在应用方面仍然存在安全性低、验证效率低、鉴定难度大、携带和使用不方便等弊端。生物特征身份认证识别技术与传统身份认证识别技术相比具有生物特征防伪性能好、可靠性及效率高、方便性实用性好等优势。在营区管理中生物特征识别技术在以下应用场景中具备绝对优势。

（1）防止官兵蒙混过关。防止类似扮成官兵的间谍或敌特分子出入军事管理区，进出官兵只有在生物特征（如指纹、虹膜）被授权确认后才允许通过。

（2）有利于重要库室的规范化管理。采用"人—生物特征—生物识别设备"代替传统的"人—钥匙—锁"模式，非管理人员将无法非法进入重要库室，提高管理的安全、可靠性。

（3）确保巡更制度的落实。传统的巡更是"人+笔+哨位登记本"，如果以生物特征作为签到方式，系统将准确记录巡更时间和巡更者身份，根除补记、漏记、代填等弄虚作假的现象。

5.4　网络安全技术

网络安全对于军事应用而言，其重要性不言而喻。因此，数字营区建设过程中，如何确保网络安全，保证各类军事应用的安全可靠至关重要。

5.4.1　网络安全属性

虽然网络安全的存在形式多种多样，但总结来说就是唯一性问题。例如，IP 地址的唯一性，他人不得冒充你的存在访问你的私密信息。网络安全从结构上分为网络架构安全和应用系统安全。网络架构安全是基础，属于核心地位，应用系统安全则是在网络架构安全的基础上搭建的框架，维护着空间的外部结构。网络安全属性上主要包括五方面的内容：信息保密性、完整性、可用性、可控性和抗抵赖性。

5.4.2　物联网安全技术

1. 安全模型

物联网安全的主要方面分为多层次，主要包含感知层、网络层和应用层的安全。各自又被称为节点安全、信息传输和信息利用安全，图 5-15 所示给出了相应的安全层次模型。

（1）感知层的安全框架。在物联网的传感层，需要考虑传感网本身的安全性。在传感网内部，需要有效的密钥管理机制，包括轻量级密码算法、轻量级密码协议、可设定安全等级等密码技术。认证性可通过对称或非对称密码机制解决，而机密性却是在三次握手后传送一个临时密钥。建立会话密钥的关键步骤是在认证的基础上完成密钥协商。

（2）网络层的安全框架。网络层的安全架构包括以下几方面内容：节点认证、完整性、数据机密性、分布式拒绝服务（DDoS）攻击的检测与预防；移动网中 AKA 机制的一致性或兼容性、跨域认证和跨网络认证；相应密码技术如密码算法、加密协议、密钥管理、端对端加密和节点对节点加密等；广播和组播通信的机密性、完整性、认证性安全机制。

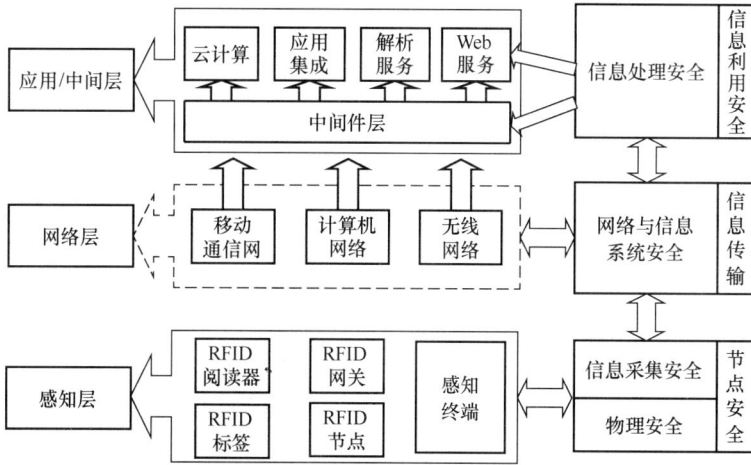

图 5-15　物联网的安全层次模型

（3）中间层的安全框架。从网络中接收的信息中，有些是某些应用的输入数据，属于一般信息，而有些则是操作指令，在这些指令中又可能存在一些恶意指令，需要对有用信息和垃圾信息进行区分，而如何对恶意信息进行识别则是处理层所要面临的问题。

可采取如下安全机制，来保证物联网处理层满足基本安全需求。

① 可靠的密钥管理方案和认证机制。

② 高强度完整性和数据机密性服务。

③ 制定如 PKI 和对称密钥相结合的可靠的密钥管理机制。

④ 提高智能处理手段的可靠性。

⑤ 病毒检测和入侵检测。

⑥ 恶意指令识别和预防，以及灾难恢复和访问控制机制。

⑦ 保密日志跟踪，行为分析及恶意行为建模。

⑧ 安全云计算、安全多方计算、秘密数据挖掘和密文查询等技术。

⑨ 备份和恢复移动设备文件。

⑩ 对移动设备进行识别、定位和追踪。

（4）应用层的安全框架。应用层的特殊安全需求是隐身保护问题。同时，物联网的数据共享涉及不同权限的数据访问问题。

基于物联网综合应用层的安全挑战和安全需求，需要如下的安全机制。

① 有效的数据库访问控制和内容筛选机制。

② 不同场景的隐私信息保护技术。

③ 叛逆追踪机制。

④ 信息泄露的其他追踪机制。

2. 安全问题

物联网属于一个广义上的信息系统，物联网安全即属于信息安全的一个子集。一般将信息安全分为四层，包括物理安全、运行安全、数据安全、内容安全。物联网是以控制为目的的复杂系统，将数据体系与物理体系紧密结合，在内容安全方面一般不予考虑，但在物理安全、运行安全、数据安全等方面与互联网存在一定异同，需要从物联网的组织结构进行考虑。

3. 关键技术

（1）节点认证与控制技术。物联网中，由于业务应用与网络通信绑定较为紧密，给认证带来了特殊性。例如，当物联网中军事物流类等业务由民用运营商提供时，就不需要业务层认证而只需网络层认证结果；当业务是财务结算类等敏感业务时，网络层安全级别不会被一般业务提供者所信任，此时就需要业务层认证等更高级别的安全保护；而当业务是温湿度采集等普通业务时，网络认证已经足够，不需要再进行业务层认证。在物联网认证过程中，传感网认证机制尤为重要，包括随机密钥预分布的认证技术、预共享密钥的认证技术、基于轻量级公钥的认证技术、基于单向散列函数的认证、利用辅助信息的认证等。

（2）入侵检测与容侵容错技术。容侵是指网络在被恶意入侵的情况下仍能正常地运行。无线电网络的广播特性以及网络部署区域的开放特性给无线传感器网络带来了安全隐患，利用这两个特性，攻击者可以阻碍网络节点的正常工作，导致整个传感器网络无法运行。环境的复杂性使得无线传感器网络物理安全方法缺乏，攻击者很容易俘获或毁坏传感器节点。目前，无线传感器网络的容侵技术主要包括安全路由容侵机制、网络拓扑容侵机制以及数据传输过程中的容侵机制。容错性是无线传感器网络可用性的另一项指标，容错技术也是其重要研究方向之一。

5.4.3 数据安全技术

数据安全指的是数据从产生至传递、处理、存储到最终销毁整个过程中的安全。与网络安全相比，数据安全与其有一定的重叠性，在此着重从数据存储安全性方面入手，介绍相关数据安全技术。数据存储安全技术主要有双机容错、数据迁移、异地容灾、数据恢复等。

1. 双机容错

双机容错的目的在于保证系统数据和服务的在线性，即当某一系统出现故障时，系统仍然能够向网络系统提供服务和数据，防止系统停顿，双机容错的意义在于确保系统不停机和数据不丢失。

2. 数据迁移

由离线存储设备和在线存储设备共同构成一个协调工作的存储系统，价格较为低廉的离线存储设备用于存放访问频率低的数据，高性能的在线存储设备用于存放访问频率高的数据，实施离线存储设备和在线存储设备间数据的动态管理。

3. 异地容灾

异地容灾是指采用远程异地实时备份方式提供高效、可靠的数据存储。给各单位 IT 系统的核心部分配备一个远程备份中心，用于应对火灾、地震等灾难发生时系统瘫痪。

4. 数据恢复

数据恢复是指使用技术手段，将保存在各种硬盘、服务器、存储磁带库、移动存储介质等设备上丢失的电子数据进行抢救和恢复的技术。其主要包括硬件故障数据恢复和磁盘阵列数据恢复。

5.4.4　信息传输安全技术

信息网络安全技术指为使网络信息资源不为未经授权的用户非法使用，或在链路上传输时不为非法用户窃取、篡改、伪造等而采取的相关技术手段。以下是目前信息网络常用的基础性安全技术。

1. 身份认证技术

身份认证技术用于确定用户身份或设备身份是否合法，包括身份识别、用户名口令、生物认证和 PKI 证书等。

2. 主机加固技术

针对操作系统或数据库漏洞给信息网络系统带来的严重威胁，为防止数据库被入侵，可采用主机加固拘束对操作系统进行漏洞加固，从而提高系统的抗攻击能力。

3. 安全审计技术

安全审计技术分为行为审计和日志审计。行为审计是指通过审计用户或员工的网络行为，确定其行为是否合法，从而确保管理的安全。日志审计是指当网络受到攻击后，协助管理员查看网络日志，对网络配置的安全策略的合理性和有效性进行评估，对安全攻击轨迹进行追溯分析，增强实时防御的能力。

4. 信息加密技术

信息加密是为了使网内的文件、口令、数据和控制信息得到保护，根据加密时间段的不同又可分为数据加密和信道加密。数据加密技术主要是对原始数据进行加密，常用方式有三种：节点加密、链路加密、端到端加密。密码技术作为信息安全的核心技术和关键技术，可以使数据传输的安全性和完整性在一定程度上得到提高。

5. 防火墙技术

防火墙的原型其实是古代建筑间的围墙，因为古代房屋多为木材所建筑，所以树立在房屋之间的墙可以有效防止火灾的蔓延。防火墙技术是指建立在本地网络与外界网络之间的防御系统的总称。防火墙是互联网上非常有效的网络安全模型，它可以隔离安全区域与风险区域的连接，并且不会对人们访问风险区域产生妨碍。防火墙可以对进出网络的通信量实施监控，隔离不安全、未核准的信息，同时又可抵制对企业产生威胁的数据。

6. 入侵检测技术

入侵检测系统作为对防火墙的补充，位于防火墙之后并与之配合工作，实现对网络活动的实时监测，能够帮助网络系统快速发现攻击，也能在主机上对用户进行审计分析，禁止从防火墙外部进入的恶意流量，信息安全基础结构的完整性得到了提高。

5.5　营区数字化图形制作技术

营区数字化建设所需的数字化图形，主要包括营区现状图、营区规划图和营区管网分布图。图 5-16、图 5-17 所示分别为营区二维、三维图形制作效果图。

营区数字化图形可以提供矢量化、标准化的营区总平面图样式，为营区规划建设服务；提供管网设施分布走向，为设备设施监控提供底图；为制作营区三维仿真效果图等提供基础数据。有助于"去粗取精"地把营区数字化建设的各类重要要素的信息反映到图上；有助于在有限的图面上多反映营区信息；有助于读图、用图；有助于美化图面，便于业务人员理解。图 5-18 所示为营区数字化图形属性与空间关系示意图。

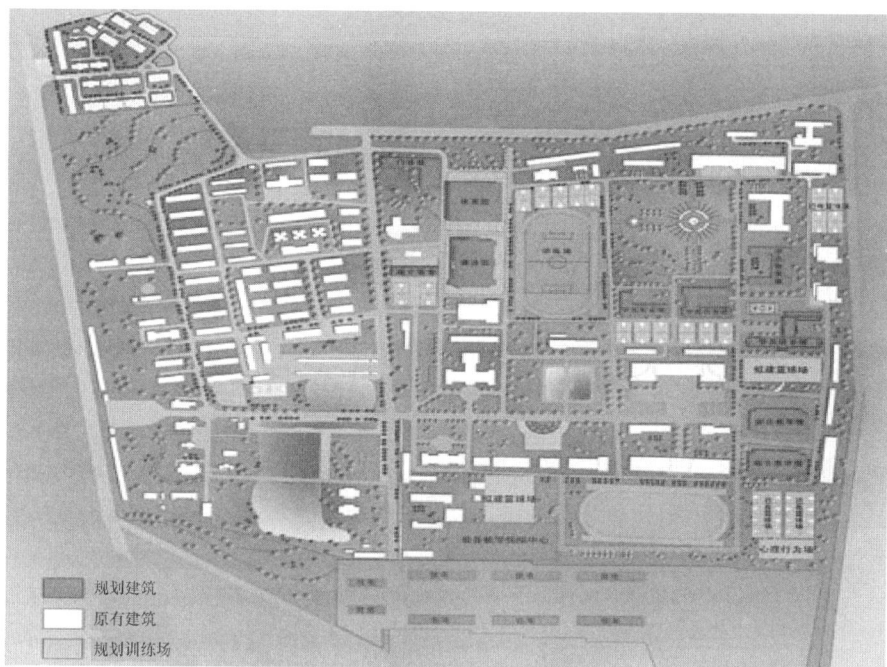

图 5-16　营区二维图形制作效果图

图 5-17　营区三维图形制作效果图

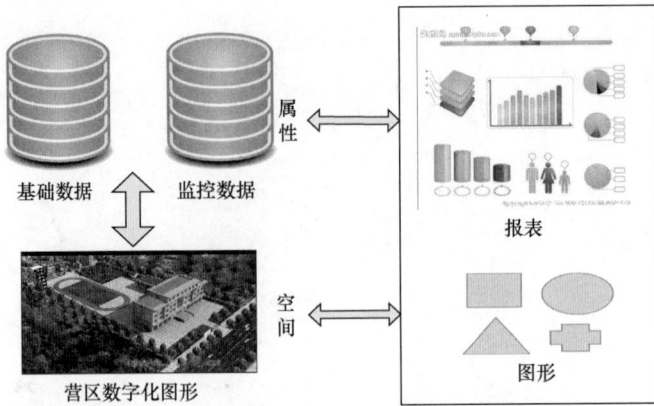

图 5-18　营区数字化图形属性与空间关系示意图

5.5.1　地理信息系统技术

1. 基本概念

地理信息系统（GIS），在不同领域也称为"资源与环境信息系统"或"地学信息系统"。

地理信息系统所要管理及处理的对象是多种地理空间实体数据及其关系，包括图形数据、空间定位数据、遥感图像数据、属性数据等，通过对某个地理区域内所分布的现象和过程进行分析处理，能够帮助进行规划、决策和管理。因此，GIS 的基本概念应包括以下几个层面的内涵：

（1）GIS 的物理外壳是计算机化的技术系统，它由数据管理子系统、数据采集子系统、数据处理和分析子系统等若干个相互影响的子系统构成，它们自身的性能、结构直接对 GIS 的硬件平台、效率、功能等产生影响。

（2）空间数据和属性数据是 GIS 的操作对象，即点、线、面、体等拥有三维要素的地理实体。通过对每个数据按统一地理坐标编码是空间数据的根本特点，以此实现对其定位、定性和定量的描述。这是 GIS 区别于其他类型信息系统的根本标志，也是其技术难点所在。

（3）GIS 的优点体现在通过对数据的模拟、综合与分析评价等方法来取得重要信息（常规方法或普通信息系统难以获得此类信息），且能够模拟和预测地理空间演化的过程。图 5-19 所示为三维地理信息系统示例。

图 5-19　三维地理信息系统

2. 主要特征

从计算机的角度看，计算机软件、硬件、数据和用户是地理信息系统的四大要素。软件是指支持信息的采集、处理、存储管理和可视化输出的计算机程序系统；硬件是指各类计算机及其输入输出设备以及网络设备；数据包括定性和定量数据、图形和非图形数据、影像数据和多媒体数据等；用户则是指地理信息系统的服务对象，一般分为普通用户和高级用户。

地理信息系统具有如下一些特征。

（1）非结构化的空间数据和结构化属性数据是地理信息系统处理的数据，二者通过一定方式将联系在一起进行共同管理、分析和应用。一般的管理信息系统只需处理属性数据，因此，GIS 对空间数据的搜寻与管理，是较于其他信息系统的重要优势。

（2）地理信息系统强调空间的拓扑关系。本系统利用空间解析式模型来分析空间几何位置的结点、弧段和多边形诸元素相互之间的关系，包含邻接关系、关联关系、包含关系等。拓扑关系一旦建立，数据的分析与查询就变得更为方便了。

（3）具有独特的空间分析能力。GIS 在三维空间搜索定位、复杂地形快速查询、图形处理和交互界面方面都有很强的优势。不仅如此，GIS 还可以空间模拟和空间决策，所以能够获得其他方式难以找寻的隐藏信息。

3. GIS 技术与信息化后勤保障的融合

GIS 对于地理科学具有革命性意义，为其生命增添了绚烂的光彩。作为一种基础性技术，GIS 技术应用极其广泛，并与各大领域关系密切，如图 5-20 所示。

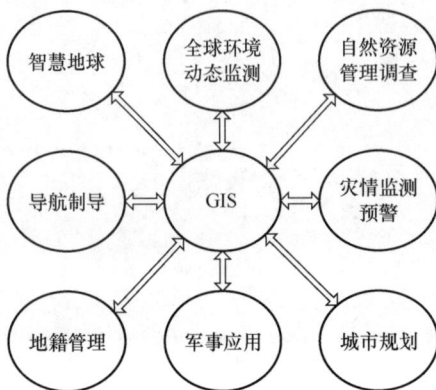

图 5-20　GIS 技术应用领域示意图

GIS 技术特点鲜明，发展潜力大，能够为实现军队后勤保障精确化、可视化、数字化、智能化提供很好的技术手段，在从军事后勤机械化形态向信息化形态的转变中起到桥梁作用。从军事后勤职能分工来看，GIS 与信息化后勤的融合主要有以下几个方面。

（1）地理信息系统技术与后勤指挥。GIS 在军事地理环境信息获取、处理、分析、存储、管理和辅助决策等方面地位和作用特殊。军事地理信息系统是军队后勤指挥自动化系统的配套装备，能够为制定后勤保障计划提供必需的地理环境信息；为实施作战后勤指挥提供战场军事地理信息空间结构信息、空降地域信息、态势综合信息、数字地图或电子地图等必需的战场综合信息及派生信息。

（2）地理信息系统技术与物资保障及资源管理。GIS 支持动态、可视化、交互的环境，能够对这些环境中的数据进行处理、分析，显示多维和多源地理空间数据。GIS 将地理数据库和物资保障资源数据库相连，进行统一资源管理，所有物资保障资源的变化情况可以在一幅地图上实时动态显示；GIS 可将地理要素在资源管理过程中的作用和影响直观体现出来，以便于分析发现与地理因素有关的资料，另外，其独特的空间查询和属性查询功能能够轻松查询到物资的空间位置和周边地形，以及附近的物资存储状况，为后勤管理人员提供清晰的物资状况，便于进行及时的调整补充。

（3）地理信息系统技术与卫勤保障。在信息化条件下，卫勤保障作为一项复杂的系统工程，需要大量的战场医学情报为基础，以确保向战场提供及时、准确的卫勤保障。战场医学情报不仅包括医疗基础设施信息，还包括敌军作战能力信息、战场环境信息、战场基础设施信息、政治经济信息以及健康威胁等综合信息。战场医学信息是 GIS 步入军事卫勤保障领域的通道，促使了军事医学地理信息系统的产生和发展。

（4）地理信息系统技术与交通运输保障。人员、物资、装备等输送保障在现代战争中变得越来越重要。交通运输保障所研究的对象：一是线路；二是交通工具。线路包括公路、铁路、航线、航道以及站点、码头、机场等线路上的各类设施；交通工具包括汽车、火车、轮船、飞机等。对交通工具在线路上的运行状况，如流量、运量、堵塞、事故等这些信息的描述及分析离不开其地理位置。GIS 凭借着强大的数据综合、地理模拟和空间分析的能力，为处理具有地理特征的现代交通运输保障提供了新的手段。

（5）地理信息系统技术与设施保障。军事地理信息系统可对营区、训练基地的建设、土地使用规划、配套设施建设等实现科学管理，还能评估实验及军事训练对环境和自然资源的影响，起到对营区、基地生态环境的保护作用。利用军事地理信息系统高效的空间分析功能，可以实现雷达、火炮、登陆场、隐蔽所、无线通信站等装备部署的选址。

5.5.2　营区数字化图形的采集技术

作为军队数字化营区建设，获取详实的营区图形数据第一手资料是很关键的，也是营房管理部门非常关心的问题。尤其是在营区营房档案资料中，营区平面图、分栋分布图等日常管理中经常要用到的，一张要素齐全、数据准确的营区矢量化图形往往是营房管理干部手头最需要和最关心的。然而，目前的现状是，新建营区资料还比较齐全，一些老旧营区的营房档案资料不全，加上历年综合整治和营房改造，营区图形数据和相关图纸资料匮乏，尤其是一些营区地下供水、供电、供暖等管网数据，如管径、埋深、材质等数据信息不准确，导致日常维修、检测非常不方便。因此，本书重点从目前有关数据采集技术方面阐述营区地形地貌、道路、建筑以及地下各类管线管网精确定位采集的软硬件技术和方式方法，注重解决营区地貌图册信息不准确的问题，以确保营区图册统一规范、数据准确符实。

1. 营区地面图形要素的采集手段

针对部队营区图形资料数据不全、资料缺乏等特点，在数字营区建设中如何采集补全完善营区数字化图形基础数据非常关键。可以通过电子速测、空间激光扫描等软硬件技术手段，为营区大比例尺数字图形数据获取提供具体的解决方法。图 5-21 所示为常见的营区地面图形要素采集设备。

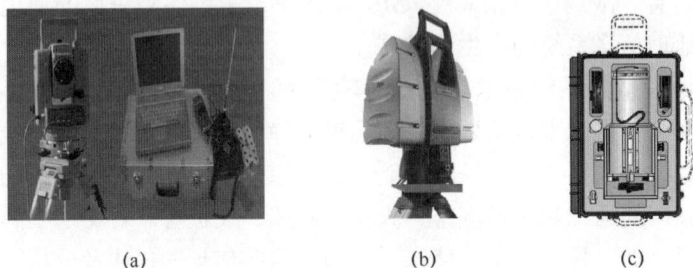

(a)　　　　　　　　　　(b)　　　　　　　　　　(c)

图 5-21　营区地面图形要素的采集设备

2. 营区地下管线设施的探测与应用方法

营区各类管线的分布与走向是数字营区建设的重要基础，采用地质雷达探测、管线探测仪等管网探测采集手段，为制作营区管线监测监控提供精确的基础数据支持。深层地质情况较为复杂，多采用 WGMD-3 高密度电阻率测量系统进行勘测，勘测深度在 100m 以内。该方法可以精确探测营区地下深埋管线的材质、类型和分布走向，为设施设备的监控和检修提供解决方案。图 5-22 所示为营区地下管线设施的探测与应用示意图。

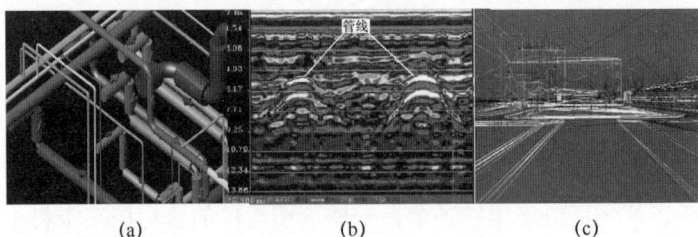

(a)　　　　　　　　　　(b)　　　　　　　　　　(c)

图 5-22　营区地下管线设施的探测与应用示意图

3. 营区多维景观信息的快速获取

利用车载移动快速采集系统获取营区内的建筑表面、建筑内部等精确的信息，包含空间位置、高度和表面图像等，如图 5-23 所示。其具有速度快、采集要素信息全等特点，并且可以为后续营区三维景观的制作奠定基础。

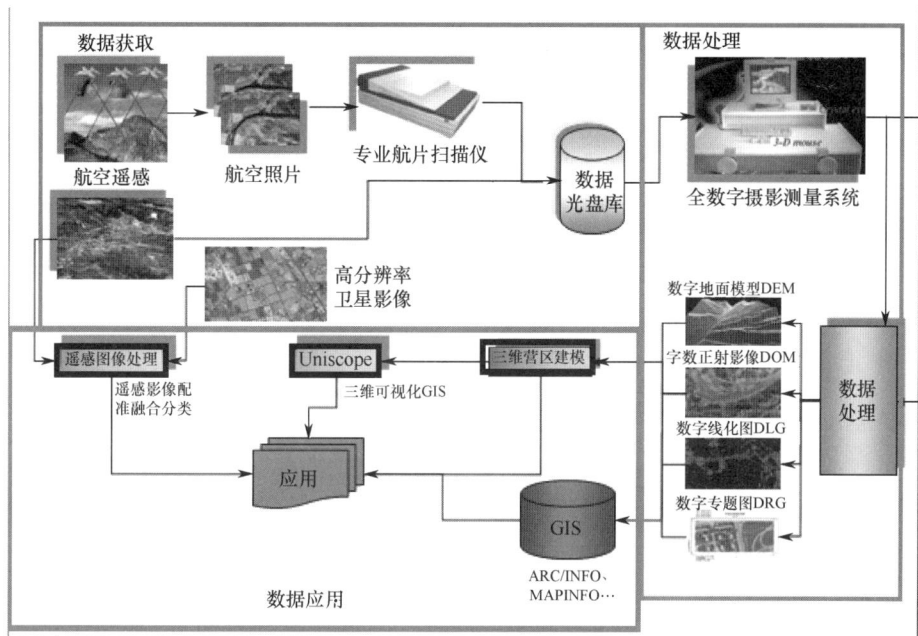

图 5-23　信息快速获取技术途径示意图

5.5.3　营区三维实景数据采集

三维实景模型是指以营区实景图像为基础的三维空间数字模型，包括营区现状矢量图、营区三维实景模型纹理、营区三维实景模型。与前面讲到的二维数据采集不同，这里的数据采集主要包括三维数据采集和纹理数据采集两大部分。

1. 三维数据采集

三维数据采集主要是利用营区现状矢量图，采用数字地形测量、数字摄影测量、三维激光扫描、地质雷达和管线探测等手段，采集营区各要素特征点的三维地理坐标信息。其具体内容包括地形地貌、营区建筑、营区道路、绿化植被、管线设施，如图 5-24 所示。数据应满足精度、完整性、现势性等要求。

数据处理可按以下流程进行。

（1）坐标配准。三维模型数据应采用统一的、符合国家和军队规定的平面坐标和高程系统。采用营区独立坐标系，应当建立与国家和军队统一坐标系统相对应的转换关系。

（2）数据筛选。采集的原始数据，应当按照国家《数字测绘产品质量要求》（GB/T 17941）进行筛选和处理，形成营区三维实景模型所需的三维特征点坐标集。

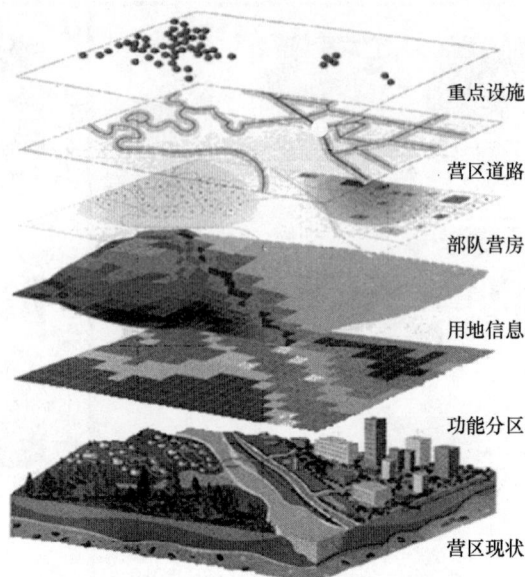

重点设施

营区道路

部队营房

用地信息

功能分区

营区现状

图 5-24　营区三维模型数据采集示意图

（3）数据校核。不同方式采集的原始数据，应当保持其几何特性、属性特性与空间拓扑逻辑关系一致，以保证空间信息量测和分析准确性。

2. 纹理数据采集

纹理数据采集主要是利用营区高分辨率航片或卫片，采用低空摄影、实地拍照、影像提取等手段，采集营区三维实景模型纹理信息。其具体内容包括：营区地表影像；建筑表面图像；道路设施图像；绿化植被图像；管线设施图像；营区全景影像。

图像应满足完整度、重叠率、分辨率、保真度等要求。图 5-25 所示为营区三维图像示意图。

图像处理可按以下流程进行。

（1）影像匹配。通过图像矫正、对比度调整、色彩和坐标配准等处理，生成带有坐标数据的营区地表 TIF 格式影像文件。

（2）图像编辑。通过图像裁剪、矫正、对比度和亮度调整等处理，生成各要素正视角度的表面贴图纹理文件。

（3）纹理转换。纹理图像采用 RGB 色彩模式。建筑表面等纹理采用为非透明模式，路灯、树木等纹理采用透明模式。处理后的实景图像纹理依建模工具组织存储，像素尺寸上限 512、下限 16。

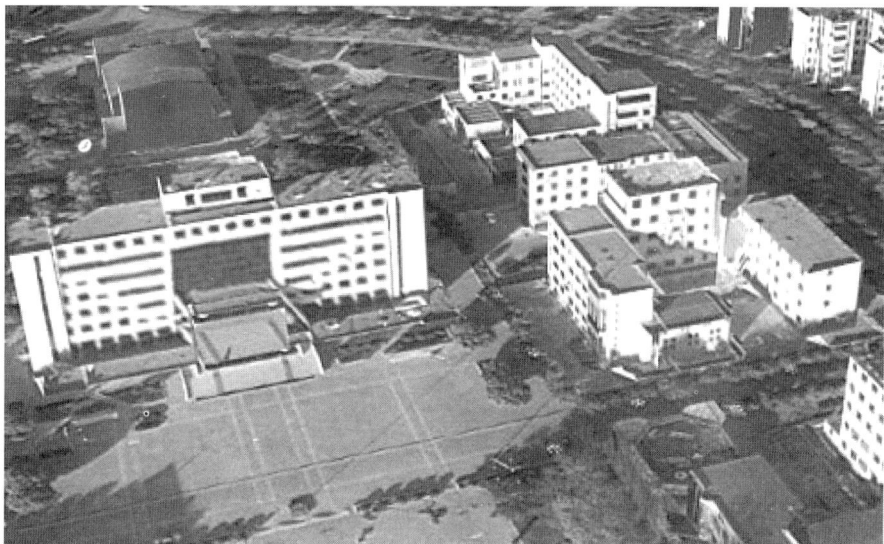

图 5-25　营区三维图像示意图

5.5.4　模型的制作与集成管理

1. 模型分层制作

营区三维实景模型按照营区要素分层建模的方式，采用通用三维造型工具建模、分形建模及其他建模技术中的一种或几种方式组合建模，导入营区各层空间数据，并选用对应的表面纹理图像进行纹理贴图和模型制作。

（1）地形地貌层。如图 5-26 所示，根据营区现状矢量图等高线和高程点数据生成标准的数字高程，叠加相应的正射或者真正射地表影像图，生成具有纹理贴图的地形模型，形象反映地形起伏特征和地表形态。

图 5-26　地形地貌层示意图

（2）营区建筑层。营区建筑层以营区现状矢量图为基础，导入建筑物、构筑物、附着物三维坐标数据，进行纹理贴图，生成建筑模型。

营区建筑模型按照营区建筑物的重要性、外形、位置分布特点及复杂程度等可划分为一般模型、重点模型和精细模型三个等级，不同等级模型分别按照如图5-27～图5-29所示的要求进行构建。

图 5-27　一般模型

图 5-28　重点模型

图 5-29 精细模型

（3）营区道路层。根据营区道路边线及路面高程数据，对任一维度变化超过 1m 的结构特征均应进行三维建模、叠加路面等纹理贴图，生成道路及其附属设施模型，准确反映道路设施及附属设施的结构特征。

（4）绿化植被层。如图 5-30 所示，根据营区绿化植被的分布范围、高度和中心位置数据，依据植被实物的纹理，采用单面片、十字交叉片等多方式，在计算机中模拟出绿化植被模型，展现绿化植被的类、高度、位置等。

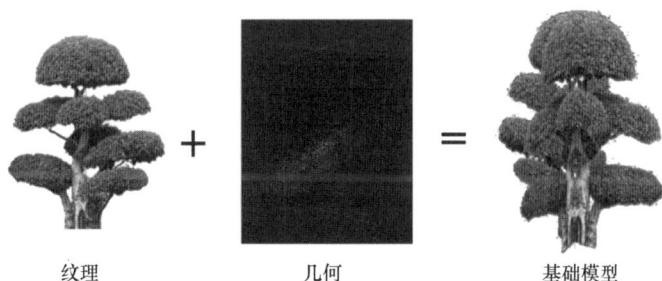

纹理　　　　　　　　几何　　　　　　　　基础模型

图 5-30 绿化植被数字化

（5）管线设施层。根据营区管线走向、管径及阀门、控制箱等位置和类型信息，采用管线特征图像进行区分，生成管线设施模型。模型应当真实准确地反映管线类型、口径、走向、主次关系、特征节点等以及管线附属设施的形态特征、质感、色彩及明暗关系。

2. 模型集成管理

（1）组装方式。在分层制作完成后，应当按照分层制作的顺序，从层级关系、空间定位和模型接边等三个方面，对各模型层进行装配，建立物理上无缝、完整的营区三维实景模型文件，确保模型构造准确、无缝融合。

（2）模型命名。营区三维实景模型成果文件按照"地区代码+坐落代码"的规则命名，以文件方式进行管理，并通过纹理文件的目录层级反映模型分层、分区和分类信息。

（3）存储格式。模型组装完成后，应当对模型文件、纹理文件以及属性说明文件等部件采用统一的标准数据交换格式进行存储，形成一套完整的模型成果文件。

（4）质量检查。质量检查包括完整性检查、匹配度检查、场景效果检查等，应从模型结构、纹理色彩、光照等方面进行综合检查，确保场景的协调性和真实性。

5.6 系统集成技术

随着通信技术、网络技术的快速发展，以及营房内控制对象数量的不断增加、功能的不断提高，各子系统运行的信息量巨幅上升，各子系统信息交互作用愈加明显。因此，数字营区对系统集成的要求越来越迫切。

5.6.1 系统集成的基本概念

系统集成设计是营区实时处理紧急事件、保证人身安全、财产安全的必要措施，是减灾、抗灾的重要技术手段，是高效营区管理的客观需求，是实现营区内信息共享的基础。系统集成的目的是对营区内所有营房设备采用现代化技术进行全面有效的监控和管理，确保营区内所有设备处于高效、节能的最佳运行状态，提供一个安全、舒适、快捷的工作环境。通过综合集成技术，构造一个营区内空间、能源、物流信息互连的环境，即通过对营区内所有信息资源的采集、监视和共享以及对这些信息的整理、优化、判断给营区的各级管理者提供决策依据，实现执行控制与管理的自动化。同时，为营房的使用者带来安全、舒适、快捷的优质服务。

5.6.2　系统集成的主要模式

目前，数字营区常用的系统集成主要模式有以下几种。

1. 以点接入方式进行系统集成

这是系统集成最原始的手段，现在较少的应用于营房系统集成当中，即通过增加传感器连接另一个设备子系统的输出/输入接点或增加一个设备子系统的输出/输入接点实现集成。

2. 以串行通信为基础进行系统集成

将现场控制器等设备加以改造，增加串行通信接口，使之可以与其他子系统进行通信，通过通信协议的转换来实现子系统间的信息交换。

3. 以营房自控系统为平台进行系统集成

营房自控系统制造商将计算机技术与产品紧密结合，通过计算机网络使营房自控系统与其他子系统连接，产生了以营房自控系统为平台的系统集成方式。这种集成方式相对于前两种来说进步较大，集成程度和功能也得到了明显提高。

5.6.3　系统集成的实施方式

为集成化数字营区系统，需实现互操作和互连技术，通常有如下的解决方式：

1. 采用统一通信协议实现系统集成的方式

要实现数字营区通信协议的标准化，必须在监管域与控制域都实现通信协议的标准化并对有关参数、信息的种类与格式进行标准化。应当指出：目前通信协议标准化还处于初级阶段，要真正构建统一的国际标准，实现控制系统的开放，还有一段路要走。因此，目前仍存在集散控制和分散控制这两类产品。开放式的互联系统由于其服务标准与协议过于全面、层次太过复杂、可选项太多未能获得实际应用，而精简的 IP 集却取得了广泛的应用。因此，要将底层控制与全局范围集成综合考虑，实现通信协议的统一与集成。

2. 采用协议转换实现系统集成的方式

为解决不同网络协议的连接问题，可通过协议转换机完成互连。协议转换机分为专用和标准两种转换器。专用协议转换器是一对一的转换器，用于两种不同协议间的互连，所以如果想要实现多个协议互连，则需要配置多个协议转换器。标准协议转换器使用相同的传送层协议，可实现不同网络协议的连接问题。

3. 采用 OPC 技术实现系统集成的方式

OPC（OLE for Process Control）是基于 OLE、DCOM 等技术构成用于控制过程的对象连接和嵌入。OPC 包含一套标准的接口、方法和性质，用于解决过程控制设备与应用软件间数据读、写的标准化以及数据传输功能。通过 OPC 接口模块，各个子系统间可建立开放的、互操作的连接，用户不必关心不同子系统集成的接口问题，可自由选择合适的软、硬件设备。

4. 采用 ODBC 技术实现系统集成的方式

ODBC 是微软公司所推出的应用程序进行数据库访问的一个标准接口，也是用于解决不同数据库间互连的标准。ODBC 兼容的应用软件使用 SQL 结构化查询语言，可对不同应用类型的数据库进行查询、修改、删除等操作，使得多种不同类型的数据库以及不同格式的文件只需通过一个单独的应用程序即可访问。目前，ODBC 已成为客户端访问服务器数据库的 API 标准。采用 ODBC 及其他开放分布式数据库技术实现系统集成，也是在数字营区中实现系统集成的重要方式。

第 6 章　数字营区应用系统

数字营区应用系统建立在营区物联网基础之上，其目标强调能够给营房业务管理、营院安全防护、官兵生活带来促进性的作用和倍增化的效能，系统的功能紧扣部队建设、作战、训练、生活实际。本章将第 4 章中的营区物联网及第 5 章中的关键技术融入到实际的数字营区应用之中，详细介绍数字营区的应用系统，包括网上练兵系统、战备及作战指挥系统、无纸化办公系统、设施设备智能监控系统、装备智能识别系统、营区环境智能监测系统、军事设施业务管理信息系统、数字营区门户系统、综合地下管网信息系统，以促进读者对数字营区具体应用的深层次理解。

6.1　网上练兵系统

网上练兵系统借助于"互联网+军事训练与考核"的组训模式，以实现营区内"网上练兵、在线考核、辅助决策、提升效率"的目标。

网上练兵系统主要包括三方面的功能需求：一是组织考试，支持在线考试、离线考试两种模式。其中，在线考试全程在网上完成，包括考试通知、试题编辑、考场申请、考场预约、自动判卷、成绩公布等环节；离线考试中考试通知、考试预约、试题生成、成绩公布等环节在网上完成，组织考试在线下完成。二是题库编辑，考试题目分为单选题、多选题、判断题及简答题。题干编辑时，应支持图文混排；选择题答案应随机生成，避免参考人员机械记忆试题答案。其中，单选题、多选题和判断题由系统自动判卷，简答题由人工判卷。三是成绩查询与分析，涉及个人成绩查询、团体成绩查询、成绩对比分析、模拟考试情况分析。

针对以上需求，设计网上练兵系统架构如图 6-1 所示，系统分为题库管理、考试管理、成绩查询与分析和用户权限管理共四个模块。

题库管理实现编辑在线考试题库功能；考试管理主要包括在线考试、离线考试或模拟考试，并依托支队综合信息数据网发布考试通知、约考信息及成绩公告；成绩查询与分析，通过查询官兵考试成绩，以表格、图形形式输出查询及分析结果，为综合信息数据网提供成绩查询接口；用户权限管理主要管理用户访问权限，并与综合信息数据网实现登录权限统一认证。

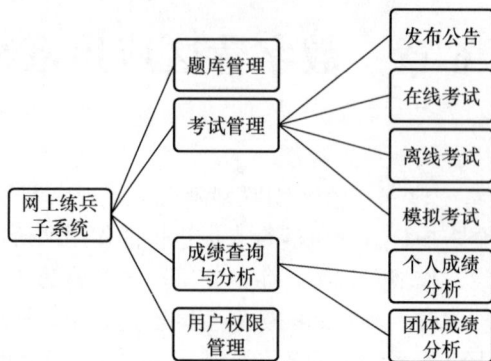

图 6-1　网上练兵系统架构

以"组织在线考试"为例，给出其业务流程，如图 6-2 所示。

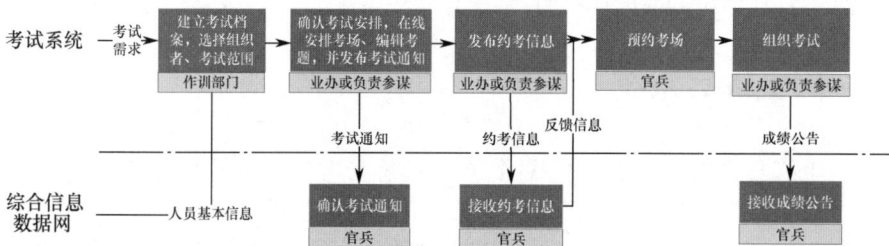

图 6-2　组织在线考试流程图

首先由作训部门建立考试档案，包括考试科目、组织者、参考人员范围；业办或负责参谋被授权后，负责安排考试时间、考场（向训练申请子系统发送申请）、编辑考题，并提前向官兵发送考试通知和约考信息；官兵接收到约考信息后，根据个人实际情况确认考试安排、选择考场或填报拒考理由；考试全部结束后，系统自动向参考官兵发送成绩公告，业办或负责参谋的权限取消。

6.2　战备及作战指挥系统

作战指挥系统主要满足以下功能需求：一是便于实时掌控部队。将战备管理信息系统、视频指挥系统、警报系统以及营区综合管理信息系统等各类指挥系统和手段集成建设，统一使用，保障指挥员对部队实施精确高效的指挥控制；二是利于指挥筹划，便于信息联通共享，利于作战筹划；三是落实联合值班。建立司、政、保联合作战值班，保证作战值班全时有人值守，便于平时统筹工作和战时组织指挥，提高工作效率和指挥效能。

（1）战备训练管理是系统最常用的模块，本模块共有训练计划拟制及审核流程、训练情况登记、考核成绩管理、训练阶段转换以及单位和个人训练档案管理等八大功能，对训练工作日常检查和相关资料上传下载，实现了对全部基层单位的全部训练过程的管理。

① 训练计划管理包括训练周计划、月计划、补课计划的制定、申请和审批流程，训练计划分专业、按层次为每人制定每个课时的计划，可以跟踪量化具体专业和个人的训练内容，月计划为每个专业的训练课时提供了依据，补课计划可自动筛选出漏训人员并生成相应的计划。各类计划的制定使日常训练更加科学有序。

② 训练质量管理，根据训练"四落实"，对训练时间，内容、人员、质量等内容的管理，根据训练计划安排，每天训练结束后逐人逐课时进行登记，系统自动计算当天参训率。同时能够对考核成绩进行录入和查询，根据训练成绩和训练质量标准，对训练阶段转换合理控制，有效防止偏训漏训。

③ 训练档案管理，区分单位和个人建立训练档案，单位档案包括各专业每日训练课目、参训率、参训人员、训练时间、考核成绩、参加大项任务情况等内容，个人档案包括个人参训情况、参训课目、考核成绩、参加大项任务情况等。

④ 日常检查主要对训练落实情况、训练秩序、训练保障情况进行检查，检查结果以通报形式显示到系统中，有效督促全体官兵积极参与训练，提高训练质量。

（2）作战指挥主要由战争行动方案、五率六量、要素配置管理等部分组成，系统实现了发布预先号令、实时监控战备状态、生成行动方案，对五率六量等基础战备数据进行动态统计分析等功能。

6.3 无纸化办公系统

依托云计算技术，对智慧军营办公系统实行统一规划和建设。所有资源整合后在逻辑上以单一整体的形式呈现，并可按需进行动态扩展和配置。按照分阶段可升级的标准要求，为智慧军营提供办公桌面和系统应用，实现桌面的统一管理、按需分配、综合利用，增强桌面的可管理性，加速桌面的部署，提升硬件资源的利用率，降低各级单位桌面建设成本和日常运行维护成本，降低能源消耗。

智慧军营云办公解决方案有效隔离办公数据与终端设备，实现 PC 本地桌面与虚拟办公桌面之间的逻辑隔离，所有操作均在后端服务器中实现，从根本上杜绝安全隐患。通过使用服务器虚拟化技术对服务器资源进行整合，最大化利用服务器资源，并通过集群方式实现虚拟机的高可用。

在智慧军营云办公解决方案中，通过使用云桌面技术，在客户端输入用户名和密码等相关信息，可远程连接用户对应的桌面，也可通过软件对终端设备实现远程开关机操作，通过桌面审计功能对所有桌面用户进行实时监控，记录所有操作和屏幕图像。通过此虚拟化解决方案，在确保数据安全的情况下实现终端用户拥有与真实 PC 一样的体验效果。

基于"云"的无纸化办公系统逻辑架构如图 6-3 所示。

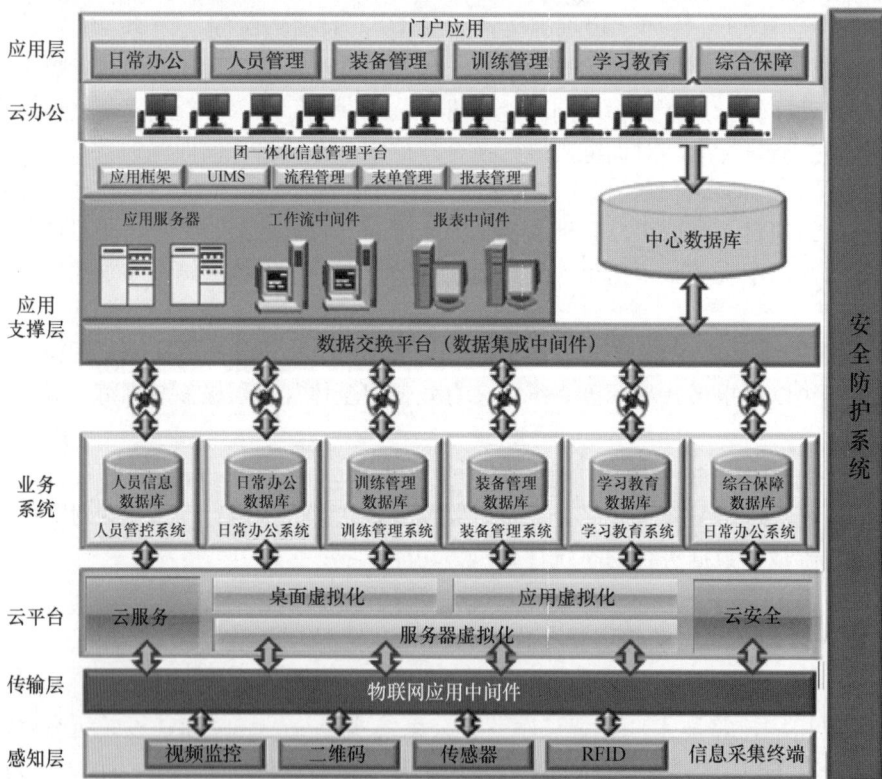

图 6-3 基于"云"的无纸化办公系统逻辑架构

系统的总体构架按照分层逻辑模型设计，由感知层、传输层、云平台、业务系统、应用支撑层、中心数据库、云办公、应用层六部分构成。

图中，云平台即是云计算平台，主体包括云服务，云安全，涉及服务器虚拟化、桌面虚拟化和应用虚拟化，为"数字营区"办公系统提供云服务支撑。云办公即是将计算机的桌面进行虚拟化，以达到桌面使用的安全性和灵活性。它可以通过任何设备，在任何地点，任何时间访问在网络上的属于个人的云安全办公桌面系统。通俗点说就是将所有的计算都放在服务器上，使得终端设备的要求将大大降低，不需要传统的 PC 和笔记本电脑，只需要利用简单的终端设备将服务器上的图像信息接收过来，在显示器上显示，有点像电视机的机顶盒。

6.4　设施设备智能监控系统

设施设备智能监控系统主要包括营区供电、供水、供暖、路灯监控及环境参数监测和能源计量等设施设备的智能监控系统。

6.4.1　能源计量与管理系统

为了加快建设现代营房，围绕"生态节约"要素，在营区数字化建设过程中，重点强化营区采暖、集中空调、照明设备和用水器具的运行维护阶段的技术、管理及行为节能（节水）措施。通过总结和吸收国内外建筑能耗分项计量、节能监管的成果和经验，以我国现行相关标准为依据，结合我军的实际情况来建设低碳型营区。另外，没必要在每栋建筑里面都安装建筑群能源计量与管理系统，若用一个云计算平台把整个营区统一起来，形成一个总的能源计量与管理系统，在营区管控中心统一管理，将会非常方便。同时，可以扩展到营区建筑智能监测与全生命周期管理。在营区建筑中嵌入振动、气体等各类传感器设备，可监测建筑工程初步设计阶段、工程深化系统设计阶段、建筑工程施工阶段、试运行阶段和系统维护优化阶段组成的全生命周期质量管理。

能源计量与管理系统实现水、电、暖的计量的自动抄表、存储、统计、分析、报表和管理，并提供各单位自行查询功能。能源计量与管理系统可解决各单体能源计量及抄表问题，有助于创建资源节约型的工程。

1. 系统组成

如图 6-4 所示，能源计量与管理系统主要由以下几部分组成。

（1）能源计量与管理主机。

（2）能源计量与管理数据库服务器。

（3）能源计量数据采集服务器。

（4）具有远程功能的电表、水表、热表。

（5）信息网络系统（即本工程的共用信息网络平台）。

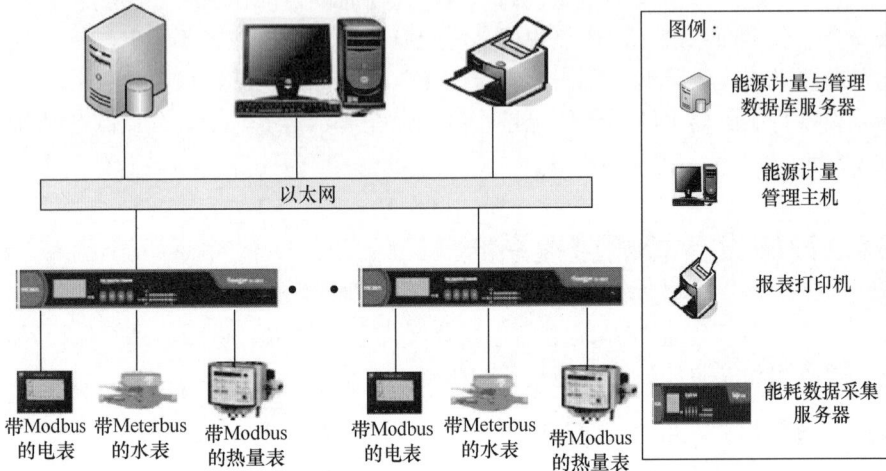

图 6-4　能源计量与管理系统图

应根据不同功能区域、不同建筑的特点，待各功能区域或单体建筑的供热、供水、供电方案确定后，进一步确定能源计量的远程抄表方案。能源计量管理主机可与设备监控主机合用，分别设置在各个分监控中心和信息中心。能源计量与管理数据库服务器设置在信息中心机房。

2. 系统集成与接口要求

（1）水表要求带有 Meterbus 总线接口。

（2）电表需要提供 Modbus 通信协议的远传接口。

（3）热表需要提供 Modbus 通信协议的远传接口。

6.4.2　供配电智能监控系统

供配电智能监控系统是实现营区变电所（含箱式变电所）和建筑物内部的供配电设备的运行参数、运行状态、报警信号的实时监控，当发生故障或报警时，能够通过声音或光电信号即时通知值班人员，并记录各设备的运行参数和各开关设备的跳闸时间和顺序，为事故分析、故障排除提供依据，并可提供指导性的故障处理预案。

1. 系统监控范围

系统监控范围如表 6-1 所列。

表 6-1　供配电智能监控系统监控范围

序号	建筑名称	设备名称	监控要求	备注
1	变电所、箱变	高压开关柜	监控各断路器状态、接地刀闸状态、I、U	（1）有本地监控主机时，仅需要通信接口；（2）变电所有后台主机时，通过后台主机进行集成
		环网柜	监视负荷开关、熔断器状态	
		计量柜	测量 I、U、P、Q、Wh	
		低压开关柜	监视各断路器状态、I、U、Wh	
		电容补偿柜	监控 I、U、功率因素、电容器组投切状态	
		变压器	铁芯温度、风机状态、报警信号等	
		直流电源柜	电池电压、充电电压、报警等	
2	各建筑物	总配电柜（箱）	测量、U、Wh	车库、门岗等小单体或变电所已计量的不计量
3	备用电站	柴油发电机组	监视 I、U、Wh、f、油位、油压、水温、主断路器状态等	成套设备，仅需要通信接口

2. 系统组成

供配电智能监控系统由变配电监控节能控制系统、变压器经济运行监控系统、用户用电量监控系统、路灯智能控制系统等子系统组成。整个系统通过 RS-485 总线方式与现场智能设备连接，通信协议采用 Modbus RTU 规约，对开关设备进行控制和实时数据监测，并与上位机建立连接，采用 TCP/IP 进行数据交换，系统主要由以下几部分组成。

（1）总供配电监控服务器（或主机），可冗余配置，分别设置于中心变电所和信息中心，实现全场的供电系统的调度和运行管理。

（2）室内有人值班变电所设置监控主机，实现本变电所的供配电运行管理。

（3）箱变监控区域子系统，实现箱式变电所的监控，不带人机接口，直接将信息传递到总供配电监控系统。

（4）柴油发电机组采用"区域控制器+MOXA 通信转换器"实现，形成区域监控子系统。区域控制器带显示器，实现就地监视。

以上各个系统主机通过信息化网络实现互联、互通和信息集成，系统具有安全、可靠、合理、经济等特点，其系统结构如图 6-5 所示。

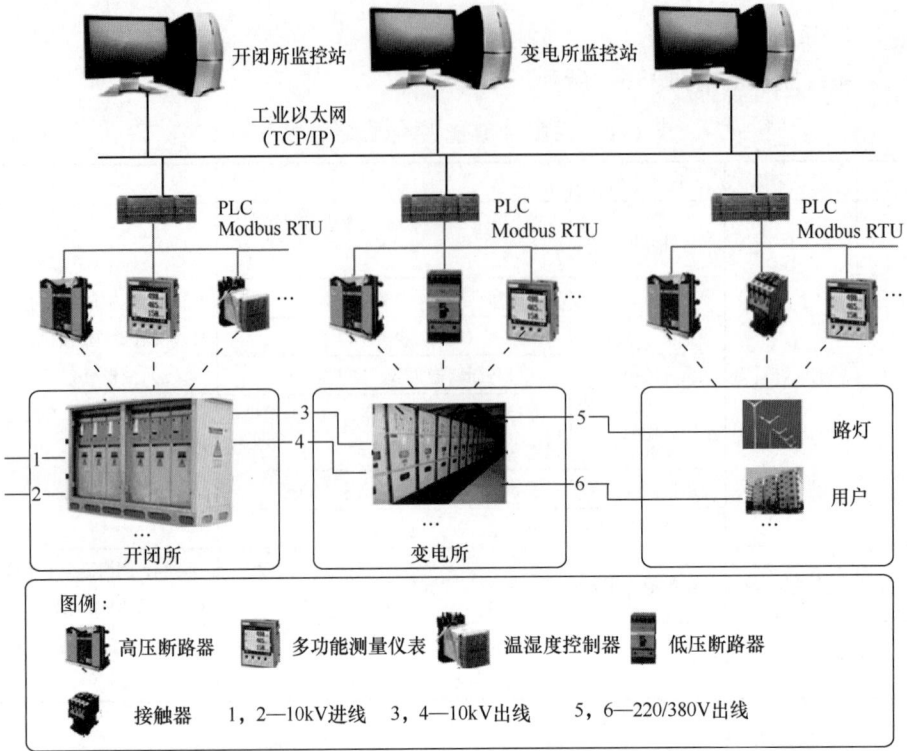

图 6-5　供配电智能监控系统组成结构图

3. 核心系统

1）变配电监控节能控制系统

变配电监控节能控制系统通过 RS-485 总线方式与变配电室现场智能设备相连接，采用 Modbus RTU 规约通信，对高（低）压断路器、接地开关、多功能电能测量仪等设备进行控制和实时数据监测，并与上位机建立连接，采用 TCP/IP 进行数据交换，系统具有安全、可靠、合理、经济等特点，其系统控制主画面如图 6-6 所示。

2）变压器经济运行监控系统

变压器经济运行监控系统硬件选用国外先进的专业器件，高可靠、免维护，通过采集变配电室各个开关的状态、变压器低压侧三相电压、电流值，结合变压器参数进行分析比较，改变两台变压器的运行方式，实现最优运行。该监控系统适用于 2～3 台变压器并列运行的配电室，典型的配电室系统主电路图如图 6-7 所示。

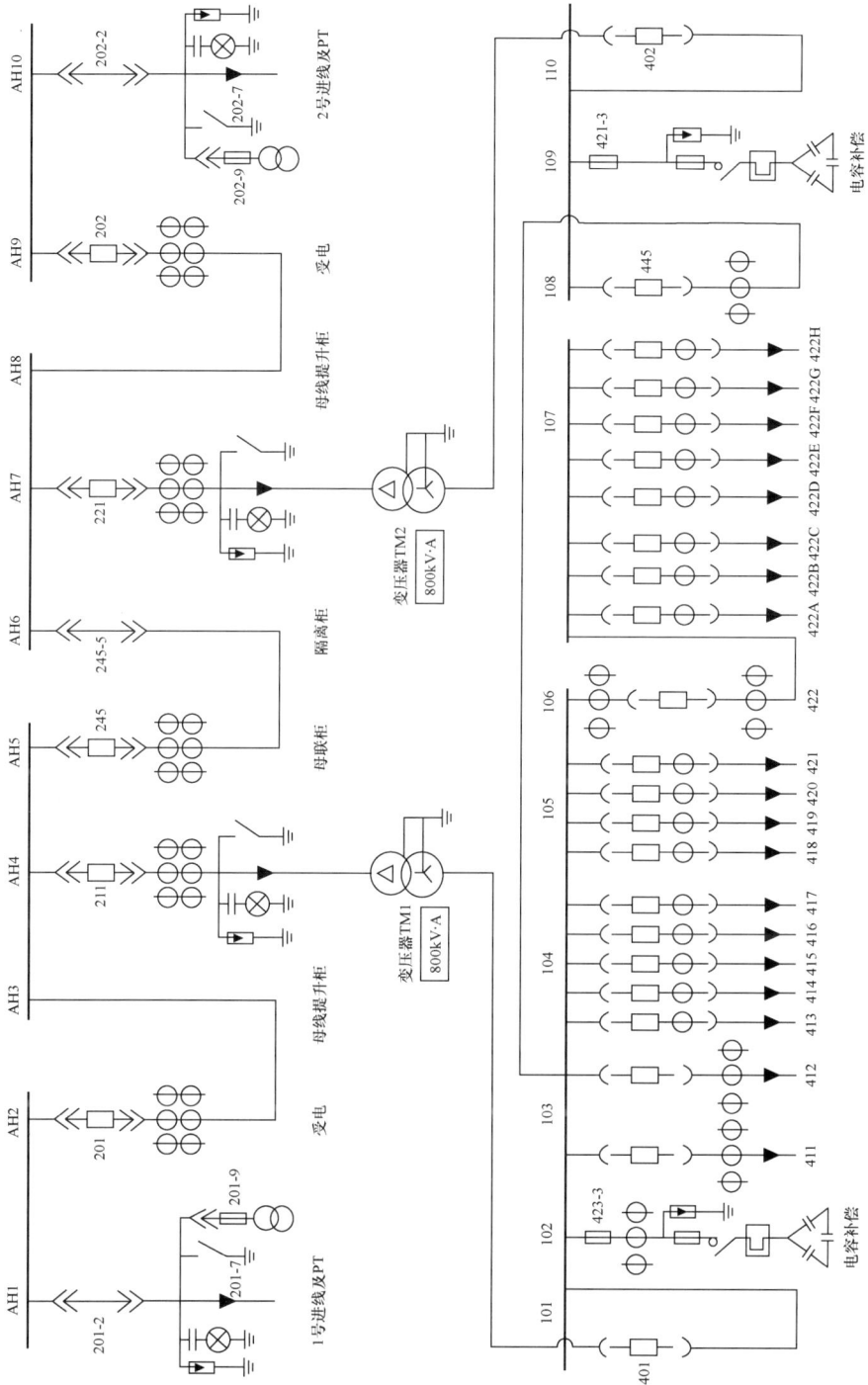

图 6-6 系统控制主画面

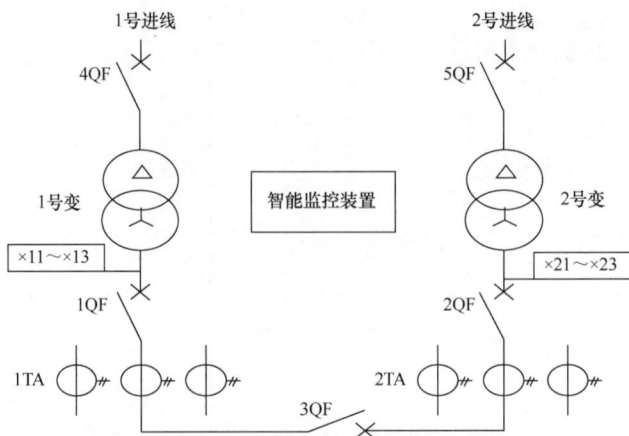

图 6-7　典型的配电室系统主电路图

　　该监控系统通过 PAC3100 多功能表采集两台变压器低压侧三相电流和三相电压，分别计算两台变压器电流、电压有效值、有功功率、无功功率、视在功率、功率因素和变压器负荷系数、有功电能、无功电能，作为对两台变压器进行监视、控制以及负荷预测的基本数据。由于电力负荷时刻变化，而对变压器运行情况的监视、控制，需要考虑和计算一段时间内的平均值。因此，综合考虑取时间段 $T=24h$ 计算一个平均值，采用通过如此处理的计算值作为监测装置的基础数据，以安全、有效地实现配电站变压器经济运行的监视和控制。

3）用户用电量监控系统

　　用户用电量监控系统通过 RS-485 总线方式与现场智能多功能电表相连接，采用 Modbus RTU 规约通信，对用户用电数据进行控制和实时数据监测，并与上位机建立连接，采用 TCP/IP 进行数据交换，系统具有实时性好、可靠性高等特点，该系统监控界面如图 6-8 所示。

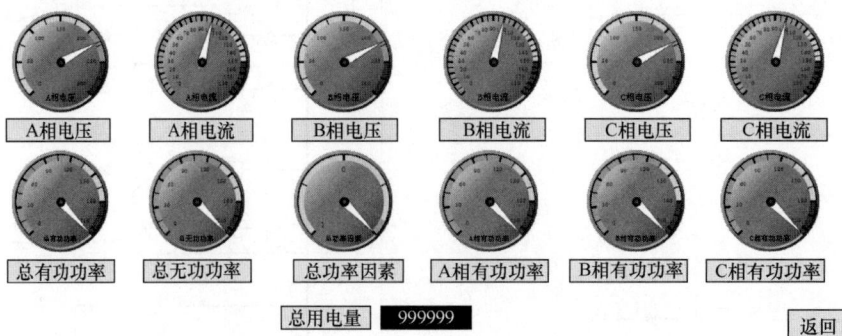

图 6-8　用户用电量监控系统监控界面图

4. 系统功能

1）系统具备的监控功能

（1）高压配电系统（高压进线、出线、母联）的三相电压、电流、有功、无功等参数和断路器、接地刀闸等状态的检测、记录和报警功能。

（2）低压配电系统（低压进线、出线、母联）的三相电压、电流、有功、无功等参数和断路器、接地刀闸等状态的检测、记录和报警功能。

（3）变压器铁芯温度的监视、记录和报警功能。

（4）直流屏的电池电压、电流的监视、记录和报警功能，充电系统的运行参数和状态的监视、记录和报警功能。

（5）发电机组油机的油压、冷却出水温度、电机转速、蓄电池电压等参数监视、记录和报警功能。

（6）发电机组三相电压、电流、有功、无功等参数和断路器、接地刀闸等状态的检测、记录和报警功能。

（7）在不需要或不方便用户端抄表的供电回路实现有功电度远程抄表功能。

2）软件功能

供配电智能监控系统采用智能电表、多功能采集控制装置采集现场多种电参数，通过总线方式与现场智能设备连接，通信协议采用 Modbus RTU 规约通信，对开关设备进行控制和实时数据监测，并与上位机建立连接，采用 TCP/IP 协议进行数据交换，图 6-9 所示为数字营区供电显示示意图，该系统具有安全、可靠、合理、经济等特点，并实现以下功能。

图 6-9　数字营区供电显示示意图

（1）用电参数实现远程集抄、显示。通过在变配电室、用电终端安装智能远传电表，利用 RS-485 总线接口、Modbus 通信协议远程读取供电数据如各供电线路相电压、相电流、有功功率、用电终端用电量等，实现对营区供电数据的远程实时监管。

（2）用户终端用电管理。对每一个用户分配用电量定额指标，实现收缴费用管理，并根据用户的缴费情况、用电量定额指标、用电量自动开断对用电终端的供电。

（3）通过监控系统实现开闭所、配电房及供电终端的集中操作、远程控制，完成对断路器及刀闸的分合闸。操作控制时系统具有防误操作的功能，每个回路具有操作转换开关，只有开关在允许操作的情况下，软件才能操作成功，硬件结合软件平台和语音报读，防止误操作开关设备。

（4）变压器的经济运行。营区用电实际负荷总是存在波动的，根据实际负荷自动改变多个变压器的运行方式，实现变压器的经济运行，达到降低能源消耗的目的。

5. 系统集成与接口要求

（1）供配电智能监控系统应首先自成系统，能够脱离整个信息化系统独立运行。本系统的总数据库服务器应通过开发接口形式（如 ODBC、ASP.net）向信息中心综合平台提供数据。

（2）高低压配电柜的进出线路的负荷开关或者断路器，要求提供两组常开和常闭触点，触点类型为干接点型。

（3）配电柜的数字仪表应提供 RS-485 接口，推荐采用标准的 Modbus 协议。

（4）柴油发电机组应采用 RS-232/485 接口，推荐采用 Modbus 协议。

6.4.3 给排水智能监控系统

智慧营区给排水智能监控系统实现水源设备（如深井泵）、变频给水设备、水质净化处理设备、污水处理运行参数和设备运行参数的实时监控、记录和报警。

不同营区的供水方式不同，在做具体的实施方案时需根据营区的实际供水方式来确定监控内容。

1. 系统监控范围

给排水智能监控系统的范围如表 6-2 所列。

表 6-2　给排水智能监控系统监控范围

序号	建筑名称	设备名称	监控要求	备　注
1	深井泵房	水泵、电动阀	监测水位、水质和泵房设备的运行状态和运行参数	
2	水处理间	水处理系统的罐、泵、阀	各种设备状态和工艺参数监控	
3	供水泵房	供水系统的泵、阀、水池	监测水泵状态、水池水位、水压、流量等	一般采用成套设备，仅需要通信接口
4	建筑供水管线入户处	水表、水阀	测量水量、供水压力；根据需求控制水阀	用水量较多的建筑
5	污水处理间	污水处理设备的泵、阀、风机等	污水处理设备的运行状态、运行参数监控；排水水质监测	污水处理一般是成套设备，需要提供系统集成的通信接口

2. 系统组成

从功能上划分，给排水智能监控系统包括泵房控制、输水管路管控、分类分户用水计量控制、绿化喷淋管控、浴室计量控制等子系统。从结构层次上，给排水智能监控系统包括管理层、控制层和仪表层。管理层由数据库服务器、应用程序服务器和操作员站组成，通过以太网实现数据的传输；控制层由可编程逻辑控制器和工程师站组成，通过工业级以太网连接，并通过交换机将数据传输至管理层；仪表层由电动调节阀、管压传感器、变频器、水泵、智能水表等现场设备组成，通过 Modbus、Profibus 等现场总线将数据传输到 PLC 进行分析处理。给排水智能监控系统主要由以下几部分组成。

（1）区域控制器，用于系统集成，一般位于各给排水设施的电气设备间，向上通过营区局域网实现全系统的联网。

（2）远传水表、水压、流量、水位等各种变送器。

（3）电动水阀等控制执行元件。

（4）设备监控网络（设备监控专用网络、局域网，即营区物联网）。

（5）监控主机及软件系统，根据系统规模，可与供配电、给排水等系统合用。

该系统组成如图 6-10 所示。

3. 系统集成与接口要求

（1）区域控制器应向上级监控中心提供 OPC 接口。

（2）各成套的水处理设备、供水设备需提供系统集成的通信接口。

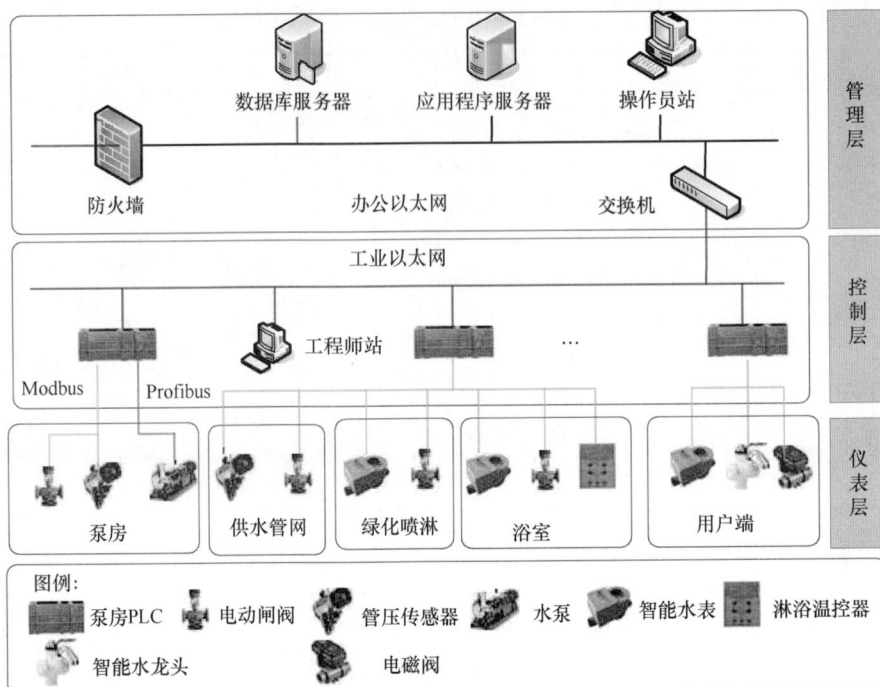

图 6-10　给排水智能监控系统组成结构图

（3）水表应选用具有 Meterbus 接口的光电直读整体式远传水表，以实现数据远传，并保证目视水表读数与远传数据的一致。

（4）建议用于建筑物用水计量的水表安装在室内，确保电子式远传水表的使用寿命。

4. 系统控制

系统控制流程图如图 6-11 所示，市政供水在泵房经水泵加压后通过供水管网实现向营区各用户端供水。采集泵房智能水表读数即可监控营区总用水量，根据泵房从出水管口管压传感器采集的管压调节变频器来控制水泵转速，实现供水恒压。供水管网各级线路的水表、压力变送器实现所在线路的用水量、管压等参数的采集，为满足供水管理需求，可根据用水量、管压等参数通过供水管控系统自动或手动调节各级供水线路的阀门，从而控制对应供水线路通断。用户端的智能水表不仅供用户查看其用水情况，也供远程采集显示，便于管理人员进行营区供水管理。

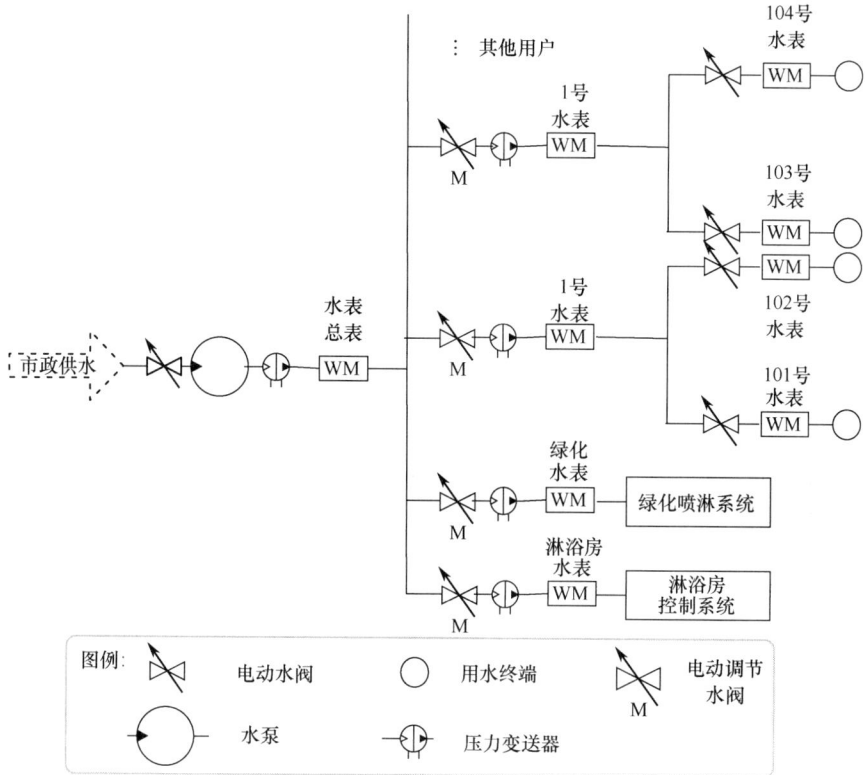

图 6-11　系统控制流程图

5. 软件功能

图 6-12 所示为数字营区智能供水系统示意图，该系统主要实现以下功能。

（1）泵房管控。市政供水进入营区泵房后，经过水泵加压，向营区淋浴房、绿化喷淋和各分户供水。根据营区用水量的变化，泵房管控主要实现泵房出水恒压控制。

（2）供水管网压力的实时监测。在泵房出水口和各分户进水口安装支持 Modbus 协议的管压传感器，通过 RS-485 总线接入 PLC，由 PLC 将管压信息通过工业以太网传输至上位机，并在软件界面上进行展示。

（3）营区用水量的自动记录。智能供水控制系统能够对营区总用水量和各分户用水量及营区绿化喷淋、浴室进行自动计量和计费管理。在泵房出水口和各分户进水口安装支持 Modbus 协议的智能水表，通过 RS-485 总线实时传输用水量信息至 PLC，由 PLC 将数据通过工业以太网传输至上位机，实现远程抄表。图 6-13 所示为营区浴室智能供水控制实例图。

图 6-12　数字营区智能供水系统示意图

图 6-13　营区浴室智能供水控制实例图

（4）营区用户供水管理。完成用水费用的收缴费管理，系统可根据用户用水配额、用水量、缴费情况自动调节用户端电动调节阀的开关，从而实现营区供水的自动管理。

6.4.4　暖通空调智能监控系统

暖通空调智能监控系统主要包括供暖锅炉、换热站和建筑末端的自动控制以及中央空调的远程监控，主要目标是节能。

当然，不同营区具体监控对象可能有很大区别。以供暖为例，可以有燃煤锅炉、燃油锅炉、燃气锅炉，甚至采用地源热泵等新技术，所以实际的监控内容是专业系统的工艺方案来确定，本方案仅介绍代表具有普遍性的暖通空调智能监控。

1. 系统监控范围

系统监控范围如表 6-3 所列。

表 6-3　暖通空调智能监控系统监控范围

序号	建筑名称	设备名称	监控要求	备　注
1	锅炉房	锅炉及配套的风、水、电设备	监测水（汽）温度、压力、炉膛的温度、压力等重要参数，根据工艺要求自动控制泵、阀、风机等设备的运行	如果是成套设备，仅需要通信接口进行系统集成
2	换热站	泵、阀	监测一次测和二次测的供、回水温度、压力参数，并根据气候补偿器进行自动调节	如果是成套设备，仅需要通信接口进行系统集成
3	供暖管线入户处	带热计量功能的电子式平衡调节阀	测量压力、温度（差），计量建筑用热量，根据建筑使用时段特性和气候补偿器调节建筑入口的电动调节阀	电子式平衡调节阀根据通风专业要求设计
4	中央空调	中央空调机组	用户末端调节；根据负荷情况确定机组启动数量；机组配套工艺设备运行状态和运行参数监控	

2. 系统组成

锅炉自动控制系统，包括主机、控制器、执行器、传感器及现场总线网络，一般由工艺系统配套实现，也可根据用户要求独立设计；供暖监控系统实现区域供暖的热水流量的调节，达到按需供暖和节能的目的；供暖管网监控传感器，包括流量传感器（开关）、压力传感器（开关）、温度传感器等；智能控制器，实现调节阀门监控和供暖管网传感器检测。

1）智能供暖监控系统

智能供暖监控系统由热源房管控、管路通风控制、房间温控等子系统构成。

从组成结构上，智能供暖监控系统包括管理层、控制层和仪表层。管理层由数据库服务器、应用程序服务器和操作员站组成，通过办公以太网实现数据的传输；控制层由各个可编程逻辑控制器和工程师站组成，通过工业以太网连接，并通过交换机将数据传输至管理层；仪表层由电动调节阀、管温传感器、管压传感器、变频器、水泵、热量表、温控仪等现场设备组成，通过 Modbus、Profibus 等现场总线协议传输数据。该系统总体结构如图 6-14 所示。

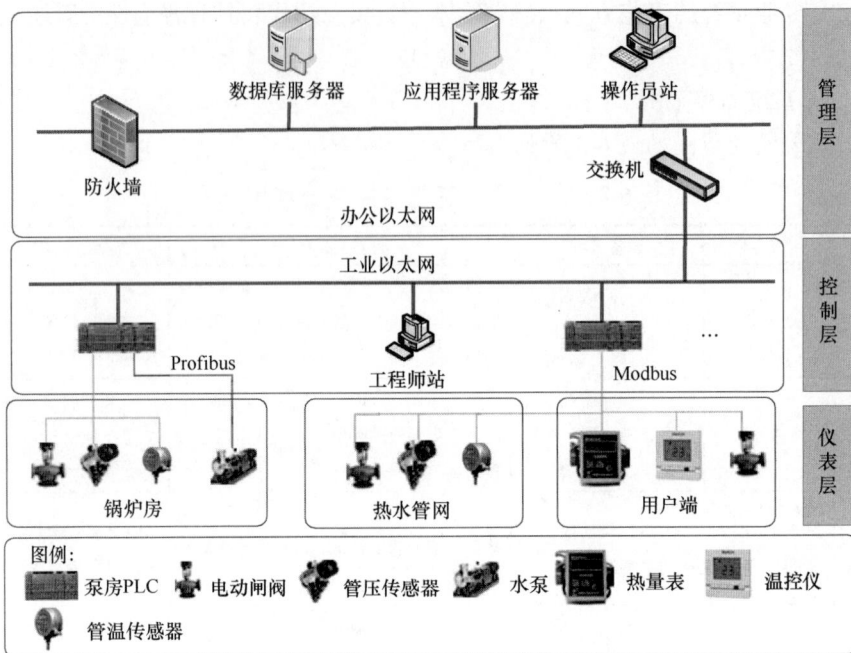

图 6-14　智能供暖监控系统组成结构图

2）中央空调智能控制系统

中央空调智能控制系统主要由中央空调机组、气候补偿器、管温传感器、变频控制器、管压传感器以及空调温控仪等设备组成。

从结构层次上，中央空调智能控制系统主要分为三层：顶端的管理层、中间的控制层以及位于底层的设施设备，其控制系统结构如图 6-15 所示。

空调机组是由各种空气处理功能段组装而成的一种空气处理设备，其空气处理功能段有空气混合、均流、过滤、冷却、一次和二次加热、去湿、加湿、送风机、回风机、喷水、消声、热回收等单元体。对中央空调进行智能控制可以通过三种方式：一是变流量方式，流量方式是由室内温控器控制机组出水管上的电动二通阀的开启或关闭，当风机盘管停止运行时，该阀关闭，为稳定进入机组的流量，空调水总管上装设了压差旁通阀；二是定流量方式，该方式是通过室内温控器控制机组出水管上的电动三通阀开启或关闭；三是置于定流量与变流量之间的混合方式，在这种方式中，离主机近的部分机组需采用电动二通阀，其他机组则采用三通阀，可省掉压差旁通阀，但采用此种方式时应注意二通阀和三通阀的数量配备。

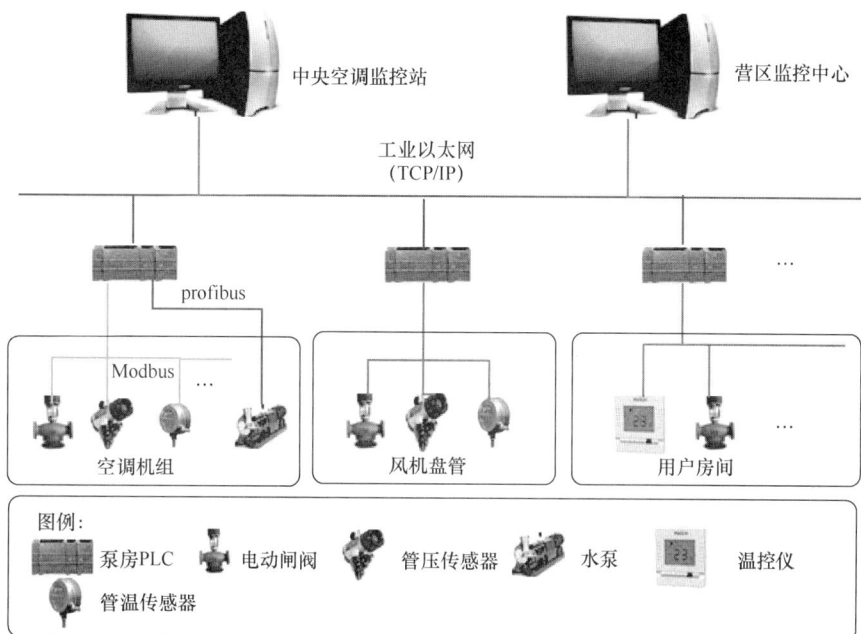

图 6-15　中央空调智能控制系统结构图

3. 主要功能

锅炉房设备的自动控制和运行参数监测、记录和报警；换热站设备的自动控制和运行参数监测、记录和报警；供暖末端的自动控制和运行参数监测、记录和报警；中央空调机组及配套设备和空调末端设备的自动控制和运行参数监测、记录和报警；根据室外大气温度、建筑使用时段特性自动调节供暖及中央控制机组的负荷，真正实现环保、节能。图 6-16 所示为营区供热管理示意图。

（1）锅炉房管控。主要实现出水恒压恒温、回水恒温恒压控制。由 PID（一种控制调节算法）控制模块输出调节信号控制电动调节阀的开度，从而控制进入混水器的热水流量，实现锅炉房出水的恒温控制；由 PLC 的 PID 控制模块输出控制信号至变频器，变频器输出相应的频率驱动炉前泵，使其按照规定的转速控制供水量，实现锅炉房出水的恒压控制；PLC 的 PID 控制模块输出控制信号至变频器，变频器输出相应的频率驱动循环泵，使其按照规定的转速控制管网中热水的循环速度，实现锅炉房回水的恒温控制；由 PID 控制模块输出控制信号至变频器，变频器输出相应的频率驱动补水泵，使其根据需要向热水管网中补水，实现锅炉房回水的恒压控制。

（2）热水管网温度、压力的实时监测。在锅炉房出水口和各分户进水口安装支持 Modbus 协议的管温、管压传感器，通过 RS-485 总线接入 PLC，由 PLC

将管温管压信息通过工业以太网传输至上位机，并在软件界面上进行展示。

图 6-16　营区供热管理示意图

（3）营区用热总量和分户用热量的自动计量和计费管理。智能供暖控制系统能够对营区总用热量和各分户用热量进行自动计量和计费管理。在锅炉房出水口和各分户进水口安装支持 Modbus 协议的热量表，通过 RS-485 总线实时传输用热量信息至 PLC，由 PLC 将数据通过工业以太网传输至上位机，实现远程抄表和计费管理。

（4）通过在管控楼栋内安装空调温控仪，利用 RS-485 总线接口、Modbus通信协议远程读取数据，实时、远程监控中央空调系统终端运行情况，并根据用户设定值进行调节。

（5）通过对空调主机组安装变频控制器、气候补偿器、管温传感器、管压传感器和电动调节阀，利用工控总线接口、Modbus 和 Profibus 通信协议远程读取数据和发送控制命令，根据制冷（供暖）需求和工作环境自动调节主机运转，节能降耗。

4. 系统集成与接口要求

（1）锅炉自动化系统由锅炉厂家配套时，需提供系统集成接口，并能实现与换热站、建筑末端调节装置、气候补偿器的系统集成。

（2）成套的换热站（换热站已经配置了控制系统），需提供系统集成接口。

（3）供暖锅炉智能控制系统的监控界面应采用通用组态软件开发，并能提供 OPC 接口以实现与总的设备监控系统集成。

（4）供暖计量热表应提供 Modbus 接口。

（5）中央空调机组和空调末端控制器应统一规划系统总线和通信接口，实现系统集成，达到节能控制目的。

5. 系统控制

1）供暖系统控制

供暖系统中的温度变送器及压力变送器采集系统各点的温度、压力参数，为实现恒温恒压控制提供依据。通过变频器输出频率改变炉前泵转速来控制锅炉房出水压力；控制电动调节阀的开度来控制进入混水器的热水流量；通过变频器调节循环泵转速来控制锅炉房回水温度；调节补水泵转速来控制锅炉房回水压力。锅炉房及用户端热量表采集营区消耗总热量及用户用热量。图 6-17 所示为营区供暖系统控制示意图。

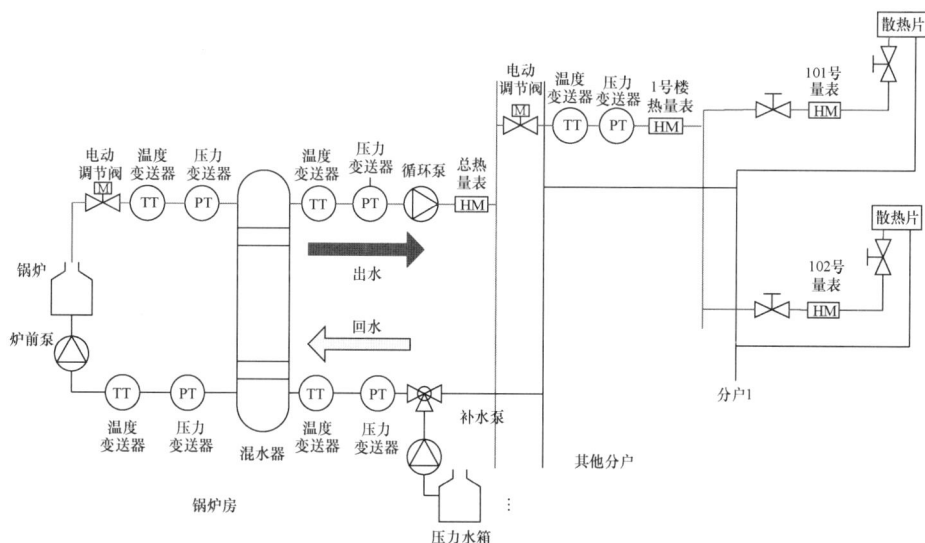

图 6-17　营区供暖系统控制示意图

2）中央空调系统控制

中央空调智能控制系统控制示意图如图 6-18 所示。当用户房间需要制冷时，膨胀水箱的冷冻回水经过蒸发器，经蒸发器吸收冷冻回水的热量，降低水管中水的温度。然后冷冻出水通过压力变送器、冷冻水泵、压力变送器、温度变送器等设备的作用，将冷空气供给用户使用。另外，空调机组中蒸发器所吸收的热量通过单向阀传给冷凝器，由冷却水塔中的冷却回水吸收放出的热量，使得整个空调机组内部温度达到恒定。

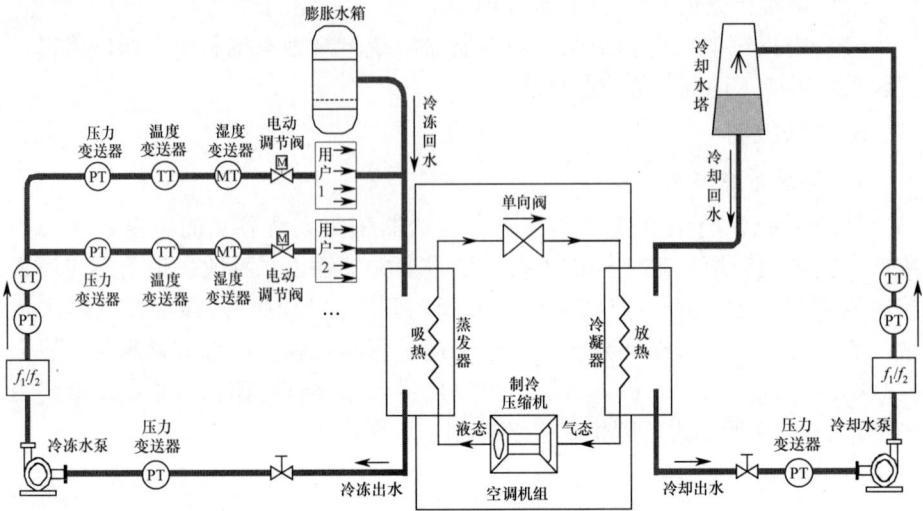

图 6-18　中央空调智能控制系统控制示意图

6.4.5　公共照明监控系统

营区公共照明监控系统包括室外照明监控和建筑物室内照明监控两部分，这两处的照明监控的要求和实现的方案均不一样。

室外照明监控主要指营区道路、小区、训练场等位置的照明监控，一般存在位置分散、每处的回路个数少和功率较大等特点，宜采用接触器加智能控制器的方式来实现。

建筑物室内照明监控主要是指门厅、走廊的照明，存在位置比较集中、回路多的特点，一般宜采用智能照明总线系统（如 I-BUS）来实现照明监控。

1. 系统监控范围

营区公共照明监控系统实现营区室外和室内公共照明的智能控制与管理功能，达到照明控制与集中管理及节能的目的。具体监控范围如表 6-4 所列。

表 6-4　公共照明监控系统设备监控范围

序号	区域	设备名称	监控要求
1	营区道路	路灯控制箱	根据营区作息时间和室外照度控制开灯、关灯时间和开灯数量
2	营院小区	营区室外照明控制箱	根据营区作息时间和室外照度控制开灯、关灯时间

（续）

序号	区域	设备名称	监控要求
3	训练区	训练场照明控制箱	根据训练时间和室外照度确定开灯时间，训练结束远程关灯
4	建筑物景观照明	景观照明控制箱	根据景观照明时间安排自动控制灯的开、关
5	建筑物室内公共照明	室内照明控制箱	根据公共区域照度和作息时间确定开关灯时间

2. 系统组成

（1）公共照明控制与管理主机，位于营区管控中心。

（2）照明历史数据服务器，可以与工艺设备监控服务器共用。

（3）室外公共照明控制器（道路照明、小区照明、训练场照明、景观照明），可直接接入信息化网络，或通过能源计量数据采集服务器、箱变监控区域控制器接入智能信息网络。

（4）室外照度传感器、室内照度传感器。

（5）室内公共照明控制系统（注意在照明配电柜的设计和设备选型上与传统照明控制箱有较大的区别）。

3. 主要功能

（1）营区室外公共照明根据营区作息时间和光照度由监控中心计算机统一自动控制（群控）各站点路灯和夜景（全夜灯、半夜灯、时段灯）的开/关，并能实现手动遥控、分组控制等功能。

（2）按设定的时间周期自动巡测或随机手动检测各站点路灯和夜景线路的电压、电流、亮灯率等工作参数。

（3）监控中心可随时调取路灯运行状态参数，也可与节能设备对接，实现调压、节能等功能。

（4）对公共照明设施、设备与地理信息相结合，建立电子地图，反映各路段的路灯灯型、盏数、电缆、变压器、控制表箱等相关信息。

（5）对照明运行中缺相/停电、过压/过流、开关跳闸/保险熔断、异常开灯、异常关灯等故障及时报警。

（6）室内公共照明能根据室内的照度和作息时间确定开灯、关灯甚至照明灯具亮度调节。

（7）室内公共照明在非工作时间段能自动感应人员存在，人来自动开灯，人走自动关灯。

4. 系统集成与接口要求

公共照明监控系统能脱离智能信息系统独立运行。

室外公共照度控制器和室内公共照明采用不同系统时，应都能与共同的照明监控主机实现集成。

智能照明监控主机软件向上级监控中心提供数据应具备下列方式之一：OPC 接口、ODBC 接口或开放数据库、Web 页面。

5. 路灯智能控制系统

路灯智能控制系统通过 RS-485 总线方式与智能路灯控制器相连接，采用 Modbus RTU 规约通信，根据设定的开关灯时间和光照度对路灯进行实时自动控制，并通过 TCP/IP 协议与上位机进行数据交换，系统具有自动化程度高、可控性高、实时性好等特点，在保证照明度的情况下减少了电能损耗，实现了整个路灯控制系统的经济运行。

6.4.6 营区绿化智能灌溉系统

营区绿化不仅能美化营区环境，使部队官兵在温馨和谐的绿色营区生活、训练、工作，陶冶情操，激发工作热情，更能有效地提高官兵的身体素质和心理素质，起到了提升战斗力和保障力的作用。但随着营区绿化覆盖率的不断提高，如何提高水资源利用率、降低绿化维护成本变得尤为重要，而营区绿化智能灌溉系统就是通过物联网技术，实现水资源的有效利用，提高绿化植物的成活率。营区绿化智能化灌溉系统主要由中央控制计算机、无线数据传输设备、绿地土壤信息采集传感器、灌溉设备四个部分组成。绿地土壤信息采集传感器用于采集和监测土壤水分、大气或土壤温度、土壤表层和不同深度的土壤容积含水量等与绿化灌溉有关的参数。无线数据传输设备用于将土壤采集传感器监测到的土壤数据通过无线通信方式以定时的或触发的方式上传到中央控制计算机。中央控制计算机接收到来自某个采集传感器的数据后，通过地理信息软件判定该采集传感器的地理位置，就可以知道该传感附近区域所种植的植物种类，并据此做出是否向该采集传感器附近区域灌溉设备发出灌溉指令。灌溉设备从中央控制计算机接收到灌溉指令，依据指令中指定的灌溉量和灌溉时间进行实际灌溉操作。

6.5 装备智能识别系统

对装备加装 RFID 射频电子标签或者二维条码，标识基本属性和管理责任，实现装备智能识别与管理。电子标签主要是用来标识营产营具的相关信息，如型号、使用状态等。大门控制系统在工作时，通过 AVI 设备获得营产营具电子标签的信息，根据电子标签中记录的装备、器材信息和出入记录判断其合法性，来管理营产营具进出。可见电子标签是整个系统正常工作的基础，需重点管理。

1. 系统组成

电子标签发放与管理系统由计算机、编码管理软件和电子标签读写器组成。由计算机上编码管理软件进行控制，录入的营产营具信息由电子标签读写器写入到电子标签的存储器中。电子标签发放与管理系统是一个相对比较独立的系统，除单机操作外还可以获取系统数据库中营产营具信息，然后按照预定编码规则编码后更新电子标签内的信息。电子标签样式如图 6-19 所示。

图 6-19　电子标签样式

2. 系统功能

根据录入的装备相关信息，按照预定的编码规则，将电子标签号、装备参数等标识信息写入到电子标签内。对电子标签进行检测，包括合法性检测、编码信息校对、性能状况检测等。对废弃的电子标签进行格式化操作，清除原来电子标签所存储的信息，使电子标签失去原有标识信息的功能。

通过建设军械、油料、车场等处调度室和信息中心，对所属器材、装备、后勤保障进行数字化监控管理，贴上电子标签，有效感知装备、器材的任何动作，并通过网络使上级部门能及时快捷掌握情况。在装备器材出入库时，按单件射频自动识别出入库情况并登记；系统自行对装备器材库存现状进行盘点，并能计划申请对装备器材的动用、补充、维修、报废等；对于装备器材的维修情况也能详细记录。

要实现上述系统功能，首先要对装备安装射频电子标签或二维条码标签，对营具安装二维条码标签，并在营区相应管理部门配套安装射频读写器、二维条码扫描器、条码打印机等管理设备，实现对装备的智能管理。

6.6 营区环境智能监测系统

营区环境是官兵赖以生存的空间，营区环境的好坏直接与官兵的健康密切相关，营区环境智能监测系统是部队建设生态营区的重要组成部分。它是依托营区物联网、无线网等各种通信传输网络，运用自动测量技术、现代传感技术、计算机应用技术、自动控制技术以及专用软件组成综合性在线自动监测体系，对营区水质、空气、温湿度、噪声等进行在线智能监测，并将采集到的信息数据实时传送到控制终端进行存储、计算，实现营区环境变化动态分析和实时预警，确保官兵在良好的环境中生活。图 6-20 所示为营区环境智能监测系统示意图。

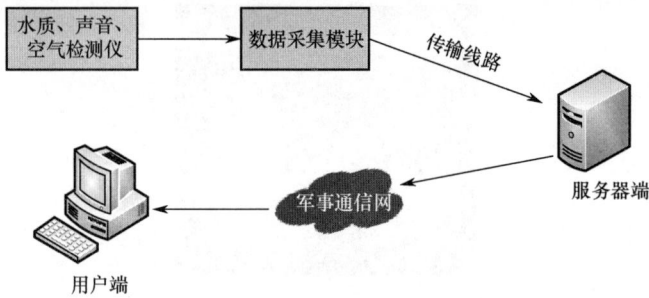

图 6-20 营区环境智能监测系统示意图

从环境影响要素来看，主要监测营区建设和使用过程中排放的污废水、废气、噪声以及固体废物对环境的影响的各种参数。营区环境参数监测的目的是创建一个安全的、生态的营区环境。

1. 环境参数监测要素

营区环境参数监测要素如下。

（1）水环境参数监测：营区水体水质、饮用水水质、污水排放水质。

（2）大气环境参数监测：温度、湿度、各种污染物浓度。

（3）声环境参数监测：营区噪声。

（4）电磁环境参数监测：电场、磁场强度，根据营区特点进行选择。

（5）核污染参数监测：各射线浓度，根据营区特点进行选择。

2. 系统组成

数字营区环境智能监测系统主要由水质在线监测系统、空气质量监测系统、火灾报警监测系统、电梯运行监测系统以及温湿度检测仪、环境噪声监测仪、光照度变送器等设施设备组成，可以实现营区环境的实时感知、数据归档和在线分析。系统主要分为三层：顶端的管理层、中间的控制层以及位于底层的设施设备，结构图如图 6-21 所示。

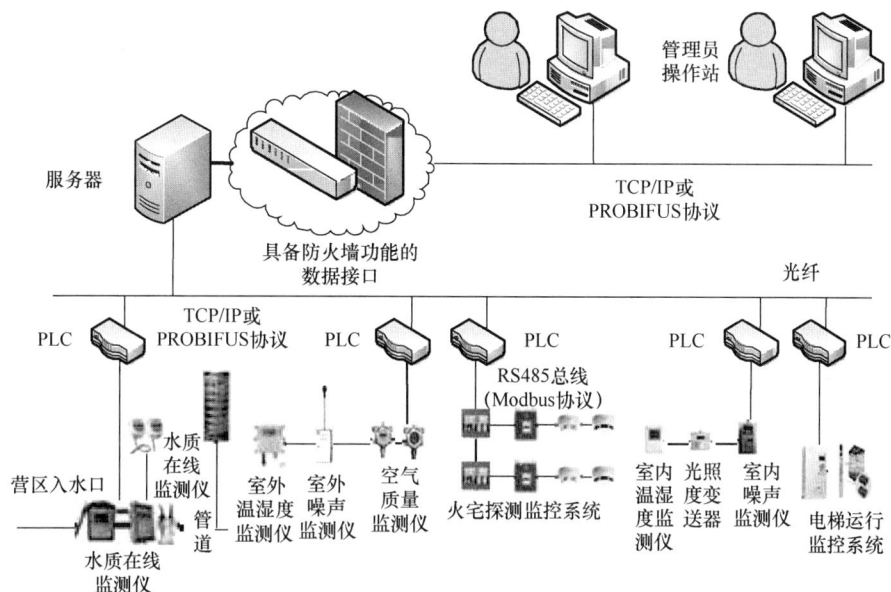

图 6-21　营区环境智能监测系统组成结构图

水质在线监测系统一般包括取样单元、分析测试单元（检测仪器）、数据采集传输单元、数据处理与管理单元等，可对营区的水质状况进行实时、远程监测；空气质量监测系统主要由检测仪器、数据采集传输单元和数据处理单元三部分组成，可对营区空气质量进行远程监测；火灾报警监测系统主要由火灾探测单元和报警监测单元两部分组成，实现火灾报警的远程监控；环境噪声自动监测系统由噪声监测终端（包括前端噪声采样单元和数据处理单元）、数据采集传输单元以及数据处理单元（上位工控机）组成，实现营区环境噪声的远程、实时监测和报警；电梯运行监测系统主要由电梯控制系统、数据采集传输单元及上位机管理系统组成，可对营区在用、新安装电梯运行进行监测。

环境参数监测系统主要由各种参数的检测传感器构成，并通过有线或无线的方式将各监测参数传输到环境参数监测监控主机，实现环境参数的监测、记录和报警。

（1）空气质量监测子系统。该系统主要是通过对空气中的污染物成分与浓度进行鉴定，然后通过计算分析来判断空气中可吸入颗粒物、二氧化氮和二氧化硫浓度，使营区官兵及时获得空气质量等级预报。通过在营区布设监测点，实现对空气质量的自动监测，将无线传输设备连接至监控点指定的接口，并将获取的数据记录传送到营区环境智能监测系统，通过记录、分析和汇总，及时掌握空气质量情况。

（2）水环境质量监测子系统。该系统主要是对营区官兵生活用水以及营区主要水体的水质进行自动全时监测、数据远程传输，系统发现水质异常变化后，及时向营区官兵及用户发布预警预报，从而为管理决策服务。

（3）声环境质量监测子系统。为解决营区噪声污染问题，确保官兵能够有一个良好的工作生活环境，可在营区的办公区、生活区等重点部位安装噪声在线监测仪，运用无线网络传输数据信息，及时、准确地掌握营区噪声环境状况，分析其变化趋势和规律，了解各类噪声源的污染程度和范围，为噪声污染源的监督管理提供准确的监测数据和科学依据。由于声音受建筑物、地形地貌等因素影响，会发生折射、反射、衍射、吸收等现象，导致空间分布的不连续性。该系统通常采用多点抽样法测量，并且大都采用小时采样法，即在每小时内测量10min或20min，用以代表该时段的平均噪声水平。

（4）污染源监测子系统。该系统对营区燃煤锅炉二氧化硫的在线监测，以及营区周边扬尘污染、污水处理情况、重点餐饮业油烟排放情况等污染源的视频监控，将实时拍摄到的图文信息汇集到营区环境智能监测系统，经汇总、分析，为决策指挥提供依据。

3. 系统设备

实现对营区环境的智能监测，要用到一系列的监测设备，如水质在线检测仪、噪声检测仪、空气质量检测仪等，这些设备均具有符合标准的通信接口，满足营区数据传输所需的通信协议，通过各种传感器在线采集营区水质、噪声、空气质量等监测设备数据，并将收集到的数据上传至营区数据中心进行动态分析处理，网上公示营区环境质量信息，一旦发现某项环境参数超标即时报警，立即进行改善处理，确保营区健康整洁。

4. 软件功能

（1）通过在室外安装空气质量监测仪、室外温湿度监测仪和噪声监测仪，利用 RS-485 总线接口、Modbus 通信协议远程读取数据，实时、远程监测营区有毒有害气体、温湿度和噪声干扰等环境情况。

（2）通过在营区供水入口处安装水质在线分析仪器，利用 RS-485 总线接口、Modbus 通信协议远程读取数据，实时、远程监测水质参数、分析水源质量。

（3）通过在营区内安装报警监测系统，利用 RS-485 总线、Modbus 通信协议，由 PLC 对火灾显示盘（火灾报警控制器）的火灾报警、地址显示、故障报警、自检巡检、信息显示与查询等信息进行采集，然后传输到上位工控机，由上位软件进行数据集成和展示，实现火灾报警的远程监控。

图 6-22 所示为营区环境智能监测软件示意图。

图 6-22　营区环境智能监测软件示意图

6.7　军事设施业务管理信息系统

军事设施业务管理信息系统是集成基础信息和业务信息为一体的管理平台，为军事设施日常办公提供可视化管理，实现军事设施管理精细量化、节能高效。图 6-23 所示为数字营区业务管理系统界面。

图 6-23　数字营区业务管理系统界面图

军事设施业务管理信息系统的基础信息、人员、住房、装备营具、物资、环保绿化、工程建设等都可在业务管理信息系统内进行综合管理。同时，该系统为日常办公提供相关数据的报表打印、输出等功能。军事设施业务管理信息系统结构图如图6-24所示。

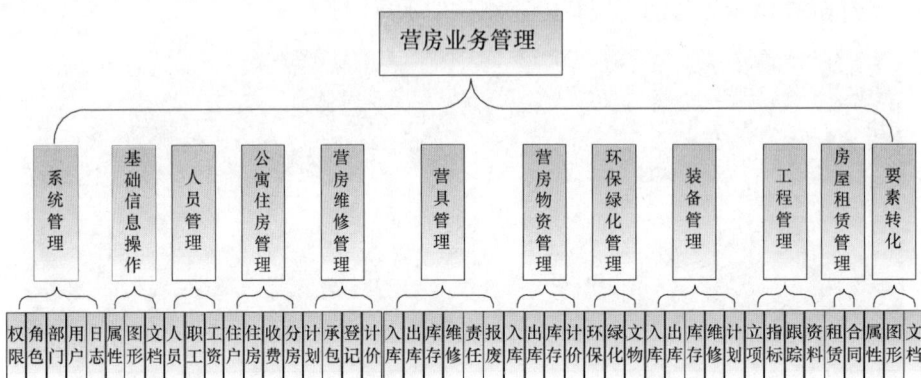

图6-24 军事设施业务管理信息系统结构图

1. 基础信息

（1）属性数据：具有数据编辑、浏览、查询、统计、分析、打印、转出等功能。

（2）图形数据：具有图形编辑、分层查阅、专题图制作、图形输出等功能。

（3）文档数据：具有文档扫描、编辑、识别、浏览、打印等功能。

2. 人员管理

（1）人员信息管理：具有营房干部、职工、战士个人信息管理功能，数据结构与军人保障卡人员信息表一致。

（2）职工工资管理：具有按保底、奖励、扣除、补发、实发等进行营房职工工资发放和管理功能。

（3）职工保险管理：具有交纳养老保险和医疗保险信息管理功能。

3. 公寓住房

（1）住户管理：具有营区在职人员、军队外单位人员、离退休人员、复转人员、地方人员等实际住用人员基本信息管理功能。

（2）住房管理：具有公寓房分配、更换、清退、分户图标识等登记管理功能；具有公寓房申请、登记、入住等管理功能；具有干部住房保障关系转移介绍信出具、接收等管理功能；具备与军人保障卡接口功能。

（3）分房管理：具有根据待分房人员和空余公寓房情况，按照分房原则，实现分房排队功能。

（4）收费管理：具有按月按户收取水电气热和房租等各项收费与欠费催缴管理功能。

4. 营房维修

（1）维修计划：具有编报营房维修计划和维修计划管理功能。

（2）维修承包：具有承包合同和经费管理功能。

（3）维修登记：具有网上报修、维修方案（含派工、材料等信息）、维修实施、意见反馈等功能。

（4）维修计价：具有依据维修人工和材料费用情况，实现维修计价挂账管理功能。

5. 营具管理

（1）入库管理：具有对新购或者配发营具入库登记功能。新购营具或者未有条码的配发营具粘贴二维条码，记录品名、型号、价格、生产厂家、生产日期等信息。

（2）出库管理：具有营具请领、审批和出库等管理功能。出库营具按件粘贴责任管理卡，记录品名、型号、价格、责任单位、责任人、使用日期和二维条码等信息。

（3）库存管理：具有现有营具库存现状及库存盘点功能。

（4）责任管理：具有营具使用责任单位和责任人、营具分布和使用检查等管理功能。

（5）维修管理：具有人员、材料、经费、时间、损坏情况等维修记录登记功能。

（6）报废管理：具有营具报废申请、审批和销号处理等管理功能。

（7）计价管理：具有依据营具请领、维修情况，实现营具计价挂账管理功能。

6. 营房物资

（1）物资入库：具有营房物资申购、审批和入库等管理功能，包括物资品名、型号、价格、数量、入库时间等。

（2）物资出库：具有营房物资请领、审批和出库等管理功能，包括物资品名、型号、价格、数量、入库时间等。

（3）库存管理：具有营房物资库存现状及库存盘点功能。

（4）计价管理：具有依据营房物资使用消耗情况，实现物资计价挂账管理功能。

7. 环保绿化

（1）营区环保：具有污染源、危险源登记，应急处置预案、污染治理设施运行，营区环境质量综合情况，周边环境及对营区的影响情况，环保责任信息等管理功能。

（2）营区绿化：具有绿色及生态营区建设规划，绿化林木资源现状及更新动态信息，树木花草购置、绿化责任分片、绿化保洁承包、古树名木登记等管理功能。

（3）营区文物：具有营区文物登记、价值描述、保护级别、修缮方案、保护措施、责任管理等功能。

8. 营产营具管理

（1）入库管理：具有营产营具按台（件）射频自动识别入库登记管理功能。

（2）出库管理：具有营产营具按台（件）射频自动识别出库登记管理功能。

（3）库存管理：具有营产营具库存现状与盘点功能。

（4）计划管理：具有营产营具动用、补充、维修、报废等计划申请功能。

（5）维修管理：具有人员、材料、时间、故障情况等维修记录登记功能。

9. 工程建设

（1）工程立项：具有编制工程计划、预算、单体方案、资金来源等，并生成上报审批数据等功能。

（2）工程指标：具有编制工程指标方案、实施情况记录，并生成上报数据等功能。

（3）工程管理：具有工程合同管理、现场管理、变更管理、竣工验收、结算审计、工程决算等管理功能。

（4）工程资料：具有工程施工图、竣工图，施工过程图像资料、竣工验收资料等管理功能。

10. 房屋租赁

（1）租赁信息：具有营区可出租房屋和场地基本信息登记功能。

（2）项目管理：具有租赁项目合同、租赁收费、租赁押金和承租人员等管理功能。

6.8　数字营区门户系统

数字营区门户系统是数字化营区的高级表现形式，位于各类应用之上，配置具有网上公示、查询、报修和审批等功能的信息服务，链接基础数据库、设施设备智能监控系统、装备营具智能识别系统、营区环境智能监测系统、建筑能耗分析统计系统、营区业务管理信息系统以及安全防范系统。作为数字化营区的窗口，以浏览器的方式向用户展现数字化营区的应用信息，消除各类应用之间的间隙，用户（领导、管理人员、官兵等）可自由定制个性化的信息内容。数字营区门户系统除完成门户站点本身的所有功能外，还根据数字营区建设的要求，提供各种服务的接入（如兵员系统、财务系统等），如图 6-25 所示。

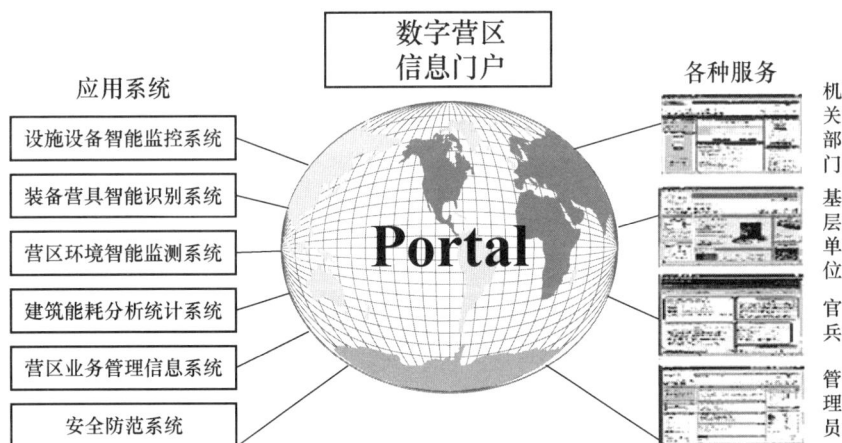

图 6-25　数字营区门户系统功能

营房服务网站是营房业务管理系统的用户界面，设置三级访问权限，为单位领导、营房管理人员和基层官兵及住户提供营房综合信息服务。门户网站就是该系统的首页。在门户网站页面中主要包含以下内容。

1. 公用信息界面

该界面具有新闻、通知、公告发布，法规制度、营房知识查阅，工程建设、营房维修、水电消耗、住房分配、营具请领等相关信息公示的功能。

（1）通知公告栏。可以在这里看见关于营区的一些新闻、动态。例如，停水、停电等通知，可以预先做好应对准备，避免事发时，造成不必要的困扰。

（2）水电公示。在这里可以看见一个时间段内的水电消耗情况，实现水电的透明化管理，所有人都可以看见其消耗量，相互对比，实现相互监督，节约用水、用电，避免不必要的浪费。

（3）工作动态。该功能可以让我们直观地了解近期的工作核心，掌握营区的大事、要事，把握工作重心，以其为指导，避免人力物力的浪费。

（4）业务学习。主要是一些正式文件的发布。第一时间知道并阅读文件，能让我们了解文件法规的规定，从自己做起，积极做到文件法规的要求。

（5）今日值班。该栏目里主要有值班助理员的电话信息，有什么问题可以向助理员报告。水电值班员的电话，停水停电可以打电话询问等。

2. 管理决策界面

在营区平面或者三维图上，任意查询分栋建筑、设施设备、管网等基础信息，营房住用、水电气热消耗、分类收费等管理信息，以及供水、供电、供热、中央空调环境监测等设施设备运行状况信息。

3. 业务处理界面

链接营房业务管理系统和设施设备监控系统，为营房管理日常办公提供可视化集成环境。

4. 用户交互界面

为基层单位或者住户提供定制的交互界面，主要包括营房住用、水电消耗、供热质量、分类缴费和营房维修、营具请领、物资使用计价挂账等信息查询，以及网上报修、意见反馈、工作评议等功能。

6.9　综合地下管网信息系统

开发以营区地图为基础，汇聚各类信息，以地图形式直观表示建筑、管线、资源分布的综合地下管网信息系统，对改变现有的管理方式，提高工作效率，为科学规划和管理提供准确和及时的基础数据具有很强的现实意义。

建立"综合地下管网信息系统"，实现综合管线信息的计算机管理，最终与地理信息系统接轨，将地下管网信息与营区基础地理信息融合在一起，实现信息共享，对普查成果进行严格管理和充分利用，通过虚拟三维显示技术，真实地将地下管线展现在用户面前，使其身临其境。它不仅可以取代笨重的图纸、成为管理人员的好向导，而且更重要的是利用统计分析功能，快速准确地给营区的建设、规划设计、指挥决策提供各种图文并茂的地下管线及相关资料，各级决策者可以迅速获得所需的管网信息和相关的通信信息，帮助决策者进行如管网规划、统计分析等活动，以增强决策的科学性和有效性，从而保证"生命线"工程的有序化运行。

该系统全面实现军队营区的现有给水管网、污水管网、雨水管网、煤气管网、天然气管网、热力管网、电力网、通信网、有线电视网、监控网系统等一系列基础设施的资料和数据的组织和管理，实现对营区所有地下管网及附属设施的图形观察，并实现对图形进行整体或部分缩放、拼接、裁减、查询等功能。同时，该系统提供了良好的用户界面，实现图文并茂，所见即所得，可实时对图形和数据进行录入和修改，并利用图文查询、统计、图表分析、数据分析处理和报表/图形的输出等功能，完全实现对整个营区地下管线设施的动态监控和管理，并且可以将二维管线转换为三维管线进行显示和观察，增强显示和观察的直观性，提高管理人员的工作效率。

综合地下管网信息系统可以全面实现各类管线的信息汇总，并提供如下几方面的功能。

（1）该系统提供了包括数字化成图、各类管线的代码编制、属性录入、数据库建设等功能。

（2）该系统实现对各类管网（给水管网、污水管网、雨水管网、煤气管网、天然气管网、热力管网、电力网、通信网、有线电视网、监控网）的查询、修改、添加、删除等功能。

（3）该系统实现了地下管线的三维显示和地面建筑物的模拟显示与景观浏览的功能。

（4）该系统提供了打印输出各类查询和统计报表的功能。

（5）该系统提供了绘制各种组合图的功能。

（6）该系统提供了系统安全与维护功能。

本系统主要基于地理信息系统进行开发，根据项目要求，以精确地理坐标投影显示营区界图，并以此为基准，叠加营区地图及营区规划图、地形图、地质基础简图、水文图等。这些院内基本地图信息分别采用不同层次分别存储，用户可以根据需要显示感兴趣的图层或者全部图层，以不同颜色标注不同图层以及图层内的目标。

同时在各图层上存储地块或者其他目标的相关信息，对地图目标可以进行裁剪、拼接、放大、缩小。建筑物和各种基础设施和设备可以以多媒体的形式展示在用户面前，不同建筑按使用用途以不同颜色区分。全景图对道路、草场、绿地进行标注，按照真实比例显示，从而可以对实物进行图上测量、面积统计、空间分析、拓扑查询等。

　　管网信息也在上述地图的基础上，分图层管理，可以任意进行叠加。各类管道根据用途、管径、材质等特性按照标准以不同颜色，不同宽度线型在地图上表示。各类线缆根据用途、铺设时间、规格等特征以不同颜色表示。各类供排水入口、阀门、水电表、路灯、线杆等点状信息以形象的各种图例在地图上标注出来，从而为查找故障提供依据。

第 7 章　数字营区软件平台

数字营区软件平台实现对应用系统的管控，通过建立计算机监控管理系统，实现人员、车辆、枪支、涉密载体、重点目标、电磁安全等的实时管控，构建营区软件管理平台和一体化管控平台实现对数字营区的全方位综合管理。本章主要内容包括：一体化安全管控平台、军事设施管理平台和信息智能平台三部分。

7.1　一体化安全管控平台

在结合使用传统安全技术防范系统的基础上，采用物联网等信息技术，实现对营区内人员、车辆、枪支、涉密载体、电磁、周界等一体化管控，确保营区内全资产的安全。图 7-1 所示为数字营区一体化安全管控平台示意图。

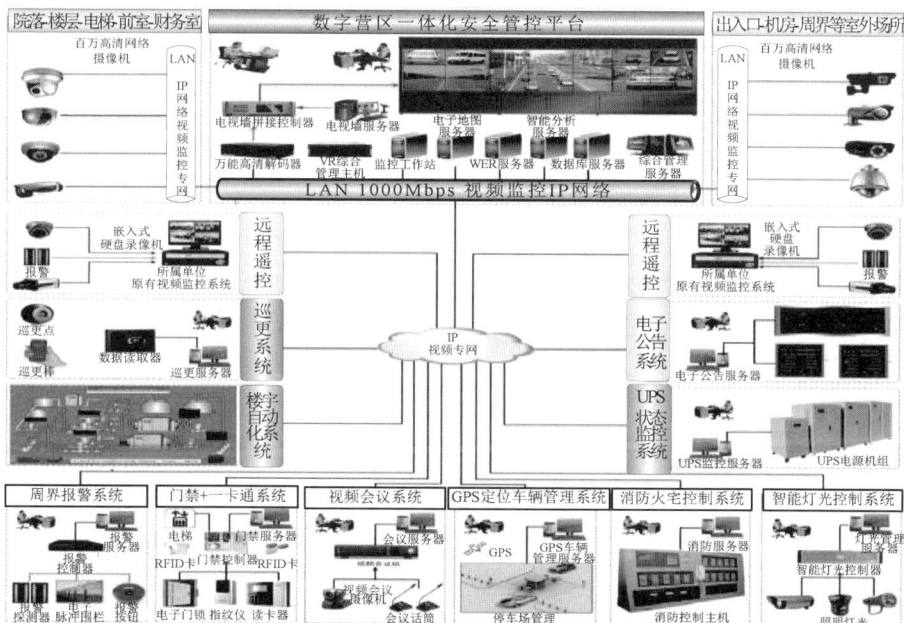

图 7-1　数字营区一体化安全管控平台示意图

按照安全管控对象及功能的不同，基于数字营区一体化安全管控平台构建常规安全监控系统、人员安全管控系统、车辆安全管控系统、枪支安全管控系统、涉密载体管控系统、重点目标管控系统、电磁安全管控系统等七类系统。

7.1.1　常规安全监控系统

常规安全监控系统可以分为视频监控系统、出入口控制系统、周界入侵报警系统、防爆安全检查系统、电子巡查系统、访客登记系统和哨位系统等七个方面。

1. 视频监控系统

（1）第一代视频监控系统是采用闭路电视构建的模拟视频监控系统，主要设备包括云镜解码器、视频切换器、多画面分割器、视频分配器、视频放大器、字符叠加器、视频矩阵等。

（2）现在普遍使用的第二代视频监控系统，是数字控制的模拟视频监控系统。视频信号仍以模拟形式进行各种处理、传输和存储，并采用数字视频图像压缩技术，以数字视频录像设备为核心控制器，利用计算机硬盘对数字视频信号进行记录。

（3）正在飞速发展的第三代视频监控系统，是以计算机通信技术和网络技术为依托，以数字视频的压缩、传输、存储和播放为核心，以智能实用的图像分析为特色，整合入侵报警系统、出入口控制系统在同一平台上的数字式视频监控系统。基于 IP 网络的视频监控系统通常由摄像机、视频编解码器、IP 网、网络化磁盘阵列、监视器墙等组成。

基于数字化技术的智能视频监控是一种将视频监控系统与入侵报警系统相结合的技术。它利用视频监控系统丰富的视频资源增强了入侵报警系统。智能视频监控系统主要功能有：入侵检测、周界/区域警戒、物品管理监测、烟火检测、运动目标检测分类及静态追踪、徘徊检测、绊线。

另一项技术是基于三维图像仿真和 GIS 多维立体监控平台，多维立体监控打破传统视频监控系统分镜头割裂画面显示的局限，将孤立的摄像头有机地融合到三维实景中，形成一个全局全景、跨跃封闭的物理空间，做到纵览全局，一目了然，实现对整个现场的全景实时监控。

2. 出入口控制系统

出入口控制系统利用自定义符识别或模式识别技术对出入口目标进行识别并控制出入口执行机构启闭的电子系统或网络。

首先通过在主控区安装门磁、电控锁、控制器、读卡器等设备，将人或物的数字化编码信息、数字化特征信息发送到监控中心；然后再由管理人员通过管理软件，对各通道口的位置、通行对象及通行时间、方向等进行实时控制或设定程序控制，从而实现对出入口的安全控制管理。

3. 周界入侵报警系统

周界入侵报警系统是利用传感器技术和电子信息技术探测并指示非法进入或试图非法进入设防区域的行为、处理并发出报警信息的电子系统或网络。常见的周界入侵报警系统通常由红外探测器、振动电缆探测器、静电场探测器、光纤振动探测、微波探测、激光对射等探测设备及报警器主机、联动灯等组成。

4. 防爆安全检查系统

防爆安全检查系统指的是检查有关人员、货物、行李是否携带武器、爆炸物和其他违禁品的电子设备、网络或系统。常见的防爆安全检查设备主要有X 射线探测器、金属探测器、炸药探测器、电子听音器等设备。

5. 电子巡查系统

电子巡查系统是指对巡查人员的巡查路线、方式及过程进行管理和控制的电子系统。电子巡查系统分为两类：离线式和在线式。

6. 访客登记系统

访客登记系统是新一代集人员信息登记、安防监控、门禁通道、车辆管理、物联网于一体的安防管理系统。

7. 哨位系统

哨位系统是集监控、报警、检查、控制、监督于一体的安防系统。其系统配置包括：①哨位监控摄像机：正面、后面各 1 台；②拾音器：监听哨位周边情况；③调度话机：报警及接受命令；④报警按钮：有突发情况时向安防中心报警（语音或警铃）；⑤控制按键：控制门挡、车阻；⑥监控台：查看过往人员、车辆身份，查看其他哨位周边情况；⑦哨兵岗亭：遮风避雨、安装电源盒、接线盒等。

7.1.2　人员安全管控系统

办公场所作为部队营区的重要活动场所，是一切活动的重心。办公场所出现意外问题，其所导致的后果是异常严重的。办公场所门禁系统通过在办公楼出/入口和各个重点部位安装人员身份识别装置，并记录识别信息。同时，依据各出/入口预先定义的出/入对象、出/入时间等参量所对应的安全控制级别，对出/入对象进行身份识别，做出通行或禁止等控制判定，并根据情况自动生成报警信息及控制信号。营区办公场所主要出/入对象是部队官兵，在门禁系统设计时，对于军人身份，可以充分利用军人保障卡内含芯片所预留的功能，而对于临时出/入对象，可以采用与军人保障卡具有相同协议的兼容卡来弥补。因此，可在节约系统运维成本的同时，极大地方便整个系统的运行。

1. 人员门禁管控子系统

人员门禁管控子系统即通道控制系统，是指结合现代微电子技术、传感技术和信息技术，在部队营区建筑物的作战室、保密室、首长办公室、监控中心、机房、各类库房等重点监管目标的通道口，通过安装读卡机、电子门锁、报警传感器等控制设备对出入通道口人员行为进行管控的一种电子自动化控制系统，监控中心根据人员所属权限，实施开门、拒绝开门、报警、保存进出记录等操作。

1）系统组成

人员门禁管控子系统通常由管理计算机（含专用软件、门禁控制器、读卡机、电子门锁、出口按钮门传感器等组成。图 7-2 所示为人员门禁管控子系统组成结构图。

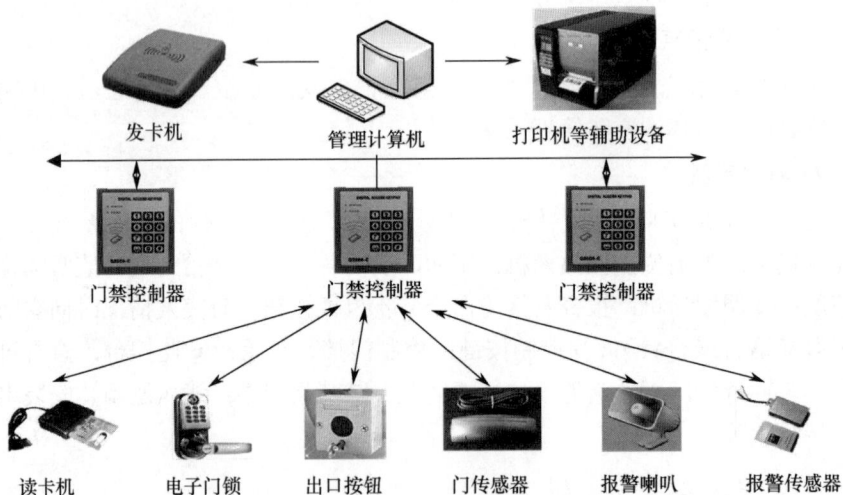

图 7-2　人员门禁管控子系统组成结构图

（1）管理计算机（专用软件）。通过计算机对所有单元进行中央管理和监控，进行相应的时钟、授权、统计管理工作。

（2）门禁控制器。门禁系统的核心部分，相当于计算机的 CPU，它负责整个系统输入、输出信息的处理和储存、控制等功能。

（3）读卡机。读取识别卡中数据（生物特征信息）的设备。

（4）电子门锁。门禁系统中锁门的执行部件。其主要有电磁锁、阳极锁、阴极锁等。

（5）出口按钮。属于开门设备，按下去即可打开门锁，一般在普通场所使用，对开门条件没有限制。

（6）门传感器。用于检测门的安全/开关状态等。

2）系统功能

人员门禁管控子系统应具备以下功能：灵活的权限管理；时间段权限设置功能；脱机运行；实时监控记录；电子地图功能、强制关门/强制开门功能、卡＋密码功能、消防报警及联动控制功能、非法闯入报警、长时间未关门报警、非法卡刷卡报警、防潜回功能等。

3）工作原理

人员门禁管控子系统通过以下步骤来实现控制人员出入的目的。

（1）在作战室、保密室、财务室等需要管控的重点场所的通道出入口，安装具有键盘、指纹阅读器、读卡器等感应器装置和电子门锁装置的电控门。工作人员若要进出某个场所时，刷卡或输入密码或扫描自己的指纹，验证通过后就可以打开电控门。

（2）人员进门时在电控门外侧控制设备上刷卡、输入密码或扫描指纹时，系统自动判断人员身份是否合法，是否具有开门权限，有效则系统驱动电锁开门放行；无效则拒绝开门并报警，人员无法通过。人员出门时需要在电控门内侧控制设备上刷卡、输入密码或扫描指纹，系统自动判断人员身份是否合法，是否具有开门权限，有效则系统驱动电锁开门放行；无效则拒绝开门并报警，人员无法通过。

（3）所有出入人员的资料，都被后台计算机记录在案；通过后台计算机可以随时修改授权人员的进出门权限。

图 7-3 所示为人员门禁管控子系统工作流程图。

2. 人员管理子系统

1）系统组成

人员管理子系统由证件识读仪、RFID 发卡机、摄像头、标签打印机（可选配）、计算机终端五部分组成，系统软件主要采用基于 C/S 架构的证件智能识别登记管理软件。图 7-4 所示为人员管理子系统结构示意图。

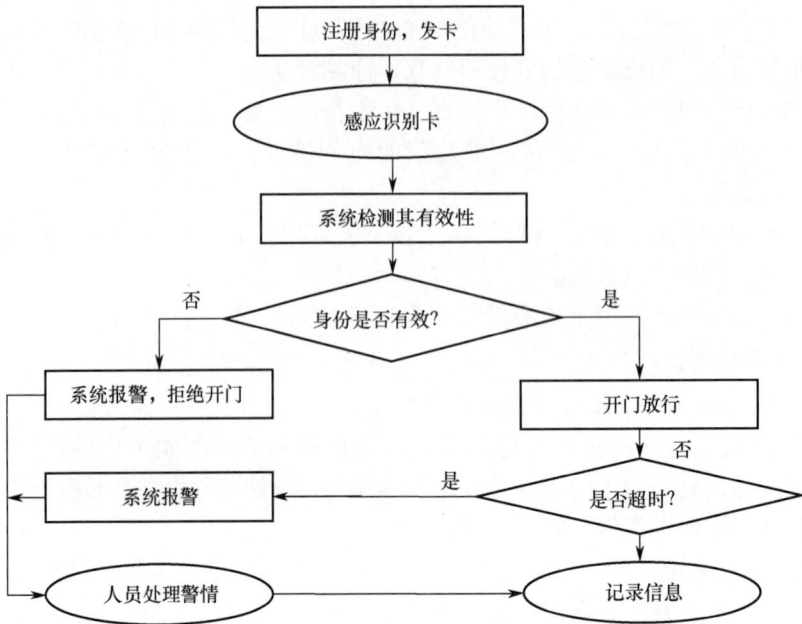

图 7-3　人员门禁管控子系统工作流程图

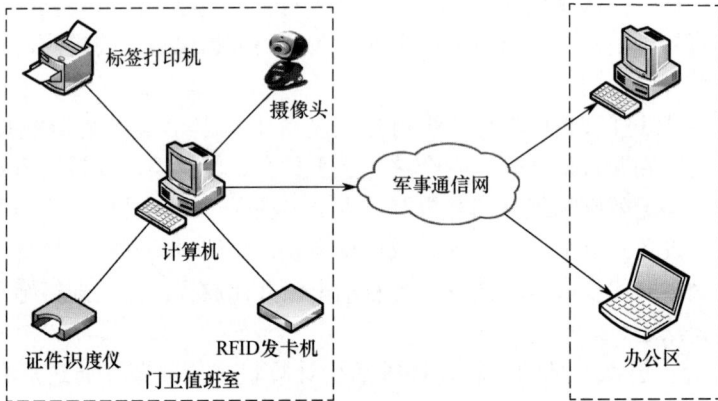

图 7-4　人员管理子系统结构示意图

2）系统功能

人员管理子系统能对出入营区的官兵进行动态监控，实时显示人员在位情况。通过 RFID 识别卡，实现对人员考勤和进出管控。

（1）外部人员：通过人脸拍照、电子登记、证件识别实现外部人员访客管理功能。门卫值班人员将来访人员的身份信息录入管理系统后，利用 RFID

发卡机发放门禁识别卡给来访人员，来访人员通过刷卡进入营区；或将来访人员的头像、姓名、被访人员姓名、部门等详细信息用标签打印机打印在通用标签上，贴在胸前，以此标识访客信息，提醒值班人员或工作人员对其进行有效管理。

（2）内部人员：通过考勤、请销假，实现对内部人员的管理。内部所有人员均配发一个为自己定制的射频身份识别卡，该身份识别卡存有持卡人的头像照片、职务级别、军衔资历、所属部门等资料；内部人员与射频身份识别卡具有映射关系，每个射频身份识别卡的 ID 号都是唯一的，不能更改，不能复制；可以设定自己的权限，将此 ID 号在数据库中同人员的姓名、部门等相对应，并进行相应的权限设置。当人员进入已被授权的区域时准予进入；当超出授权区域进入其他管控区域时，系统会执行声光报警程序，提醒人员禁止进入。同时，系统会自动拨打绑定的业务部门和作战值班室的联系电话，通知主管人员发生意外情况。当某内部工作人员的射频识别卡丢失或损毁时，系统可以通过功能模块将此卡设定为废卡，注销其功能。当此卡再次进入管控区域或重点目标重点部位时，系统会执行声光报警程序，提醒人员禁止进入。同时，系统会自动拨打绑定的业务部门和作战值班室的联系电话，通知主管人员发生意外情况。后台数据库记录工作人员每天的流动信息，并自动整理归档。

（3）人员信息管理：具有官兵个人信息管理功能，其中数据结构与身份识别卡人员信息表一致，可根据不同条件，如官兵姓名、部职别等情况进行查询统计。

（4）现场图像对比：当内部工作人员未携带射频识别卡时，可采用摄像头现场拍照的方式，将进出人员实际头像和系统预存的证件图像进行对比分析，判断其相似性，并将相关数据存入后台数据库。

（5）机关考勤：采用人员门禁管控子系统实现对人员上下班的考勤功能。

7.1.3　车辆安全管控系统

1. 停车场管理子系统

该系统通常采用非接触智能识别 RFID 卡作为车辆出入停车场的"身份证"，通过在车库的出入口安装智能设备对出入车辆进行自动识别，管理系统和终端设施根据接收的车辆信息实施综合处理，是一种分布式的车辆管理平台。

1）系统组成

停车场管理子系统主要由 RFID 读/写器、车辆传感器、语音提示模块、

LED 显示屏、彩色摄像机、计算机、地磁感应线圈、道闸组成。图 7-5 所示为停车场管理子系统组成结构图。

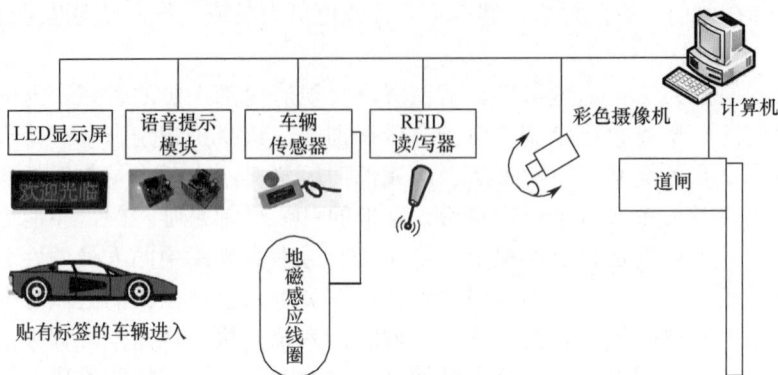

图 7-5　停车场管理子系统组成结构图

2）系统功能

该系统利用终端机与 RFID 读/写器之间的通信，获取目标车辆 RFID 卡（RFID 标签）的相关信息，对目标车辆的身份信息进行验证，进而对其出入进行安全控制。终端机上的管理信息系统软件实现对目标车辆及停车场各种信息的实时管理，通过与 RFID 控制器发送指令，获取 RFID 卡的信息，记录目标车辆的活动信息，加强车辆的出入、收费等管理。显示屏实时提供停车场的车位等信息，以供车主决策，语音提示功能将给车主进行各种语音提示，使车主停车更加方便快捷。监控系统实时监控停车场出入口情况，提高停车场的安全性。

3）系统工作流程

营区内部车辆粘贴 RFID 标签，当车辆来到入口时，通道处的感应线圈能够检测到车辆到来，管理计算机将启动 RFID 读/写器获取车辆 RFID 标签内的信息资料，通过读写器验证 RFID 卡是否有效。若 RFID 标签有效则道闸开启，管理系统将自动记录车辆有关信息，同时保存到数据库服务器。车辆离开后，感应线圈感应到车辆已经离开道闸，此时道闸自动关闭。若为外来的临时车辆，到达停车场入口时，RFID 读/写器无法检测 RFID 卡的信息或判定为无效卡，道闸保持关闭状态，系统将立即发出警报信号通知停车场管理人员，管理人员判断是否放行并记录车辆信息。停车场管理子系统的工作流程如图 7-6 所示。

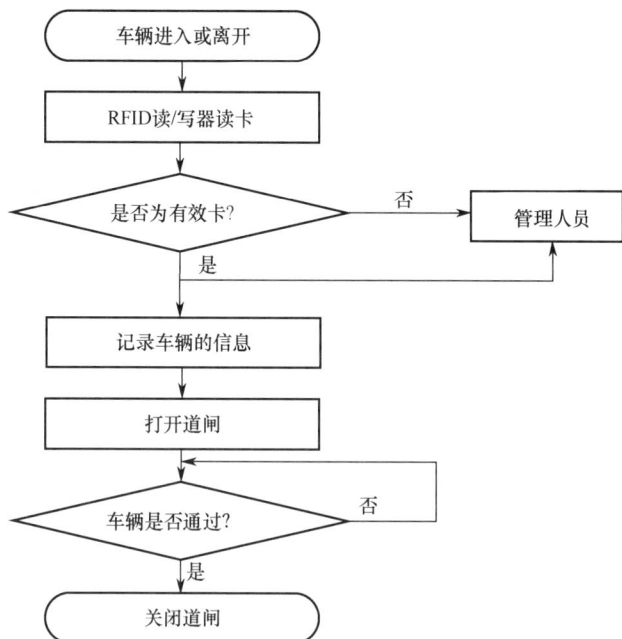

图 7-6　停车场管理子系统工作流程图

2. 北斗车辆监控子系统

北斗车辆监控子系统利用北斗导航卫星和集群通信基站作为通信链路，融合传感器技术及视频监控技术，对车辆进行监控，不仅适用于平时，更适用于战时和灾害发生等情况下的应急保障运输。

1）系统组成

北斗车辆监控子系统主要包括车辆导航终端、空间及通信部分、监控中心等几部分，图 7-7 所示为北斗车辆监控子系统结构图。

（1）车辆导航终端：主要包括北斗二代车辆行驶记录仪、导航监控终端、固定和移动视频监控系统、传感器、存储和报警装置。

（2）空间及通信部分：主要由 5 颗静止轨道卫星和 30 颗非静止轨道卫星组成的北斗导航定位系统、北斗卫星定位总站及集群通信基站组成。

（3）监控中心：主要包括无线发送/接收机、数据库服务器、应用程序服务器、web 服务器等组成。

2）业务流程

北斗车辆监控子系统主要通过对车辆行驶中的信息进行获取、处理，从而实现运输监控、远程维修等应用。

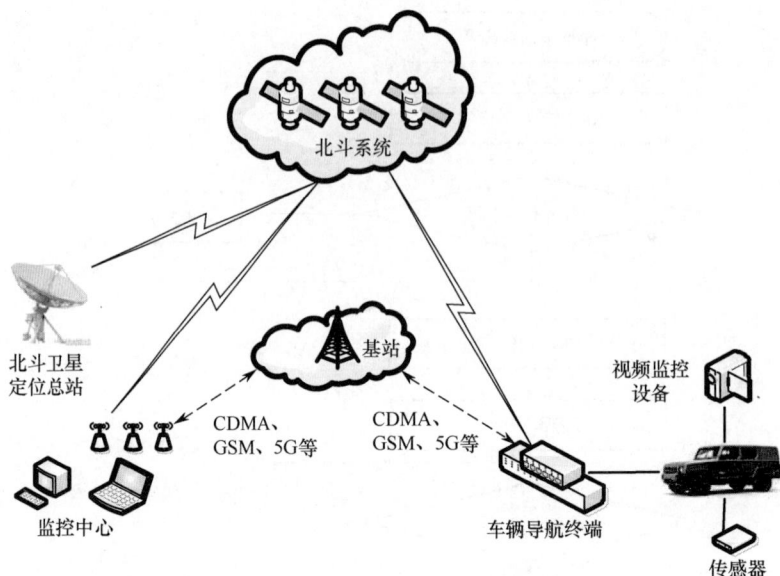

图 7-7　北斗车辆监控子系统结构图

（1）数据信息获取分析。根据数据获取来源，对数据信息获取进行分类设计。

（2）数据信息处理分析。对各类信息进行分类设计后，进行数据的发送接收、分包、解码、入库、查询、分析、统计等。

7.1.4　枪支安全管控系统

枪支安全管控系统是借助 RFID 技术，在检验节点处进行无缝识别。这极大减少了重复劳动和手动操作，并能够准确捕获数据，从而提高枪支库存和流通管理效率。因此，利用该技术的诸多优势，可以增强枪支使用单位对枪支管理的安全性。

1. 系统组成

枪支安全管控系统由无线射频识别设备、枪支自动识别电子标签和后台枪支管理信息系统组成。

无线射频识别设备通常由 3 台读/写器组成，其中 1 台读/写器配置在系统控制中心，主要读取枪支自带 RFID 电子标签的 EPC 编码信息，并在系统数据库中录入对应枪支的基本信息。配置在枪支库房里另外 2 台读/写器主要用于读取每把枪支的 RFID 资料，在物理设计上采用防冲撞技术，任意一台读/写器都可以检测枪支电子标签，并自动向控制中心计算机传送检测到的 EPC

编码信息。系统会在数据库的 EPC 编码列表中查找对应枪支的信息资料，并自动弹出管理对话框，提高枪支出入库管理的效率。图 7-8 所示为枪支安全管控系统拓扑图。

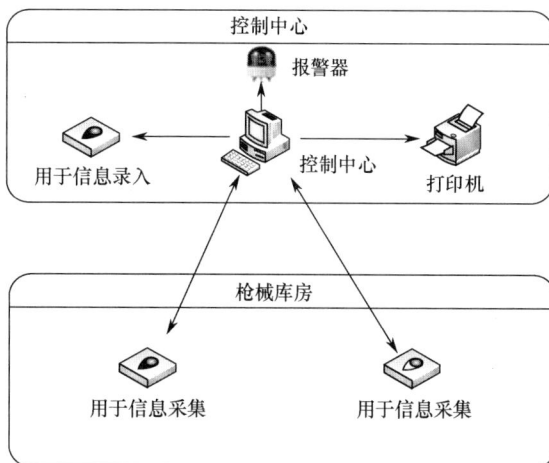

图 7-8　枪支安全管控系统拓扑图

2. 系统功能

（1）信息录入管理。包括枪支装备编制责任登记、枪支技术状况管理、枪支每周维修保养情况、枪支装备检查情况登记等。

（2）枪支出入库管理。记录出入库枪支的标签号码、时间、经手人等基本信息。

（3）枪支调拨管理。记录枪支的调出单位、调往单位以及调拨枪支资料、调拨时间、经手人等内容。

（4）枪支信息查询。可根据出入库时间、维修保养等要素实施各种综合信息查询。

（5）出入库报警功能。枪械出入库时门口的读写器向控制中心发出信息，对照出入库时间是否与出入库计划相吻合，不吻合时发出警报，并向责任人员发送预设短信和拨打绑定电话。

（6）超时报警。系统实时检测枪支在位情况，若出库枪支在规定的时间内未入库，系统向责任人员发送预设短信和拨打绑定电话。

（7）显示照片。系统中心管理端计算机能够显示执行枪支出入库操作经手人员的照片。

（8）领导随时查看。系统设定领导的管理权限，可以通过内部网络在办公室或其他网络联通办公室登录后台枪支管理信息系统，登录、调阅、查询系统资料。

（9）系统功能管理。可以根据工作人员的职责分工，设置管理权限，定制不同的功能模块，实现对枪支的安全、可靠监控。

3. 系统工作流程

1）入库流程

新调拨的枪支到位后，首先将电子标签悬挂或粘贴在枪支的手柄；然后用读/写器读取电子标签上的 EPC 编码，再把枪械设备的属性（包括枪支编号、枪弹痕迹、枪支名称、管理状态、枪械质量、责任人姓名、单位代号、所属部门等）资料与 EPC 编码存储到系统数据库枪支表项的一条记录中。枪支入库时，安装在枪械仓库门口附近的两部读/写器自动检测枪支的电子标签 EPC 编码信号，并立即将获取的信息传送到管控中心计算机中，与系统数据库中预存的枪支信息进行校验，检验无误后，则自动将枪支状态更改为"在位"，完成枪支入库流程。图 7-9 所示为枪支入库流程图。

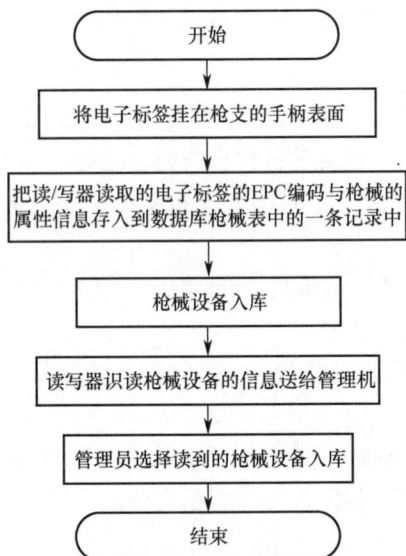

图 7-9　枪支入库流程图

2）出库流程

枪支出库时，安装在枪械仓库门口附近的两部读/写器自动检测枪支的电子标签 EPC 编码信号，并立即将获取的信息传送到管控中心计算机中，与系统数据库中预存的枪支信息进行校验，判断出库的枪支是否已完成出库手续。如果是允许出库，自动将枪支状态更改为"不在位"，同时系统立即保存该枪的出库时间、责任人姓名等信息；否则系统自动报警。图 7-10 所示为枪支出库流程图。

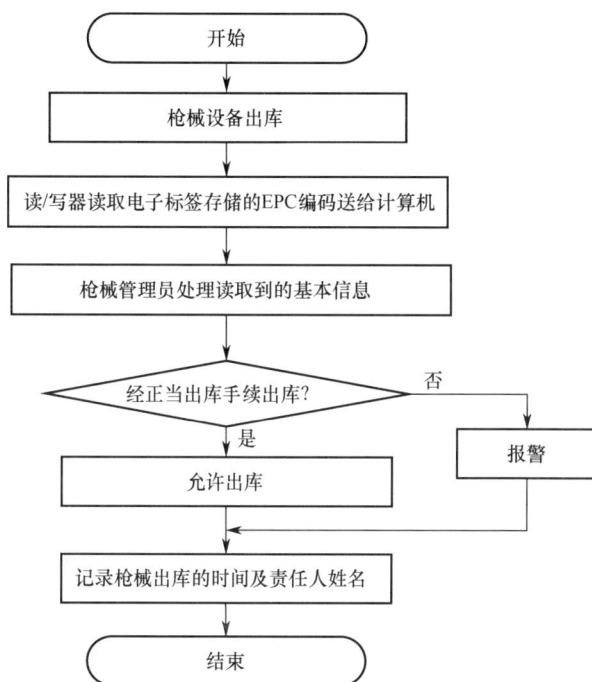

图 7-10　枪支出库流程图

7.1.5　涉密载体管控系统

涉密载体管控系统通过为涉密载体（秘密级别以上的公文、技术资料、保密档案、重要图纸、软盘、光盘、U 盘、移动硬盘、硬盘、磁带、密码机等）贴上电子标签，采取远距离、非接触式采集射频卡的信息，进行分类、登记、存档、审核等归档处理。对于非授权的带出，进行报警并记录，实现涉密载体在移动状态下的自动识别，从而实现目标的自动化管理。

1. 系统组成

涉密载体管控系统硬件主要由 RFID 电子标签、RFID 读/写器（含分支天线）、军事通信网以及 RFID 后台主机构成。图 7-11 所示为涉密载体管控系统示意图。

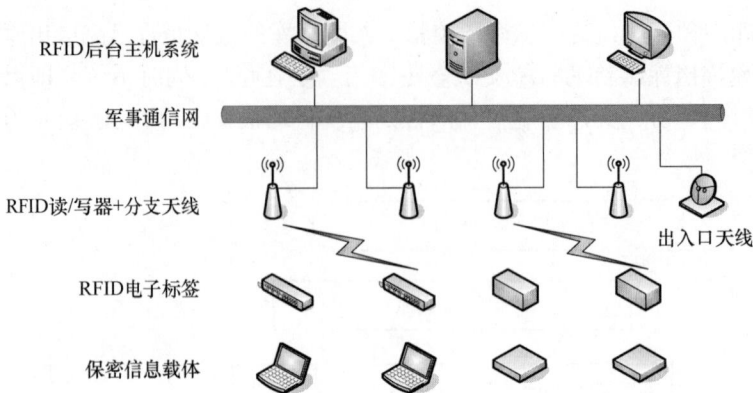

图 7-11　涉密载体管控系统示意图

（1）RFID 电子标签。RFID 电子标签一般放置在系统工作区，将读/写器天线发出射频载波信号转化为自身的能量，再由标签天线发射出加密的射频载波信号。同时，系统配套的动态监测装置实时监控出入口区域，结合人员卡的应用，防止其他人员非授权进入。

（2）RFID 读/写器（含分支天线）。可产生射频载波信号并由分支天线发射出去，激活进入其辐射范围的射频识别卡；同时分支天线接收 RFID 电子标签发射的射频载波信号并将信号经过放大器放大后经读/写模块传送到后台主机。

（3）军事通信网。主要是完成出入口监控与后台主机之间的网络连接。

（4）RFID 后台主机。主要是完成对上传的数据进行处理，提供完整的通行记录报告，生成监控记录等统计报表，并实时监控物品进出系统状态，还可加配或与监控系统对接，将数据存入硬盘录像机备查。

2. 系统功能

涉密载体管理应用 RFID 技术，具有智能识别的技术优势，可有效解决安全管理中没发现、没看见就无法阻止以及人为管理有差错、有遗漏这两大难题。同时，该系统还实现了自动识别、自动追踪、自动报警、历史追溯等功能。

3. 工作流程

各部门将所有需要管控的涉密载体汇总上交保密办；保密办对涉密载体进行区分，粘贴 RFID 电子标签后录入管理系统，并对涉密载体进行动态监控；当人员携涉密载体到达办公室或保密室的出入口时，系统自动判断其是否允许"进出"。如果允许，保存出入记录；否则启动报警功能，提醒工作人员发生违反保密规定行为。同时，系统记录事件的发生时间和地点。图 7-12 所示为涉密载体管控系统工作流程图。

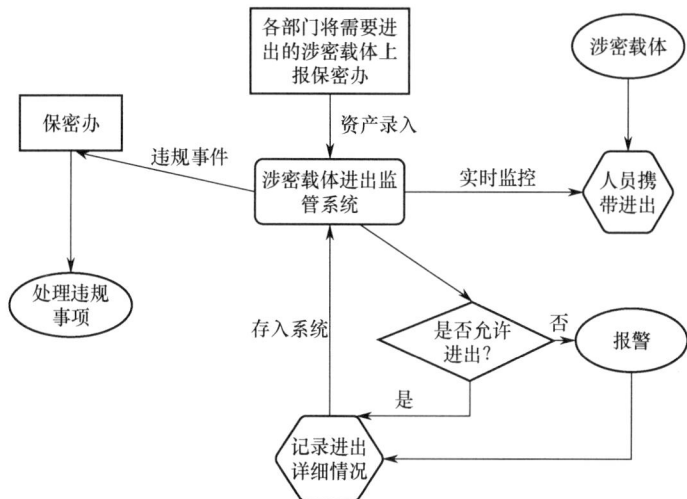

图 7-12　涉密载体管控系统工作流程图

7.1.6　重点目标管控系统

1. 视联网监控系统

视联网是基于实时高清视频交换技术构建的一个全高清视频网络。这里，将视联网定义为基于现有的军事通信网络，将营区的视频监控、视频会议、高清电视等视频系统进行整合所构建的视频网络，它是数字营区物联网的一个子网。

在部队营区的数字化建设过程中，视联网监控系统的应用越来越广泛，有力地促进了部队营区安全管理系统的发展。该系统首先在营区周界、重点部位、重点目标等区域架设监控摄像头（可选配变焦镜头、云台等）全时段、全方位监控目标场所的视频图像情况；然后把监控现场的音视频信号实时传送到监控中心；最后把被监控场所的图像全部或部分地记录下来，这样就为日后对某些事件的处理提供了方便条件及重要依据。总之，随着新技术、新产品的不断发展，视联网监控系统已成为部队营区安全管理的重要组成部分。

1）模拟视频监控系统

模拟视频监控系统主要包括前端设备、传输设备、监控中心主机和监控终端设备四个部分，如图 7-13 所示。

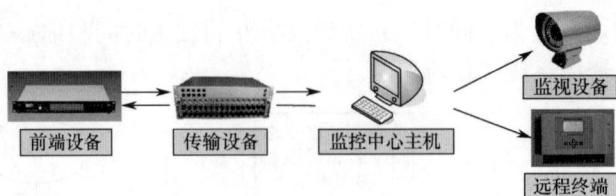

图 7-13　模拟视频监控系统结构图

前端设备主要用于实时采集监控现场的图像、声音等信号，具有动作遥控、信号采集和视频处理三个功能，与之相对应的是可遥控设备、信号采集设备以及视频处理设备。信号采集设备包括视频信号及其他模拟信号采集设备，如摄像机、录音器、红外报警探测器等；可遥控设备主要分为云台、变焦镜头、射灯开关三类；视频处理设备主要实现前端设备的模拟信号与监控中心主机的数字信号之间的转换。

传输设备是系统的视频、声音以及控制信号的通路，主要用于传输摄像机前端采集的视频信号、录音器采集的音频信号和控制中心发出的控制信号。

监控中心主机是监控系统的"心脏"部分，主要担负接收前端设备的传输信号，存储、分析、管理所接收的信号，向前端可遥控设备发送动作指令以及资料查询、下载等功能。

监控终端设备主要用于直观地显示或播放视频、声音信号。

2）视联网监控系统

视联网监控系统是以视频服务器（计算机）为核心，综合运用数字视频、图像传感器、图像数据压缩（JPEG、MPEG-1 或 MPEG-4）、计算机网络、人工智能和自动控制等技术，实现对监控视频的传输、处理和存储。图 7-14 所示为视联网监控系统结构图。

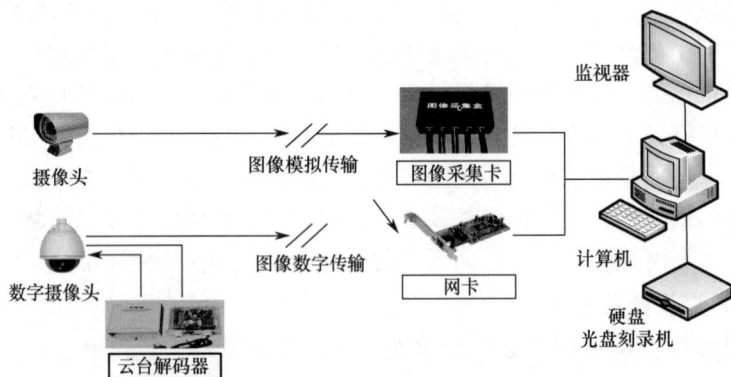

图 7-14　视联网监控系统结构图

　　视联网监控系统传输的信号为数字信号，系统前端的摄像头若为模拟摄像头，其获得视频信号必须转变为数字信号。若为数字摄像头，则无需进行信号模数转换，直接进行传输、存储和控制处理。多路数字视频信号可直接在监视终端或管理计算机上显示，同时还可以直接存储在计算机的硬盘上。各路信号经网络视频服务器处理后，可利用网桥上的光端机，通过光纤传输方式直接传送至营区监控中心。由于监控中心接收的信号已经过现场计算机处理，在 TCP/IP 网络体系结构下，视联网监控系统具有图像传输延时小的特点，监控中心无需任何视频监控硬件设备，可通过网络调用方式直接登录监控主机，查看监控现场、调阅监控视频。

　　与传统的模拟视频监控系统相比，视联网监控系统还具有其他的一些特色功能，如监控视频远程传输、视频回放、视频运动检测、异常报警等功能。图 7-15 所示为视联网监控系统示意图。

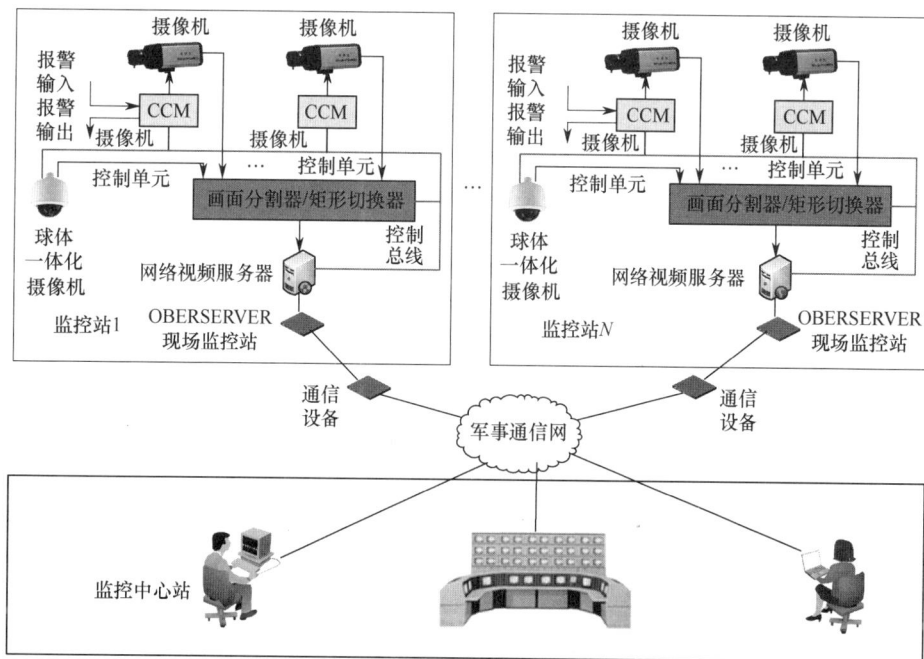

图 7-15　视联网监控系统示意图

3）系统性能要求

　　视频切换矩阵可以手动切换或通过系统自动控制各路视频输入信号，同时兼具报警切换、编程等功能；以 TCP/IP 网络为基础，将所有视频切换矩阵进行互联，分配不同的权限功能，可以调看图像、控制视频系统；对全部监控视频均进行录像，报警联动时报警视频需要二次录像；系统主机采用模块化结构设计，通过增加板卡可以方便的进行系统扩容；在不变更硬件设备安装的情况下，通过视频切换矩阵对视频图像动态分组显示，也可设定为循环显示；每路图像都均有汉字提示；摄像机标题及时间信息可在屏幕上显示；能够灵敏地控制云台和变焦镜头；视联网监控系统可设置各路视频图像在监视器上定时切换或按预定顺序显示，硬盘录像机可定点定时录像；具有异常报警和应急处理能力，可以在网络上传输报警信息，一个报警可以同时传输到多个控制中心；根据需求可以增加分控中心数量；系统可以通过专用软件进行控制，具有报警转发和电子地图功能；具有系统联动模块，可实现与周界报警系统、门禁系统的实时联动；系统能够自动保存日志信息；控制功能和软件功能可以根据需求进行定制。

2. 营区周界报警系统

营区周界报警系统是指在营区周边通过布设探测设备，全时监控防范区域内是否有入侵者，一旦探测到异常入侵情况能够及时进行报警的电子探测系统。营区周界报警系统种类较多，通常采用主动红外探测的技术方式进行防范。其原理是：在防范区域周界安装带有主动红外探测功能的传感设备，全时对防范周界的人体入侵移动等异常行为进行探测，并通知监控主机启动声光报警及系统联动设备，从而有效威慑和阻止盗窃行为发生。

1）系统组成

营区周界报警系统由前端、传输、中心处理设备三部分组成。系统结构如图 7-16 所示。

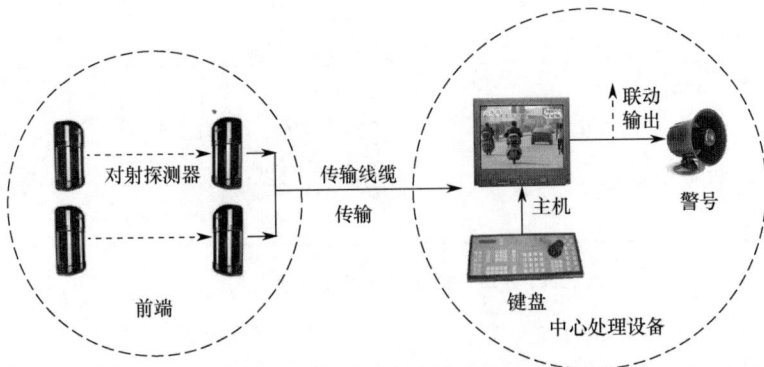

图 7-16　营区周界报警系统结构图

前端由周界报警探测器组成，采用主动红外对射探测器。传输设备主要是传输报警信号和电源供给的电缆。中心处理设备主要是防盗报警主机。防盗报警主机采用及反映前端探测器状态的模拟显示屏和信号联动设备。

2）系统性能要求

营区周界报警系统实现周界无盲区，无死角，全面设防；探测器能适应恶劣环境影响，有较强的抗干扰能力；防区划分能够确保报警时准确定位；报警监控主机具备警笛、语音、警灯提示功能；监控中心能够通过显示屏或电子地图识别报警区域；检测到入侵后，被入侵防区具有现场报警功能，同时启动警笛、语音、警灯等报警信号；报警监控主机能够有效操作控制前端设备，并能够将其恢复到正常状态；能够与周界探照灯实现联动，夜间检测到入侵时，在报警的同时，被入侵防区自动打开防区探照灯；能够与视联网监控系统实现联动，检测到入侵时，在报警的同时，被入侵防区的现场视频图像自动切换到监控中心的监视器上显示，并存储到视频监控主机硬盘中；报警控制主机具备报警防区、报警状态、报警时间记录功能。

3. 系统集成

结合部队营区安全管理需要，重点目标管控系统必须实现集成管理、联动功能，通常采用网络方式与各子系统实现无缝集成，达到安防各个子系统之间的自动联动、集中控制和统一管理。在系统选型方面，需要构设一套安全可靠稳定的网络管理平台，操作与处理在统一的人机界面内完成，实现分散监视、统一控制和集中管理的目的。多媒体计算机按照标准接口和标准通信协议，依托内部局域网（LAN）实现与其他业务系统的软件集成。

1）集成方式

传统集成方式：采取"硬"集成方式，即继电器集成联动。该集成方式虽然具有安全稳定、易于实现的优点，但是，由于其技术的集成要求，在较大系统使用当中，存在着较多的不足，如系统集成需要子系统设置报警输入、继电器输出接口和报警输入/输出扩展器，并且数量较多，系统投资大；在实际施工中，传输线缆需求大，建成后变更及维护保养难度大，施工经费高。

新形式的集成手段：采取"软"集成方式，即串口指令集成。各子系统之间通过指令文件进行互控，无需在原有系统上增加硬件设备，也不需要进行二次开发，即可构建一个完整的防区安全技术防范体系，实现防区内各应用子系统的联动。

2）营区周界报警系统与视联网监控系统联动，如图 7-17 所示。

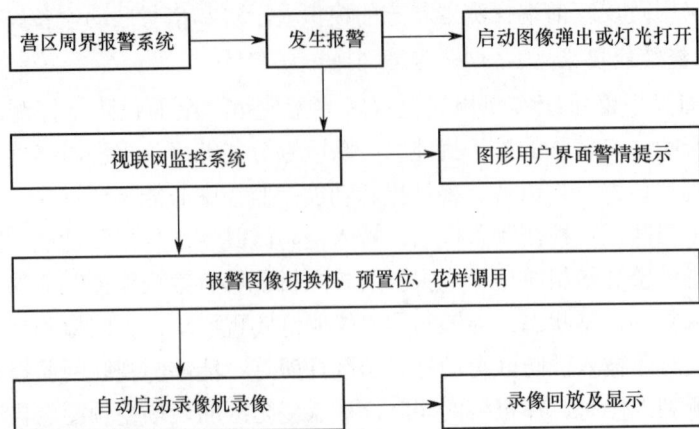

图 7-17　营区周界报警系统与视联网监控系统联动功能示意图

7.1.7　电磁安全管控系统

随着国防现代化建设，营区电磁辐射越来越频繁，尤其是使用了很多无线通信技术的数字营区。同时，美、日等国靠掌握先进的电子侦察技术，不断加强对营区的电子情报侦察力度。营区面临着越来越严重的辐射电磁频谱安全，因此在营区中如何保障电子信息装备的电磁辐射安全显得尤其重要。

1. 建设数字营区电磁频谱使用规划

通过建立数字营区电磁频谱使用规划，将数字营区内各个单位的电磁资源使用、协调、控制计划纳入整体建设、使用计划中。在拟制建设方案时，根据各部门提出的电磁频谱使用需求和营区附近的电磁频谱占用情况，拟制电磁资源使用、协调、管控规划，制定电磁资源协调图，作为整体建设计划的重要组成部分。

2. 建立电磁监测系统

建立相应的电磁监测系统，采用远近场信号识别、发射源定位、背景噪声抑制抵消和宽带/窄带的探测等技术，在时域、频域、调制域和数据域，对各类信号进行接收、调理、分析、处理、处置，对数字营区的三维空间内的电磁频谱进行整体和特征的描述，并对一些潜在的安全威胁进行等级评估。

3. 建立电磁防御系统

为了使得数字营区的电磁频谱使用不受干扰，必须构建多层次、多种类的立体电磁防御系统，加强自身的防护与应变能力，充分利用各种手段保证数字营区电磁频谱的安全。在营区中建设一些模拟通信系统部署在数字营区周围，模拟营区内的真正辐射源，并有计划地组织假辐射源与真正的辐射源交替开机或同时开机、变换通信频率等行动掩护真实目的，并在敌方威胁卫星过顶时间对重要装备实施电磁静默，尽量减小目标的发现概率。

4. 建设计算机网络电磁安全防护系统

计算机网络系统在工作时，系统的显示屏、机壳缝隙、键盘、互连电缆和接口等处都会发生信息的电磁泄漏，国外对计算机设备的电磁安全问题早已有研究，目前国外已可以做到在 1km 外同时接收和区分 20 台正在工作的计算机的辐射信息。因此，计算机终端设备及其连接线的电磁辐射对网络信息安全构成威胁。需要根据数字营区内计算机网络的安全等级，建设针对核心网络的多种类、多防护等级的计算机电磁安全防护设备及系统，提高涉密信息网络系统、军用信息设备、密码设备、电话机、电磁屏蔽室、电磁干扰器等的电磁安全防护标准。

7.2 军事设施管理平台

军事设施管理平台是针对营区军事设施进行查询、监控、提供服务、开展业务的一个综合性管理平台，按照功能不同，区分为数字营区综合管理平台、三维集成应用系统、营区军事设施业务管理系统和营区军事设施管理服务。

7.2.1 数字营区综合管理平台

数字营区综合管理平台是一套针对军事设施业务管理、营区水电暖智能设施设备监控、营房图档要素数字化、营房信息服务等的全方位综合管理平台，平台在营区综合数据中心基础上，采用 Java EE 和 SOA 相结合的架构模式集成了营房业务、设施设备管控、要素数字化、综合查询统计、信息服务网和系统维护等六大子系统，是一个数据整合、信息共享、界面统一、综合集成的大系统。

（1）集成架构：数字营区综合管理平台采用 Java EE 企业级架构，基于 SOA 的思想，集成了营房业务系统、营区水电暖智能管控系统、三维实景系统、要素数字化系统、综合查询统计系统、信息服务网等系统，有效地解决了不同子系统间的互联、互通和互操作问题，具有粗粒度、松耦合、操作系统无关性、可移植性强等特点。图 7-18 所示为集成架构图。

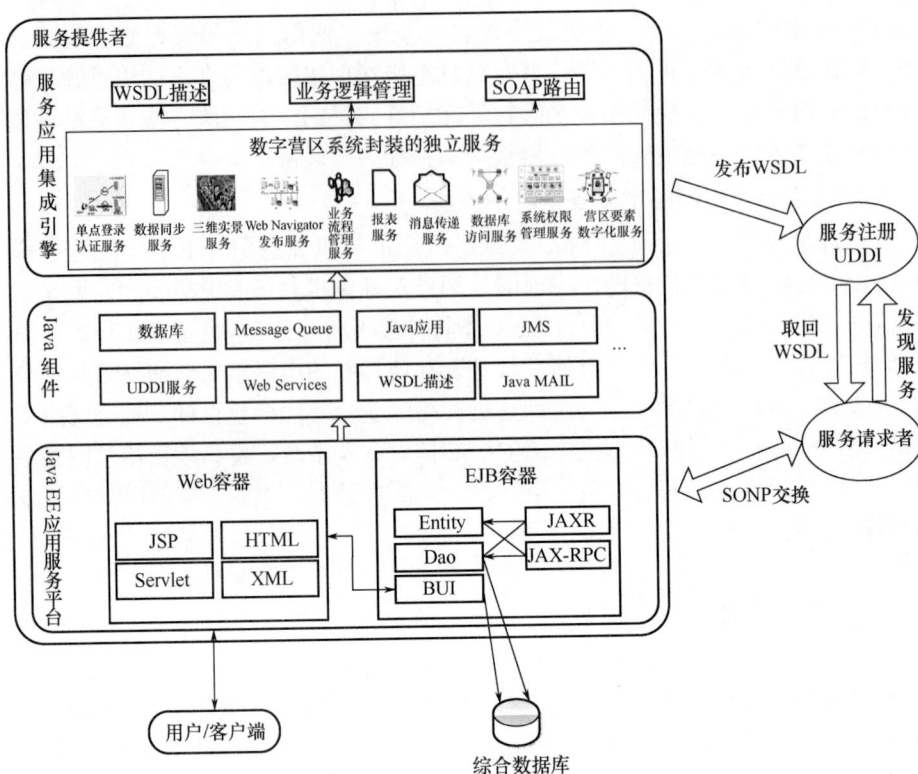

图 7-18　集成架构图

（2）主界面集成：数字营区综合管理平台融合了苹果、安卓、Windows 操作系统的人机界面设计特点，设计了经典、时尚和流行三种界面风格，能够全面支持单击、拖拽、滑动等手势动作，有效地增强用户体验。图 7-19 所示为数字营区综合管理平台主界面。

图 7-19　数字营区综合管理平台主界面

（3）统一用户管理：平台用户管理提供了一套完整的基于权限、角色、用户授权的经典解决方案，系统管理员能够轻松地对不同用户分配不同的角色，并给每一个角色授予不同的权限。

7.2.2　三维集成应用系统

三维实景模型运用 Autodesk 3DS Max、Autodesk Map、Photoshop、ArcMap 等相关软件制作而成，利用三维仿真技术和真实高清影像能够真实展现营区全景全貌，再现营区实景。三维场景能记载和表达比平面图片更多的信息，交互性强，用鼠标就能控制观察的角度，可任意调整远近，任意穿行，巡视，为营区楼宇规划建设、设备和设施的使用管理、查询等提供便利。

集成系统是建立在三维实景系统基础之上，采用 B/S 三层体系结构的三维集成应用系统综合集成了要素数字化查询、设施设备管理、管网管线管理、划区规划、电子巡更等多个功能模块，实现了营房管理各项工作的三维立体化"可知、可视、可控"，极大地提升了对整个营区的信息化管理水平。

（1）要素数字化查询。所有三维模型均带有精确位置坐标和属性信息，可进行实景量算和要素查询，使得营房管理更加直观、便捷。实景量算包括对实景对象的长、宽、高、面积、空间大小的度量；要素查询包括对整个营区营房的搜索定位以及高亮、设备的搜索定位、实景对象（水系、绿化、道路等）的高亮以及定位、图层对象（水系、场地等图层）的控制。

（2）设施设备管理。营区所有设施设备在三维立体图上远程实时可控、可读，设施设备管理更加简单、方便。

（3）管网管线管理。以三维立体形式显示营区地下管网并根据不同颜色将管线分类，查询、查看地下管网情况和管线属性，为营房维修施工提供准确依据。

（4）划区规划管理。通过不同颜色将营区划分为生活区、技术区、办公区等不同工作区域进行区域化管理，营区管理更加直观。

（5）电子巡更。可预设行进路线、视角、速度等用以模拟查看、参观营区各点，使得模拟巡视更加直接、真实。

7.2.3　营区军事设施业务管理系统

（1）营区基本情况系统。该系统主要是对营区的单位情况、坐落、分栋、电梯、室外管线、锅炉和设施设备的基础信息进行查看，表格按照军用土地调查文件表格设计，操作简明。

（2）工程建设管理系统。该系统主要是对本单位的工程建设情况进行管理，包括工程前期、工程勘察、工程造价、工程招标、工程合同、工程质监、工程监理、工程施工、工程竣工等部分，涵盖工程建设前期、中期和后期所有内容，录入界面简洁，查询操作方便。

（3）营区环保管理系统。该系统主要是对本单位的环境保护情况进行管理，包括水资源和污染源两部分内容。

（4）营区绿化管理系统。该系统主要是对本单位的绿化建设情况进行管理，包括绿化概况、绿化管理、古树名木管理、林木花草管理四大模块，涵盖营区绿化管理基本内容，操作简单方便。

（5）营区住用管理系统。该系统集营区住房登记、统计、分配、腾退、缴费及住用人员登录、查阅、调出等管理功能于一体，功能完备、操作简明。

（6）军事设施日常业务管理系统。该系统包括军事设施报修、计划安排、经费管理、值班安排和通信录管理等模块，业务条理明晰，操作简单方便。

（7）房地产租赁管理系统。该系统完成营区空余房地产租赁许可证登记和查询功能，操作简单。

7.2.4　营区军事设施管理服务

军事设施管理服务由网上报修服务、用水查询服务、用电查询服务、营具申请服务四部分组成。

（1）网上报修服务。该服务为用户提供营区各类营产营具的报修服务并能追踪查询报修和处理执行情况。

（2）用水查询服务。该服务为用户提供用水信息查询，包括本月水费情况、历史账单、用户信息以及综合统计情况。

（3）用电查询服务。该服务为用户提供用电信息查询，包括本月电费情况、历史账单、用户信息以及综合统计情况。

（4）营具申请服务。该服务为用户提供各类型号营具的申请服务并能追踪查询申请和执行情况。

7.3　信息智能平台

信息智能平台针对营区管理需求，进行信息采集、信息展现、信息操作权限设置、态势监控、态势综合处理的智能化平台，按照其功能不同区分为物联网传感采集管理、图形化展现管理、权限管理、智能监控、综合态势几部分。

7.3.1 物联网传感采集管理

数字营区平台是软件与各类型各型号设备综合集成的智能管理平台，硬件设备的智能传感采集是这个平台的核心要求和功能。物联网传感采集管理主要是借助核心的采集控制器，通过有线或无线方式实现对外界传感采集设备、控制设备的有效采集控制，物联网传感采集管理功能如图 7-20 所示。

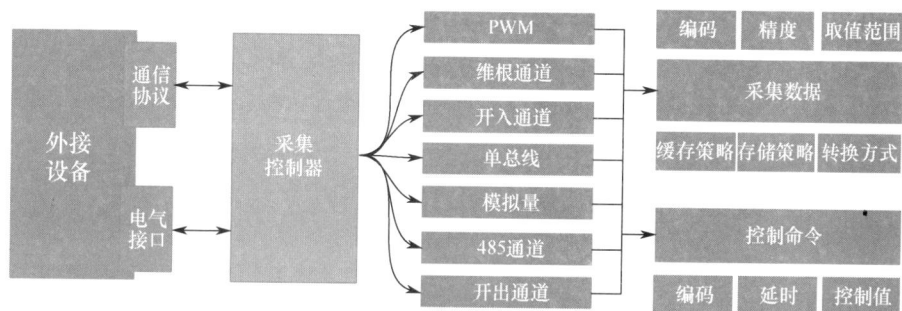

图 7-20 物联网传感采集管理功能图

7.3.2 图形化展现管理

图形化展现管理主要是将各类采集数据、业务数据（采集数据如：温、湿度实时数据，业务数据如：门禁实时进出记录、异常报警信息）以 Web 图形化或三维形式进行展现，并能够在界面上进行拖动布局或自动布局，以便适应当前系统用户使用者的需求，如图 7-21 所示。

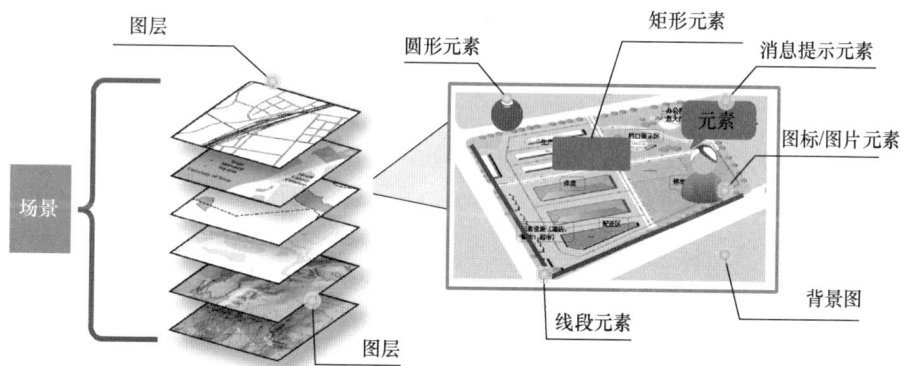

图 7-21 图形化展现管理示意图

7.3.3 权限管理

根据垂直管理和各职能部门日常岗位职责情况建立以角色或岗位为核心的权限管理机制，每个角色权限由一系列的功能操作权限和数据范围权限组成。功能操作权限是指能够访问和操作的功能模块和业务模块，数据范围权限是指能够访问的数据范围。例如，某业务助理角色，其主要职责是管理战备器材仓库的日常保养和器材收发工作，其操作权限主要由库房器材管理系统的库存管理、仓库管理、账目等功能模块组成，其可以访问的数据范围应是本单位所辖仓库的器材数据。

部队是典型的垂直管理机构，信息化平台在设计实施时既要能够实现将下属各单位的数据能够汇聚集中，又要能够根据垂直管理模式按照总队现行各级职能部门管理职责实现分级授权管理。基于信息化平台可以将下级机关数据实时汇总上报至上级机关，上级机关可以对下属各营区实现实时监控，如图 7-22 所示。

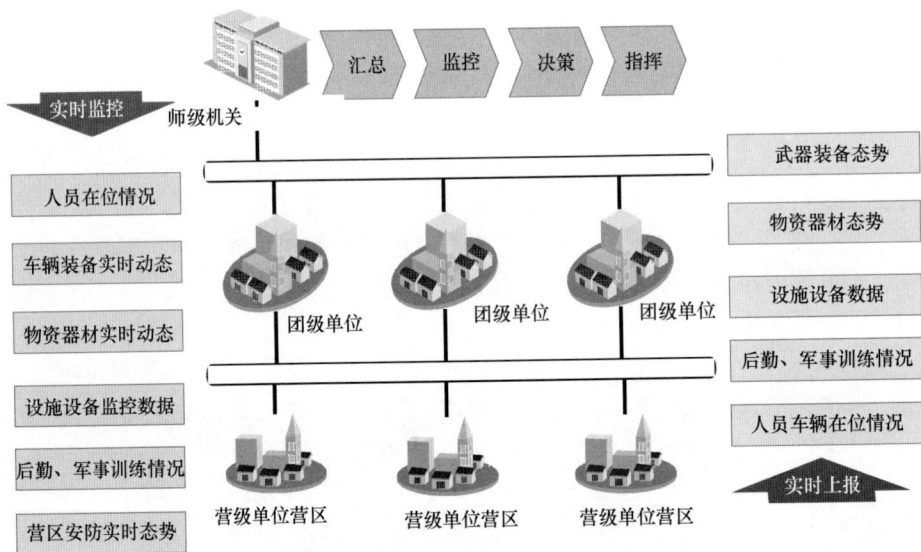

图 7-22　多级管理模式

在图 7-22 所示的体系之下，可以对各级职能部门和角色进行分级管理，如图 7-23 所示。

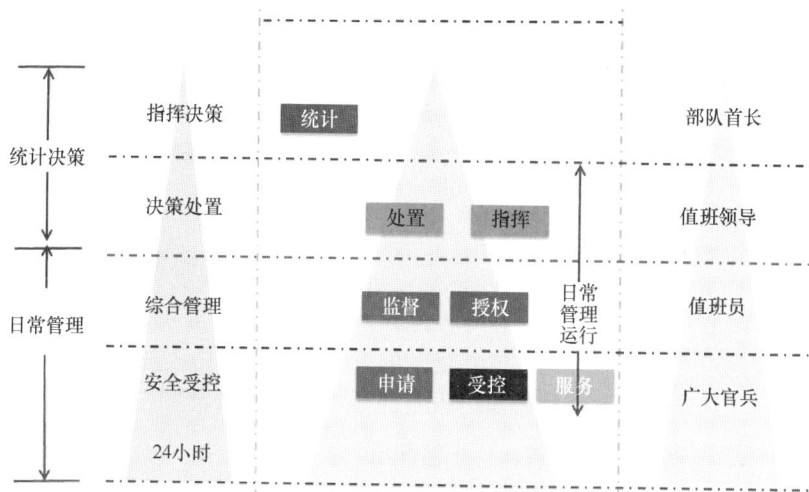

图 7-23　分级角色管理

（1）机关领导首长。团机关领导总领全局，依靠信息化平台实现对下属各单位各营区的综合态势情况掌握，并以此为依据实施指挥调度。

（2）基层领导。各基层领导实现对本单位和本营区总体情况掌握，并以此为基础进行处置和管理。

（3）业务参谋、助理。业务参谋、助理依靠信息化平台实现对日常业务的管理。

（4）广大官兵。广大官兵作为受管对象也是信息平台的参与者和服务者，官兵利用信息化手段，实现对营区的巡逻、进出营区楼宇的管控、设施设备的监控维护、各类信息的报送汇总等工作。

（5）业务模块管理。将各子系统的业务模块进行集成管理、集中权限分配。

7.3.4　智能监控

营区智能监控系统是基于图形化技术、电子地图技术以及通信技术将数字化营区各子系统的实时数据通过图形化的方式进行展现，以便集中监控、集中管理、统一展现，实现军事管理实时化、应急指挥可视化、安全防范智能化。

（1）图形化展现，通过电子地图将营区进行形象、直观的展现，图形化展现方式有利于提高信息获取效率，有利于将各类信息进行相互关联，以提高指挥效率。

（2）各探测设备实时状态信息，将门禁设备进出信息、视频监控信息等各类前端布防的探测设备实时信息统一按图形化形式进行展现。

（3）各业务子系统综合展现信息，智能监控除了展现各硬件探测设备的实时信息，依据平台提供的强大场景设计能力，还可以将业务子系统的信息实时展现在智能监控界面上，能够显示的内容应包括：车辆授权外出记录；人员授权外出记录；人员在位情况；车辆在位情况；各值班场所值班班次；报警信息列表；视频监控画面。

（4）应急突发事件处置。发生异常事件时平台会基于事先预案进行应急响应，智能监控子系统实时定位事发地点，弹出事发地点的实时监控画面，记录事件发生过程，同时提供进一步处置的方案选择，供指挥员进行决策。

针对上述场景元素，提供可以设置的显示内容，如表 7-1 所列。

表 7-1　可以设置的显示内容

内容控件	说　　明
车辆授权外出记录	实时显示车辆外出申请授权记录
人员授权外出记录	实时显示人员外出申请授权记录
人员进出记录	实时显示人员进出各门禁的记录
车辆进出记录	实时显示车辆外出申请授权记录
人员在位情况统计	实时显示人员在位、在位率情况
车辆在位情况统计	实时显示车辆在位、在位率情况
各值班场所值班班次	实时显示各值班场所当前及下一班值班情况
报警信息列表	实时显示各报警信息列表
报警信息统计	实时统计各类报警信息的报警次数
视频监控画面	实时显示某个视频监控画面
设备操作	可以远程操作门禁的开关等

7.3.5　综合态势

综合态势系统基于商务智能技术，利用信息平台获取的信息资源和建立的统计评估模型，以图表、报表等可视化方式按不同层级不同维度汇总并实时直观地展现各单位各业务部门的重要数据和指标信息，分别从综合情况、人员、车辆、巡更、值班及设备监控等方面进行汇总统计，以便总队首长和各级领导能够全面方便地了解整个营区和各级部门的动态和态势，辅助管理者进行有效决策。

综合态势系统的主要用户是部队首长（值班领导）和值班员。综合态势系统为首长提供营区全局实时态势信息，作为首长机关的指挥决策依据；为值班员提供具体领域的具体安防信息，便于进行监督、处置和授权。

第 8 章　数字营区设施设备

在第 6 章和第 7 章数字营区的应用系统和软件平台基础上，本章重点分析数字营区建设中的硬件设施设备。数字营区设施设备分为智能终端设备、感知设备、管控设备、网络安全设备、基础设施等。本章分别对其展开论述。

8.1　数字营区智能终端设备

8.1.1　手持 PDA 设备

PDA 是一种适用于非固定场所的智能终端，即个人数字助理，是对传统计算终端的功能延伸。PDA 主要满足各领域人们的"随处计算"和"随处信息获取"，其核心能力包括：计算能力、存储能力、通信能力等。随着 4G、5G 等无线技术的发展，PDA 已不再是仅具备电子记事本等基础功能的手持设备，而是已发展成为具备联网、通信、远程控制等多种高端功能的掌上电脑，它使得信息管理及控制变得极为便捷，联网、通信、远程控制等都可以通过无线或有线方式解决。目前，定位导航等技术进步很快，GPS、BlueTooth 以及 USB 等新技术也随之全方面融入了 PDA 设计中。PDA 已经被越来越多的领域（医疗、军事、航空、餐饮等）引进并进行功能的拓展升级，为领域内基础业务的开展及新业务的拓展提供了极大支撑。

PDA 在部队管理中的应用非常广泛，包括炮兵训练考核、应急事故指挥、野战医疗物资管理、枪支管理等，其中 PDA 在部队营区应用最多也最典型的领域是仓储管理。图 8-1 所示为 PDA 在仓储管理中的应用。

有力地实现部队系统仓储管理运作机制的稳定、协调、长效地延伸发展的有效途径之一就是在部队仓储管理体系之中推广应用智能便捷、灵活高效可定制的 PDA 工具作为辅助手段。在 PDA 辅助下，仓储管理操作实践水平在夯实物资入库检验基础、科学集约地进行物资储存安置、严格细化物资出库的程序操作等方面得到极大提升。

随着数字营区向智能化发展，PDA 的便捷性、技术先进性将得到最大化体现，PDA 也将在营区管理中扮演更重要的角色。

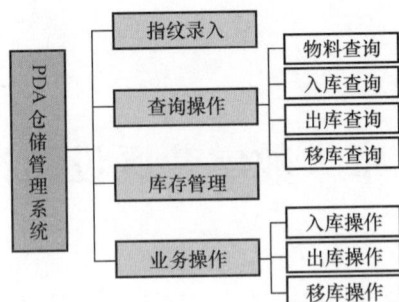

图 8-1　PDA 在仓储管理中的应用

8.1.2　穿戴式智能设备

穿戴式智能设备是一类可穿戴式的电子设备的总称，集成了传感器、无线模块、显示器等功能模块，借助于穿戴方式进行便携化、集成化、智能化设计。穿戴式智能设备有狭义和广义之分，狭义上指穿戴于人身体之上的具体的设备或部件，广义的穿戴式智能设备不仅包括具体的设备或部件还包括与之相配套的计算设备、手持设备、操作系统等软硬件。穿戴式智能设备利用各类传感器、智能识别、导航监测等方式将信息传入特定网络，最终完成人与人、人与系统随时随地的互联、互通与互操作，甚至于更高层次的互理解互遵循。

随着信息化、智能化战争等概念的提出，起源于民用领域的穿戴式智能设备逐渐进入军用领域，我军及外军均已进行相关技术的研究，并取得了部分成果。在数字营区，穿戴式智能设备的应用体现在日常安全管理、军事训练、后装保障等活动中。

（1）穿戴式安防管理设备。以哨兵执勤和枪弹离位报警系统为例，该系统由枪弹部位监测装置、哨兵手表、无线通信装置、报警设备组成，可以即时监测哨兵及枪弹的位置信息。

（2）穿戴式生理监测与医疗辅助设备。穿戴式生理监测与医疗辅助设备是训练人员生理体征监测的核心设备，具有心率、体温、血压等参数检测功能。另外，还可以用于军事医疗及考核中。

（3）穿戴式装备检修设备。穿戴式装备检修设备可使军事技术人员通过网络和语音通信等方式，在保证双手操作的同时实现对设备的高效监测维护。

随着军事应用领域的拓展和大数据、人工智能、机器学习等新兴技术的引入，军用穿戴式智能设备将呈现出蓬勃态势，预计未来几年将在以下几方面得到提升：①设备的便捷性和续航力在新技术新材料应用下大幅度提高；②人网一体协同交互在物联网及新型的人机交互技术的引入下更加顺畅；③战场信息的收集与处理通过大数据、云计算技术将得到更好的提升。

8.1.3　云设备

"云"指的是服务器端，客户端/前端相对应的那一端，而 PC 和手持终端等是作为用户可以直接接触的东西，即"客户端"也即云设备，或者又称云设备是云服务的端设备。云设备既可以作为微小 PC 独立运行，又可以构架共享计算网络，作为一种精巧别致的网络计算机，它可以以创新的成本优势开展业务运营网络。

近年来，"云"成了计算机行业的热点并将长期引领创新技术。互联网从数据通信诞生，目前已经成为通信行业的平台，为多媒体行业带来了巨大改变。云计算作为继互联网后的又一潮流，将引领未来十年的技术创新。

伴随 PC 时代的开启，C/S 结构开始占据了主导地位且计算能力一直在向客户端倾斜，其结果是产生了新一代行业领袖微软公司和英特尔公司。它们首先控制住了客户端的计算能力；然后挺进服务器端，最终颠覆了 IBM 公司等拥有强大服务器端计算能力的厂商的领导地位。然而，计算能力随着互联网这种颠覆性的新平台的出现逐渐开始向服务器端倾斜。自从谷歌公司推出"云计算"以来，很多 IT 企业也结合自己所处行业的实际情况推出了相应的"云计划"，比如 IBM 的"蓝云计划"等。

从客户端看，服务器与内容是一体的；从服务器看，可以看见大量客户端挂在网络上。于是，大量客户端可以将各种信息发送到服务器，使终端之间的相互关系智能化才是云设计的本质。同时，云设备上要设计成可接受云计算数据中心持续支持并提供最佳使用的方式。

8.2　数字营区感知设备

8.2.1　智能识别设备

一般给装备营具加装射频电子标签或二维条码标签，通过射频读/写器、二维条码扫描器和条码打印机实现智能识别和管控。

1. 野营装备加装智能识别设备标准

（1）射频电子标签。频率符合 UHF 920～925MHz，空中接口为 ISO/IEC18000-6B，调制方式为 ASK，存储容量为 2048bit；没有射频标签的轮式野营装备入库时，每台（件）加装无源射频电子标签 1 个。

（2）二维条码标签。条码标准为 QR 码，分辨率大于 203dpi，标签宽度

25.4～104mm，纠错级别为可修正 15%的数据，印制符合 GB/T14258—2003，标签材质为不干胶铜版纸或者合成纸；没有二维条码非轮式野营装备入库时，每台（件）加装二维条码标签 1～2 个。

2. 营具加装二维条码标签标准

条码标准为 PDF417 码，分辨率大于 203dpi，标签宽度为 25.4～104mm，纠错级别为可修正 15%的数据，印制符合 GB/T14258—2003，标签材质为不干胶铜版纸或者合成纸；没有二维条码营具入库时，每台（件）粘贴二维条码标签 1 个，每台（件）营具出库时，粘贴含有二维条码的营具责任管理卡 1 个。营具智能识别条码标签样式如图 8-2 所示。

(a)　　　　　　　　　　(b)

图 8-2　营具智能识别条码标签样式

3. 管理设备

（1）设备读/写器：军事设施处（科、股）或者库房配置手持式 1 台；数据速率大于 40kb/s，具备 FirstFlash 技术、LED 照明及全向扫描模式，可以解 QR 码、PDF417 码以及 Data-Matrix。

（2）二维条码扫描器：军事设施处（科、股）或者库房配置手持式 1 个。

（3）条码打印机：军事设施处（科、股）或者库房配置 1 台。

信号为直流 4～20mA。

8.2.2　现场传感器

现场传感器主要包括供水系统的水压传感器，供电系统的路灯控制器、喷泉控制器、电梯运行监测器，供热系统的管温传感器、管压传感器，中央空调系统的管温传感器、管压传感器等。现场传感器在营区智能化设施设备中的地位如图 8-3 所示。

1. 供水系统现场传感器

供水智能化设施设备主要包括智能水表、电动水阀、水压传感器、变频控制器以及智能水龙头，实现营区供水的远程抄表、管控、爆管监测以及水资源的合理节约利用。

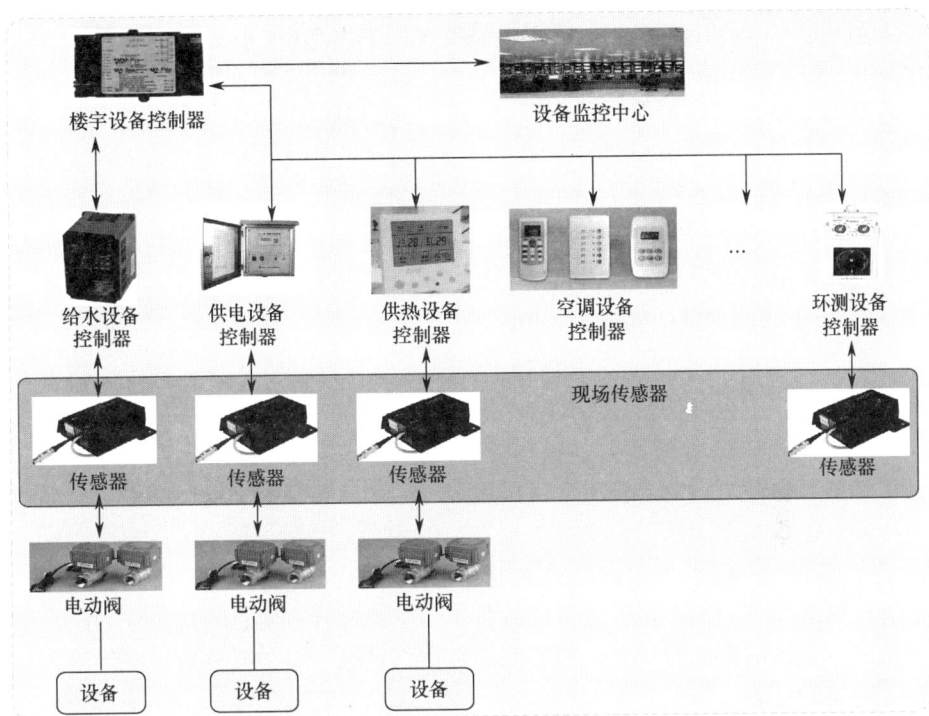

图 8-3　现场传感器在营区智能化设施设备中的地位

水压传感器实现对水压的实时测量和监控,一般在营区总入水口安装 1
支;自供水水泵变频恒压出水处安装 1 支;二次供水水泵变频恒压出水处安装
1 支。

2. 供电系统现场传感器

供电智能设备主要有智能电表、智能电阀、路灯控制器、喷泉控制器、
电梯运行监测器、背景音乐(紧急广播)控制器、电热水炉控制器及中央空调
智能控制设备等。

供电系统现场传感器涉及光感器、压力传感器等,主要用在路灯控制器
和电梯运行监测器中,使路灯和电梯具备光控、定时、远程和自动开关功能。

3. 供热系统现场传感器

供热系统智能化设备包括锅炉、供热管网和供热终端运行监测设备智能
化改造,主要设施有热量表、管温传感器、管压传感器变频控制器、流量控制
器、电动调节阀和室内温控仪。

供热系统现场传感器主要包括管温传感器、管压传感器等。一般安装在

锅炉房和供热管网中。锅炉房管温传感器在锅炉出水口、回水口各安装1支；锅炉房供热回路出水口、回水口各安装1支。管压传感器在锅炉出水口、回水口各安装1支；锅炉房供热回路出水口、回水口各安装1支。供热管网管温传感器在每个供热回路按距离锅炉房远、中、近处各选择1栋建筑物，在建筑物入水口、回水口各安装1支；安装位置在建筑物窨井或者暖沟处。管压传感器在每个供热回路主干管道分支处安装，主干管道和分支管道各安装1支；节点或者接口连接至附近建筑物设备控制箱。

4. 中央空调现场传感器

中央空调智能控制设备主要有室内温控仪、管温传感器、管压传感器、变频控制器、气候补偿器、新风管保温器等。

中央空调现场传感器主要包括管温传感器、管压传感器。管温传感器、管压传感器在中央空调主机冷冻水出水口、回水口各安装1支；中央空调循环泵冷凝水出水口、回水口各安装1支。

数字营区中除了上述常见的温度、湿度、压力传感器外，在智能路灯、智能门锁等系统中也存在各类传感设备。传感器是环境信息的搜集终端，是数字营区中直接的数据搜集者，搜集到的数据将是进一步数据分析、态势研判、指挥决策的基础。

8.2.3 营区环境监测设备

营区环境监测设备是用于检测营区环境各项参数的仪器总称，通过对影响环境质量代表因素（如声、光、电、温度等）的测量，分析确定营区环境质量及其变化发展趋势，为营区管理中的综合研判和辅助决策提供基础数据支撑。营区环境监测设备主要包括空气质量监测仪、水质在线监测仪、噪声监测仪、温湿度检测仪以及辐射监测仪等。

1. 安装标准

该安装标准应具有 RS-485 总线通信接口，满足 M-bus 通信协议；具有在线监测水质 PH 值、电导率、溶氧、浊度、温度五项指标；具备温度、湿度在线检测功能；具有加温器、加湿器控制接口；具备在线检测空气中含氧量、二氧化硫、粉尘、有毒有害及可燃气体的功能；具备高频大功率电磁设备和核放射性场所辐射情况进行监测功能。营区环境监测设备一般采用四芯线接口，所需+24V 电源就近加装电源转换模块，由 220V 电源转换。

2. 安装位置

（1）水质在线检测仪。对可自行供水的营区，在水源处安装 1 台，通常安装在蓄水池附近；污水处理设施出水口处安装 1 台。

（2）温湿度检测仪。营区室外安装 1 台；营区重要库房、机房内各安装
1 台。

（3）噪声检测仪。行政办公区安装 1 台；公寓区安装 1 台；训练场或者
装备修理设施附近安装 1 台。

（4）空气质量监测仪。营区室外安装 1 台，一般安装在楼顶或者高楼层
露台；锅炉房附近安装 1 台；特种试验、重要生产、训练场或者装备修理设施
附近安装 1 台。

（5）核辐射、强电磁辐射监测仪。核辐射源、大功率电磁辐射源附近安
装 1 台。

8.3　数字营区管控设备

8.3.1　营区管控中心

营区管控中心由中心控制室、信息显示屏、中央控制台、专用服务器、
PC 终端以及多屏显卡组成。其中，中心控制室面积不低于 30m^2，具备防火、
防雷、防静电、防潮、防尘、防干扰和防电磁泄漏等能力；信息显示屏选用
4～10 台 42 英寸以上液晶显示器或者 1～3 屏投影仪，用于营区监控和信息屏
显；控制台根据控制室布局结构定制，预留交换机、服务器、终端主机、UPS
等设备空间，预设四个以上网络端口。

其技术要求：机房宜设在建筑物首层或以上层，也可设在地下一层，机
房一般靠近电信间且应远离强电磁场干扰场所，不得有无关的水管、电缆等各
种管线穿过；通用机房接地、防雷、防电磁脉冲应符合 JGJ16《民用建筑电气
设计规范》。各系统机房和电信间面积、布线通道应留有拓展空间；地震基本
烈度为 7 度及以上地区，机房和设备安装应采取相应的抗震措施。

8.3.2　营区业务管理平台

营区业务管理平台主要包括人员管理、公寓住房管理、军事设施维修管
理、营具及野营装备营具管理、环保绿化管理、工程建设管理、消防管理以及
军事设施档案管理等模块，如图 8-4 所示。

营区业务管理平台用于完成以下功能。

（1）人员管理。本模块主要实现对军事设施管理工作中涉及的军事设施
助理员、维修队职工、各连队的军事设施等人员基本档案资料信息的管理。

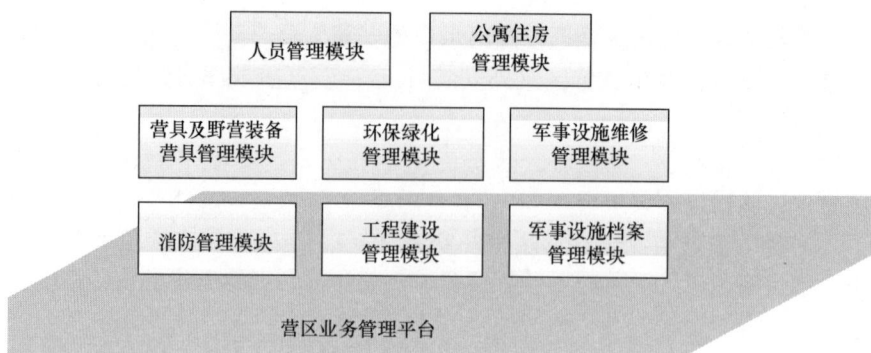

图 8-4 营区业务管理平台

（2）公寓住房管理。本模块主要实现公寓房分配、调整，信息自动归档；统计本单位空闲公寓住房信息；查询公寓房户型信息，并可依据职级、户型进行统计；查询公寓住房住用信息，包括住用人员、职级、户型、建筑面积；超标准住房管理；实时显示和统计各住户水电气消耗金额，生成消耗金额报表；实现房租费用的自动计算。

（3）军事设施维修管理。本模块主要实现利用网络实现住用单位的网络报修，维修信息的自动归档、统计，各栋军事设施维修历史信息的网络查询，从而为军事设施维修工作提供强大的信息支持。

（4）营具及野营装备营具管理。本模块主要利用智能识别技术，实现营具、野营装备的统一编码管理、配发使用管理、维修管理、信息查询管理以及使用状况检查评比管理。

（5）环保绿化管理。本模块利用地理信息技术实现营区绿化种植信息、养护信息的可视化查询、统计、专题显示，实现对营区生活、训练环境质量实时检测；创建绿化业务文档，为军事设施助理人员进行绿化工作提供业务支持。

（6）工程建设管理。本模块具有编制工程计划、预算、单体方案、资金来源、实时情况记录等，并生成上报审批数据等功能；具有工程合同管理、现场管理、变更管理、工程决算等管理功能。

（7）消防管理。本模块主要通过营区消防报警与营区地图互动，实现消防设施的可视化查询、统计，消防设施设备的整个寿命周期管理维护，火灾报警，消防分队管理，火灾检查管理，为营区消防方案的制定提供可视化信息支持。

（8）军事设施档案管理。本模块实现将档案数字化，制成电子文档，存储在军事设施档案数据库中以方便军事设施助理人员对档案信息进行查询、维修，以及统计档案借阅明细信息。

8.3.3　营区门户网站平台

营区门户网站平台主要实现以下三个功能，如图 8-5 所示。

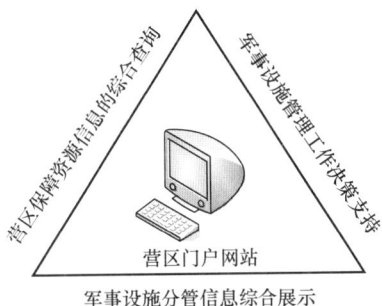

图 8-5　营区门户网站平台功能

（1）营区保障资源信息的综合查询。本功能通过对各种军事设施业务数据的分类查询、汇总，为军事设施业务管理部门提供第一手的数据，为提高军事设施保障的业务水平提供坚实的数据基础。

（2）军事设施管理工作决策支持。本功能面向军事设施业务决策部门，实现军事设施信息专题图展示、营区规划方案模拟、军事设施保障模拟系统等功能。

（3）军事设施分管信息综合展示。本功能能够为官兵与住户提供军事设施信息服务。一是具有新闻和通知发布、知识和法规查阅、水电消耗、住房分配、军事设施报修、营具请领等方面的信息公示功能；二是在营区设计图上，能够任意查询和显示营区各方面状态信息；三是联接军事设施业务管理系统和设施设备监控系统，为军事设施管理日常办公提供可视化集成环境。

图 8-6 所示为数字营区门户网站示例，主要分为以下几个方面。

（1）通知公告栏。可以在这里看见关于营区的一些新闻、动态。例如：停水、停电等通知，可以预先做好应对准备，避免事发时造成不必要的困扰。

（2）水电公示。在这里可以看见一个时间段内的水电消耗情况，实现水电的透明化管理，使人人都可以看见其消耗量，相互对比，实现相互监督，节约用水、电，避免不必要的浪费。

（3）工作动态。该功能可以直观地了解近期的工作核心，掌握营区的大事、要事，把握工作重心，以其为指导，避免人力物力的浪费。

（4）业务学习。在这里主要是一些正式文件的发布，第一时间知道并阅读文件，能让我们了解文件法规的规定，从自己做起，积极达到文件法规的要求。

（5）今日值班。在这个栏目里主要有值班助理员的电话信息（有什么问题可以向助理员报告；水电值班员的电话；停水停电可以打电话询问等）。

图 8-6 数字营区门户网站示例

8.4 数字营区网络安全设备

数字营区网络安全设备是指建立在网络安全技术基础之上，使网络资源避免未授权的访问、窃取、篡改、伪造的相关组件。在网络安全设备中最典型的包括单向传输设备、防火墙等。

8.4.1　单向传输设备

单向传输设备即单向信息导入系统，用于网络物理隔离，数据信号只能单向传输，可以解决被保护网络的信息泄漏情况。

网络的开放性使得信息泄漏、网络攻击、网上犯罪等安全问题日益突出。以防火墙为核心的网络边界防御体系难以解决涉密信息系统等重要网络的保护问题。数字营区的重要业务系统都处于涉密网络，而业务系统需要的基础数据却来自外部业务网络，甚至互联网络。物理断开造成了应用与数据的脱节从而拖慢营区管理的效率。如何实现涉密信息系统与非涉密网络之间的连接，成为数字营区建设中一个亟需解决的问题。

单向传输设备依托于"数据二极管"的纯单向技术。它的纯单向性能够保证数据信息从低密级网络向上流动的同时保证高密级信息不可能流到低密级网络中，从而在进行数据单向推移的过程中杜绝了泄密。国内也有多种单向安全传输产品，在物理层切断通信"握手"，形成无反馈的单向传输。

当前，在设备内部的业务层次及逻辑关系一般分四个层次：硬件设计、固件设计、驱动程序设计和单向传输软件设计。发送端和接收端相应层次都必须要有一一对应的逻辑关系，并利用虚拟管道把这些设备进行很好的连接。数据单向传输设备的业务层次如图 8-7 所示。

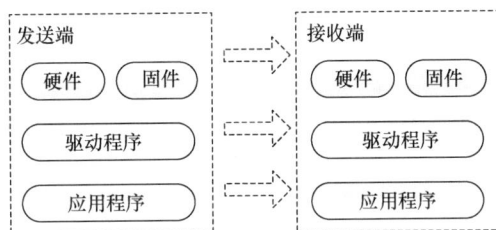

图 8-7　数据单向传输设备的业务层次

8.4.2　防火墙

营区网是一个局限于营区内部的 LAN，通过一或多个网络出口与互联网相连，从而实现营区网内外的信息交流。目前，应用最为广泛的网络安全技术就是防火墙技术，作为第一道安全防线，它可以合理的划分营区网的拓扑结构，有效降低营区网的安全风险，确保网络正常。

防火墙是被设置在不同网络连接处用以分割不同网络安全的一组部件。通过监测、限制、更改数据流，防火墙尽可能的屏蔽网络内部的相关信息以达到确保网络内部的信息安全的目的。

营区网拓扑结构主要覆盖营区的一些用网单位，通常具有一个与多个的出口与外网进行连接。营区的主要用网单位包括报告厅、图书馆、培训中心、行政中心等。各种用网单位分布没有特定的规律，并且在本区域内形成小型局域网。营区网的物理拓扑结构通常采用树形的层次结构进行设计，将防火墙设置在内网与外网的连接处以提高营区网内部的网络安全。

营区网在逻辑结构上可以划分成核心层、汇聚层和接入层。核心层设备通过稳定高效的数据交换与转发能力保障整个营区网的网络数据传输。汇聚层设备是网络终端信息传输中的交汇节点，担负着网络接入层和骨干设备的连接，有着承上启下的重要任务。接入层设备是最终用户访问网络的直接途径，与网络终端设备相连。

网络安全的原则是允许访问明确许可的任何一种服务，并将未被许可的所有其他服务排斥在外，禁止访问。防火墙将网络划分成内网、外网和隔离区（DMZ）三个区域。内网是防火墙保护不被外网用户非法访问的区域，该区域是防火墙的可信区域，包括所有终端主机和部分服务器。外网是防火墙需要防范的区域，外网对于内网而言是不可信区域，该区域的主机或其他设备发起的访问都需要经过防火墙进行审核，审核通过后才能访问内网的资源，从而起到保护内网资源的作用。DMZ 区域是介于内外网之间的一个特殊的区域。

内网中的服务器不允许外网进行任何访问，连接在信任区端口上，一些不含机密信息的公用服务器放置在 DMZ 区域内，如 Web、Mail、FTP 等。这样，来自外网的访问者可以访问 DMZ 中的服务，但不可能接触到存放在内网中的机密数据。

DMZ 可以看做是内网的一部分，但又不完全一样，主要体现在安全级别上。在营区网中，我们将内网中存放机密数据的服务器置于防火墙之后，提高内网保护的安全级别，拒绝外网直接访问内网中的资源，而 DMZ 可以放置于路由器与防火墙之间的区域，以便外网能够访问到该区域的公共服务器。

8.4.3 异构网络融合设备

为充分发挥网络信息化建设的效果，异构网络融合设备聚焦于营区网系类型繁多、密级各不相同、互联、互通困难、协同效率低下的问题，深入研究不同类型网络安全融合的技术和策略，探索打破网络壁垒的思路和方法，努力提升作战部队"整体保障、快速反应、抗毁生存、高效协同"的能力。

异构网络融合设备主要保障跨网系信息的安全交换，具体包括以下内容。

（1）不同网系间的互联、互通的安全威胁分析；

（2）不同网系间互联、互通与安全隔离策略；

（3）不同网系间的数据落地与内容审核机制；

（4）不同网系间的数据中继与交换管理。

网络信息安全交换体系中的硬件设备，包括内、外网中继服务器、光盘库中继设备和二维码中继设备等系统硬件，主要通过采购现有成熟的硬件组件或者平台进行集成，而真正实现跨网系信息安全交换的核心和重点是不同网系数据交换方案和策略。网络信息安全交换体系中的软件，主要包括数据中继管理系统、外网管理软件、内、外网中继代理软件以及内、外网中继服务器软件。图 8-8 所示为网络信息安全交换体系软件组成示意图。

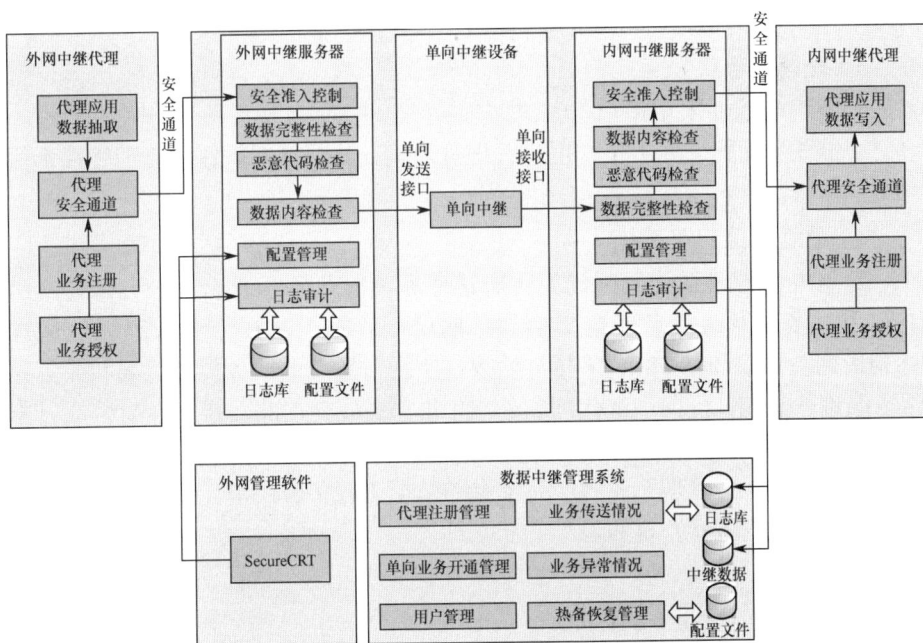

图 8-8 网络信息安全交换体系软件组成示意图

1）内、外网中继代理软件

内、外网中继代理软件主要实现内、外网应用系统主机数据的抽取与写入。外网中继代理软件通过代理应用数据抽取模块实现对源数据源的数据抽取，内网中继代理软件通过代理应用数据写入模块实现对目标数据源的数据写入。同时，内、外网中继代理软件通过代理安全通道建立与内、外网中继服务器间的 IPSec 加密安全通道，保证数据传输的机密性和完整性。为了严格管控数据的抽取与写入，内、外网中继代理软件通过代理注册和鉴权模块实现对数据抽取和写入的安全审核与控制，只有经数据中继管理系统审批开通的代理中继任务才会被执行。

2）内、外网中继服务器软件

内、外网中继服务器软件主要实现中继数据的安全检查。其中，安全准入控制模块实现与中继代理建立安全通道并进行主机准入控制；数据完整性检查模块实现对来自中继代理的数据文件的完整性、来源合法性检查；恶意代码检查模块实现病毒扫描；数据内容检查模块实现对数据内容和格式的细粒度检查。通过安全检查的数据文件调用单向中继设备的单向发送和单向接收接口API 实现数据单向传送。同时，外网中继服务器仅具有数据发送函数的功能，内网中继服务器仅具有数据接收函数的功能。

3）外网管理软件

外网管理软件采用串口/以太网方式管理，主要包括设备基本属性管理、单向中继任务配置文件上传、用户管理等功能。外网管理软件和管理终端不保存用户信息。

4）数据中继管理系统

数据中继管理系统通过代理注册管理和单向业务开通模块，可以在网络中实现对多台网络信息安全交换设备的统一管控。数据中继管理系统通过SNMP 网关协议和 SYSLOG 日志协议，实现对系统的业务传送情况和业务异常情况进行监控，外网中继代理和外网中继服务器定时将日志信息封装成日志文件，经过签名后单向中继设备发送到内网中继服务器，再发送给数据中继管理系统。数据中继管理系统对所有中继的数据进行备份，审计管理员可对备份的历史中继数据进行查询和追溯。

8.5　数字营区基础设施

8.5.1　营区综合布线系统设置要求与标准

营区综合布线系统设置要求与标准如下。

（1）一般要求。营区综合布线系统使用用开放式星型拓扑结构且支持语音、数据、图像和多媒体信息的传出，具备与公用通信网连接的接口，符合相应的入网标准，并预留安装接入设备的接口。营区物联网、设备网、通信网、自动化办公网以及供电网络应按综合布线布置，管线铺设根据现场情况，采用暗管和明管两种方式，新建营区一般采用暗管铺设，既有营区一般采用明管铺设。暗管宜采用金属管或者阻燃型硬质（PVC）塑料管；明管宜采用阻燃硬质塑料管，一般按水平或垂直方向铺设，水平与垂直转向应通过90°弯管连接，每隔 1m 加装 1 个管夹固定。除特殊条件（电磁屏蔽、防护等），综合布线系统建设应符合国家现在采用的标准《综合布线系统工程设计规范》中的有关规定。

（2）材质要求。综合布线各类线材包括网络线（光纤、超 5 类及 6 类网线等）、RS-458 通信线、控制线、弱电电源线以及强电电源线。RS-485 通信线选用国际通用屏蔽双绞电缆，型号为 RVS2×0.5mm，线径根据与设备控制箱的距离选择；控制线主要用于连接电动阀，一般选用 6～8 芯非屏蔽线缆，干扰较强场所选用屏蔽电缆，每芯线径大于 0.2mm；弱电电源线主要用于仪表、传感器供电，有 12V 和 24V 两种，一般选用普通两芯线缆，每芯线径大于 0.2mm；强电电源线用于 220V 电源接入，一般选用普通两芯护套线，每芯线径大于 0.5mm。

（3）铺设要求。电缆、光缆以及建筑物内其他弱电线缆独立布放。线缆布放应平直，防止出现扭绞、打圈等情况，避免挤压、损伤。管中线缆不得接线，线缆弯曲半径符合国家标准。特殊情况必须接线时，配置 86 型接线盒。对绞电缆与电力线、其他管线最小净距如表 8-1、表 8-2 所列。

表 8-1　对绞电缆与电力线最小净距

铺设情况	最小净距/mm		
	<2kV.A	2～5kV.A	>5kV.A
对绞电缆与电力线平行敷设	130	300	600
有一方在接地槽道或钢管中	70	150	300
双方均在接地槽道或钢管中	10	80	150

表 8-2　对绞电缆与其他管线最小净距

管线种类	平行净距/m	垂直交叉净距/m
避雷接地线	1.00	0.30
保护地线	0.05	0.02
热力管（不包封）	0.50	0.50
热力管（包封）	0.30	0.30
给水管	0.15	0.02
煤气管	0.30	0.02

（4）RS-485 通信线缆铺设要求。RS-485 通信线采用手拉手并联方式走线，不得与电源线并行、捆扎，使用 120Ω 终端电阻端接连接终端设备分支线。同一设备网尽可能使用同类通信线缆，尽量减少线路连接点并避免松动和氧化。RS-485 通信线屏蔽层用作地线，连接控制设备、智能设备地线，通过弱电设备接入大地。

（5）屏蔽布线。当综合布线区域内存在的电磁干扰场强高于 3V/m 时，或营区内对电磁兼容性要求较高区域以及非屏蔽布线系统无法满足安装现场条件对缆线的间距要求时，应当采用屏蔽布线系统。屏蔽布线系统采用的电缆、连接器件、跳线、设备电缆都应是屏蔽并保持连接性。

8.5.2　营区物联网设置要求与标准

营区物联网设置要求与标准如下。

（1）构建营区物联网。依托军事综合信息网，在营区建筑物之间架设 6 芯以上单模光纤，构建营区主干网。建筑物内配置 10/100/1000MB 可自适应网络交换机，光纤链接至主交换机。主交换机与楼层交换机通过 6 类双绞线链接，交换机通过 5 类以上双绞线连接到各网络端口。办公用房、战士宿舍、值班室等需接入计算机终端的房间预留两个网络端口；会议室、俱乐部、学习室等公共用房预留四个以上网络端口。以建筑物为单位统计军事设施智能设备数量，每 28 个智能设备预留一个网络端口，一般设置在网络交换机箱（柜）或者配电箱附近。

（2）构建营区设备网。军事设施设备网总线由双绞屏蔽通信线组成，每路总线长度不超过 1200m，最多设置 32 个节点，节点设置在 86 型开关线盒内。办公用房（含洗手间、厕所）每个房间设 1~3 个节点，用于控制房间供电、供热和中央空调；战士宿舍（含洗手间、厕所）每个房间设置 1~2 个节点，用于控制房间供电、供热；公寓房设 1~3 个节点，用于水电远程抄表；公共浴室和公共洗车点按水龙头数量预留节点。专业用房及场所依据水电经费科目，设置 1~3 个节点，用于水电远程抄表、分类计量。

（3）安装设备箱及模/数转换器。设备控制箱通常安装在楼栋网络交换机附近，以便网络和 220V 电源接入，与设备网连接实现设施设备数据采集和控制，与局域网连接实现数据网络传输，设两个总线接口，最多接入 56 个智能设备。模/数转换器安装在传感器、变频器、电动阀等设备前端，通过总线与设备控制箱连接，实现模拟与数字信号相互转换。每个转换器设有四路模/数转换输入接口，每路可接入一支管温或管压传感器。

8.5.3　营区要素数字化设备

数字化是将复杂多变的信息转变为可以度量的数字、数据，再以这些数字、数据建立起适当的数字化模型，把他们转变为一系列二进制代码，引入计算机内部进行统一处理。在设备层面，营区要素数字化设备是指将各种如温度、压力、振动等变化着的物理量通过相应的传感器转换成模拟的电信号，数字化设备包括数据采集设备和编码设备。

数据采集设备可以将这些模拟电信号转换为数字信号存储起来进行预处理，数据采集是从数据源收集、识别和选取数据的过程，营区要素数字化设备的核心组成即为数据采集设备，两者通常集成在一起，数据采集设备工作原理如图 8-9 所示。

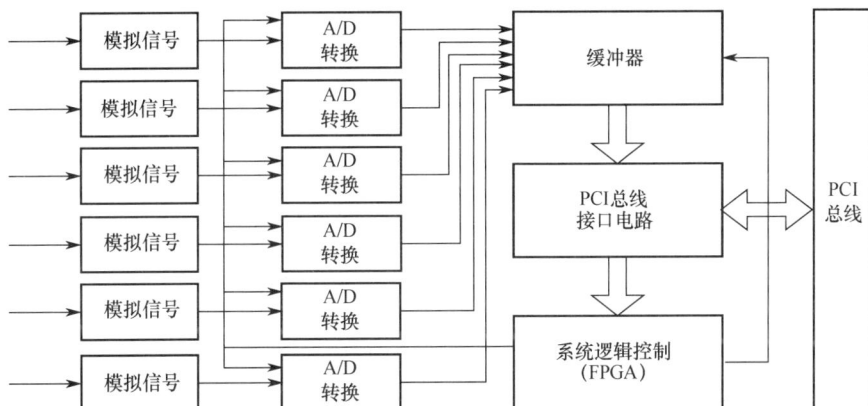

图 8-9　数据采集设备工作原理

编码是将采集到的数据的内容和属性进行编码的过程。常见的编码设备比如条码机、扫描仪等。

第 9 章 数字营区工程实践

依据系统工程流程，从设计、施工、监理、检测、验收五个方面对数字营区进行全生命周期建造，并着重关注数字营区建设工程的质量和技术水平。本章详细介绍了组织实施过程，首先规划了数字营区施工步骤、制定了施工图的设计标准、对施工中应当注意的事项做出要求；然后讲解了数字营区的验收过程，并规范营区建设的验收标准；最后对现代军事设施建设现状进行了评估与展望。

9.1 组织实施

为建设拥有现代化功能设施，适应数字化、信息化发展需要，满足战备、训练、生活需求的现代化营区，采用先进的"物联网""云计算"等技术，着重在安全防护、信息智能、生态节能等方面规划建设现代军事设施，实现营区内网办公、营区管理、营区服务一体化、信息化。

数字营区是一项技术要求高的系统工程，随着现代军事设施建设的全面展开，数字营区建设进入同步推广应用时期，一大批数字营区建设即将启动，为实现数字营区系统互联、互通，实现数字营区建设目标，数字营区组织实施中要做好以下几个方面工作。

9.1.1 加强计划技术指导

加强计划技术指导主要指加强计划和技术指导两个方面。数字营区主要分为新建营区同步开展数字营区建设、营区配套建设和老旧营区改造数字营区建设。因此，每年在计划制定时，就要同步制定数字营区建设计划，逐级汇总到综合基建军事设施部，由信息中心配合综合局、军事设施土地管理局和工程局，确定数字营区建设任务、经费投资，然后分业务块下达建设任务；对每一个数字营区，信息中心要组织技术专家，审查数字营区建设方案，明确要求，只有通过审查批准的才能开展数字营区建设。

9.1.2　加强同步实施协调

对于新建营区和配套建设营区，由于数字营区建设不是独立开展的，因此必须与军事设施土木工程建设同步实施。

1. 要进行同步设计

由于概要设计由土建工程设计部门负责，因此，新建营区、配套建设营区土建工程设计必须将数字营区要素纳入一体设计思路，在管道、管沟（廊）、弱电间、水电热检查井等设计过程应充分考虑数字营区物联网综合布线、设备安装调试对土建空间、环境的需求。由承建数字营区单位负责数字营区系统的详细设计，承建单位需根据概要设计图纸，结合部队营区实际情况实施深化设计，包括数字营区综合布线图、数字营区智能设备点位图、数字营区监管中心布置图。老旧营区数字营区改造应尽量按照数字营区相关设计标准进行设计，其设计规范可参照弱电设计规范执行，并提供施工图。

2. 要同步开展施工

同步开展施工是指土建工程进入强弱电建设时，同时开展营区物联网等信息基础设施建设，在开展房屋装修时，提前安装各种智能仪器仪表，进行管控中心建设，一定要避免等土建完成后才开始数字营区工程施工的现象。施工单位必须严格按设计图纸施工，如实际情况确需变更需提供书面变更申请，经发包方确认后方可实施变更。施工规范必须严格按照《军队数字营区施工规范》执行。

9.1.3　加强施工力量建设

由于数字营区建设技术性强、时间周期长，全军一年几百个单位开展建设，不可能由一家单位承建，需要由总部统一组织承建单位。

1. 严格承建单位的资质认证

要求具有国家乙级或二级以上建筑智能化系统设计、建筑智能化工程承包、计算机信息系统集成、涉密计算机信息系统集成和安防工程设计施工资质；专职从事弱电系统工程技术人员不少于 10 人，执业范围覆盖楼宇设备自控、综合布线、计算机网络和安防监控专业；具有实施三个以上智能建筑、智能小区或数字园区等设计与施工，在交接后 1 年以上的运行时间内保证系统有效稳定，无质量问题的实例；企业至少拥有 500 万元人民币的注册资金，具有固定的办公地，技术过硬、优秀的经营理念、健康的财务管理体系。

2. 合理布局施工力量

按照战区级大单位和地域分布要求，设置数字营区的施工单位，原则上各大单位选择 1 家或 2 家单位施工力量，地域上以北京为中心，由总部协调均衡分布在各大城市，建立数字营区技术保障单位，保障数字营区系统的正常运行。

3. 加强施工力量的技术培训

所有数字营区承建单位，必须参加基建营房部信息中心组织的承建单位技术培训，以数字营区系统研究开发的后勤工程学院为主体，结合参加设计规范制定的设计院所单位的专家级技术人员作为老师，培训内容主要包括数字营区建设的方案设计、施工图设计、施工的组织实施、设备选型、综合布线、设备安装及接线要求、设备调试、设备维护等，培训结束后由信息化办公室颁布结业证书，建设单位招投标时必须要求承建单位出具相关培训证明。

9.1.4 加强设备选型认证

1. 统一设备选型认证

为保证建设质量，利于设备维护管理，针对数字营区设备，进行广泛比较、反复遴选，对每一类型数字营区设备，遴选三个生产厂家设备为数字营区入选设备，并进行统一认证。

2. 确立设备集采制度

按照招标集采方式，进行数字营区设备的采购、配发，确保设备的质量和后期使用的维修维护。

9.1.5 加强检查评估验收

1. 阶段验收

阶段验收主要针对前期设备、材料验收和隐蔽工程验收。前期设备、材料验收实行工程报验制度，承建单位采购的数字营区相关设备、材料必须经过发包单位或工程监理单位验收合格后才能使用。隐蔽工程验收主要针对预埋管、布线等施工验收，由于这类工程一旦实施完成将无法直接验收，所以应做好这类工作的阶段性验收。

2. 综合验收

承建单位施工调试结束后，由发包单位组织有关专家验收，采用主、客观方式对数字营区工程实施验收，重点针对数字营区建设的计划规划、建设内容、施工力量、设备选型、系统应用、安全防范等方面进行验收评估。

9.1.6　加强应用维护培训

系统应用维护培训包括两个方面：一是承建单位竣工交付之前，必须对使用单位相关人员进行操作培训，帮助使用人员正确使用数字营区系统；二是由总后基建营房部信息化办公室定期对数字营区使用人员进行轮训，培训合格后，颁发相应的上岗证书。

9.2　数字营区建设技术方案编制

数字营区建设技术方案（以下简称技术方案），是确定数字营区建设目标、建设内容和投资估算的技术管理文件，是数字营区建设项目管理的主要依据。下面本节从四个方面进行介绍。

9.2.1　技术方案概述

1. 技术方案内容

技术方案一般由营区概况、建设目标、建设内容、工程量及造价预算组成，并附相关图表。

2. 技术方案要求

数字营区建设项目，不论投资经费来源渠道，都应当严格按照军队营区数字化建设标准规范，及军队工程建设有关法规规定，由营区使用管理单位自行组织或者委托有关单位进行技术方案的编制。

9.2.2　技术方案编制准备工作

数字营区建设立项通过后，营区使用管理单位应当组织专人，严格按照数字营区建设标准规范要求，认真编制技术方案。

如需委托其他单位进行编制，应当指派专人，协调提供营区下列资料。

1. 营区概况

（1）坐落概况。

（2）分栋建筑情况。

（3）信息化基础情况。

（4）设施设备配套情况。

2. 图纸资料

（1）营区鸟瞰图（JPG 格式）。

（2）营区总平面图、营区给排水管网图、营区供电管网图、营区分栋楼层图（AutoCAD2004 格式）。

（3）分栋照片（JPG 格式，横向）。

（4）家属住房人员住用示意情况图。

3. 统计表格

（1）分栋建筑基本情况表（注明用途、面积、房间套数、住用人数，以及洗漱间、厕所数量等）。

（2）分栋供水设施统计表（注明型号、规格、材质等）。

（3）分栋供电设施统计表（注明型号、规格、材质等）。

（4）分栋供热设施统计表（注明型号、规格、材质等）。

（5）分栋中央空调设施统计表（注明型号、规格、材质等）。

通常，以上表格可以设计成一张军事设施分栋设施设备情况总表。

9.2.3 技术方案编制要点

1. 营区现状

（1）说明营区坐落地址（描述至街道或村镇）、坐落编号、基地面积、建筑面积。简述营区周界及四邻情况，现有军事设施数量、质量情况，以及营区功能划区情况。可以后附营区现状平面或鸟瞰图进行说明。

（2）设施设备情况。说明营区现有水、电、气、热设施设备配套情况，供应方式及保障容量。

① 供水设施。说明营区现有供水情况（回路数量、回路管径）与供应方式（市政保障、自抽水）、供水主管管径与长度、年用水总量。按回路描述供水管道接入点和供应保障范围。加压供水的，还应说明变频恒压设备安装位置。统计营区公共浴室数量与淋浴器总数，洗车场数量与水龙头总数。统计营区公共建筑内洗漱间、厕所等用水间总数。说明营区公共用房、公寓房水表安装与水费收取情况。

② 供电设施。说明营区现有供电情况（回路数量、回路电压）与供应方式（市政保障、自发电）、供电总容量、线路总长、年用电总量。说明各配电室变压器等设备配备情况与供应保障范围。说明营区路灯照明控制方式，公共用房、公寓房电表安装与电费收取情况。

③ 供热设施。说明营区现有供热方式（市政供热、自供热）、年用蒸汽量。说明供热管道分支情况、各热力站热交换装置数量和供应保障范围。

④ 中央空调设施。说明营区中央空调机组数量、功率、供应保障范围、

末端温控情况，以及配套循环泵和冷却泵数量与功率。描述营区夏季制冷和冬季供暖实现方式。

（3）营区网络情况。说明营区军事信息综合网接入情况，按楼栋简述光缆接入点和网络交换设备配置情况。

2. 建设目标

1）设施设备改造

（1）供水供电。按楼栋、场所，分别说明拟加装各类智能表、阀、控制器、传感器的目的（远程计量、欠费控制、分类计量、独立核算、泄漏监测、紧急关停、定时供应等）。

（2）供热和中央空调。说明智能蒸汽表、气候补偿器、变频控制器、管温管压传感器、温湿度监测仪，以及中央空调温控器加装位置和目的。

（3）装备营具。说明装备营具智能识别改造技术手段。

（4）营区环境。说明拟加装环境监测设备的类别和目的。

2）数字化管理

按照《军队营区数字化建设标准》规定的建设任务，结合营区实际需求，分别说明营区要素数字化转换、营区物联网构建、营区管控中心建设，以及营区数字化管理平台部署应用目的。

（1）建设内容。按第 3 章相关内容进行编制。

（2）工程量及造价。编制造价表进行说明，主要包括以下部分。

① 设备器材购置费。按数字营区建设所需的各类控制箱、计算机、服务器、网络交换机、环境监测仪、智能表阀等设备编制预算，注明各自型号规格、单价和数量，含运杂费。

② 安装工程费。参照行业规范和有关定额规定的取费系数，按设备器材购置费计算，含利润、税金。

③ 工程建设其他费用。参照行业规范和有关定额规定的取费系数，按设备器材购置费和安装工程费计算，含建设单位管理费、设计费和工程监理费。

④ 工程预备费。参照行业规范和有关定额规定的取费系数，按设备器材购置费、安装工程费和工程建设其他费用计算，含价差费和基本预备费。

进行拓展建设的数字营区项目，超出建设标准的部分，还应单独列出经费预算。

9.3　数字营区施工

数字营区施工的指导思想：以数字化为手段，智能化为效果，现代化为目标，按照"以人为本、满足应用、适度超前、留有余地"的方针，从战备、训练、生活、环保、节能、安全、保密等各个方面综合考虑，采取"整体规划、优化设计、分步建设、逐步完善"的方法，建立相应的软、硬件平台，实现资源共享、科学管理和信息集成，打造一流营区，提高应急维稳作战指挥保障能力。

数字营区施工具有以下特点：采用总体规划与详细设计相结合的方法，使得建设方案有一定的深度，能够起到指导建设的作用；突出"应用驱动"，依据数字化营区的概念模型和业务逻辑模型，在硬件、软件、网络带宽之间作合理平衡，设计出最佳方案，追求系统整体的性价比。

数字营区工程的施工单位是系统集成商，系统集成商在数字化系统工程质量方面具有重大责任。系统集成商承担深化设计、设备材料采购、安装调试试运行，并要负责质保期内维护、业主管理人员培训等，其在工程中的作用十分重要。

9.3.1　施工过程

为保证营区建设工程成为技术过硬、经济实用的智能化系统工程，在准备和施工中应选择安全成熟的技术，秉持可靠实用、合理经济的原则，营造操作有序、绿色环保、安全舒服的工作环境；根据职能建筑甲级标准，依据用户最终需求进行施工深化设计，施工分步实施。系统总体应该留有一定空间预备后期改造，满足机关管理、应用、保密、安全、可靠的需求。

1. 施工准备

施工单位在充分浏览工程图纸后，需要仔细核查系统有无错误和不合理的地方并及时反映整改，并且对设计意图有充分理解，明白建造的具体流程，应在施工地进行勘测，测量建筑物的具体位置。同时需要明确各级配合的专业关系：在建筑物之间如何合理分配分线箱、机房路灯等；明确营区通信系统的走线位置，并保证不会影响地下现有光缆；规划管线敷设路由及进入建筑物的导体的防雷技术措施与施工要求；具体建筑物的楼梯、房门等应在建造前都有具体操作安排；对于建筑原材料的搁放位置应单独确定，保证各类井然有序；在建造工程中废土和建筑残渣也应提前规划运输路线。

2. 建筑设计

营区建筑设计主要由方案制定、草图设计和施工图设计三部分组成。

（1）方案制定一般分为建筑方案和实施方案。建筑方案由总负责人组织、设计组负责总体构造。实施方案则是由项目负责人领导、总负责人协助其他组负责完成。

（2）草图设计一般是对总系统的构造进行大致划分。一些大型建筑的位置在这时就需要确定下来。道路设计和其他占地建筑也明确具体位置。

（3）施工图设计则是对具体建造负责，一般不同建筑都有独立的设计图，并包含具体的设计细节。

建筑设计的前两个阶段都需要符合国家建筑要求，在得到相关部门，如电力、环保、消防的部门的审查后才可通过。

3. 操作工艺

（1）营区设备安装原则与质量标准。为保证营区工程质量良好、系统通畅，我们需要考虑安全、环境、防雨、保暖、通信、防震等多方面因素。详细细节包括：楼道内部避免阳光直射仪器箱；楼外仪器应做好防雨、防晒；对于一些恶劣条件下的设备应保证维护、更换方便；金属结构应做好防腐蚀，并且质量有保证。

（2）营区管网、线缆敷设安装原则与质量标准。通过组建营区网，建设一个能基本覆盖整个营区的计算机网络，将营区内服务器、计算机及其他终端设备连接成网，并将其通过网络接口与广域网（军事综合信息网）相连。营区网不仅要连接不同位置的网络节点，还要将部队的各种信息资源有序高效安全地组织起来，以满足团队办公、教学、训练、管理和信息交流等方面的需求。

4. 综合布线

综合布线属于数字营区施工的实施部分，主要由工程技术组，项目管理组，质量管理组完成，同时由设计组作为支援。整个实施过程中，控制工程质量作为主要内容，控制工程进度为次要内容，通过不断督导检查，将执行标准作为设计依据，把工程验收标准当做检验依据，保证工程顺利完成，直至工程验收。

营区在施工中，综合布线是很重要的一个环节，尤其以网络布线最为复杂。营区网络是营区内建筑物或建筑群内部之间的传输网络，它能使营区内所有建筑物或建筑群内部的语音、数据通信设备、信息交换设备、建筑物物业管理及建筑物自动化管理设备等系统之间彼此相连，也能使营区建筑物内信息通信设备与营区外部的信息通信网络相连。除了网络布线，其他设备之间也需要布线施工，形成数字营区的一套完整的线路体系。图 9-1 所示为营区综合布线示意图。

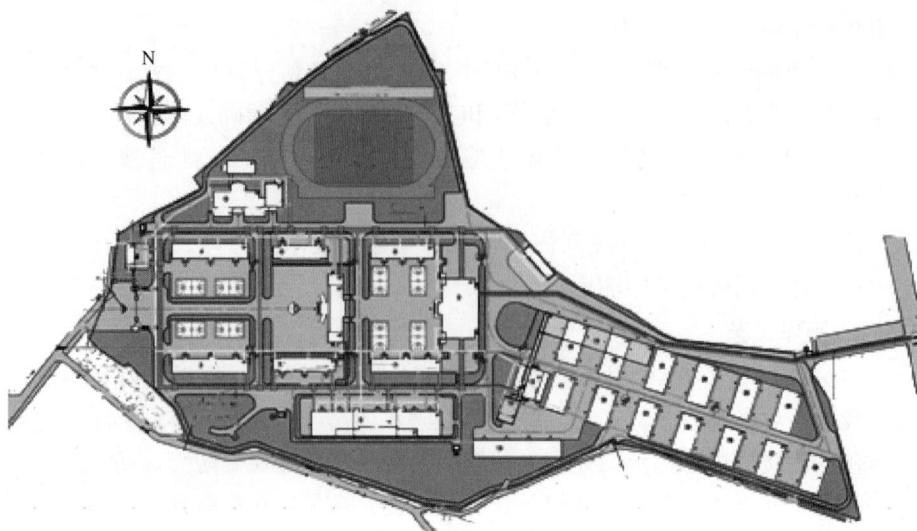

图 9-1　营区综合布线示意图

除了营区各建筑物之间的综合布线，军事设施内部也需要进行各种设备的综合布线。整个布线系统包括工作区干系统、水平干系统、主干干系统、管理干系统、设备间干系统以及建筑群干系统。图 9-2 所示为军事设施综合布线示意图。

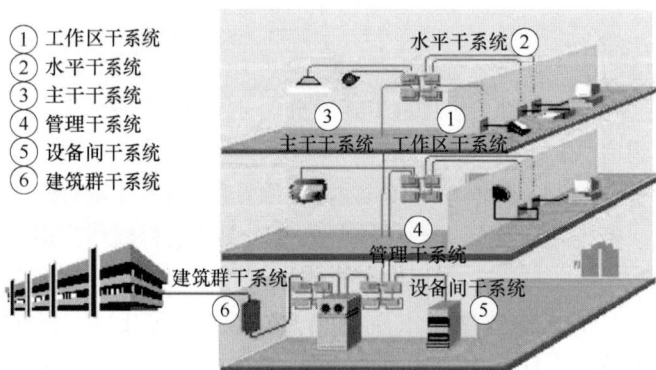

图 9-2　军事设施综合布线示意图

9.3.2　施工图

为规范军队营区数字化建设的设计工作，提高工程设计质量，施工图的设计与绘制必不可少。建设智能化数字营区时，对其施工图的设计应包括相应的图纸目录、设计总说明、施工图分项设计及主要设备材料表等。

1. 图纸目录

图纸目录应对工程代号、分项名称、图纸名称、图纸数量、图幅等进行描述，便于了解整个营区数字化设计整体情况。

2. 设计总说明

设计总说明中应当包括工程概况、设计依据、设计内容与范围及其他需要说明事项等内容。

3. 施工图分项设计

（1）设备安装设计。完成设置说明、安装位置、设备选型、系统连接、通信方式、实景图片等具体设计内容。设备安装设计应提供设备监控总系统图、单体建筑配电柜一次系统图、电热水炉控制箱一次系统图、单体建筑设备监控系统图、室外箱变及路灯监控系统图、设备监控平面图（供水平面图、供暖平面图）等图纸。

（2）系统布线设计。包括设备之间线路、电话/计算机线路、电视线路、广播线路、通信电源线路等系统线路安装工程设计。各项线路工程的设计说明应指明设计内容、选用的各类线缆名称、规格型号及主要技术参数、施工注意事项及其他需要说明的问题。系统布线设计应提供各项线路工程的系统图、网络拓扑结构图、有线电视系统图、综合布线与设备监控预埋平面图及线缆平面布置图等图纸。

（3）监控中心设计。完成监控中心各设备间的相互位置设置、监视显示屏大小与布局、监控设备布置及连接等具体设计内容，应提供监控中心装饰图、配电图、接地图等图纸。

4. 主要设备材料表

主要设备材料表包括主要设备的名称、规格、型号及数量等内容。施工图设计应当在营区数字化建设前的工程设计工作中完成。根据批准的营区数字化建设方案，采用统一的营区数字化图形符号、带注释的围框或简化外形，表示营区数字化系统或设备中组成部分之间相互关系及其连接关系，完成封面、图纸目录、设计总说明、设备材料清单、图例；网络拓扑结构图、有线电视系统图、设备监控总系统图、单体建筑配电柜一次系统图、电热水炉控制箱一次系统图、单体建筑设备监控系统图、室外箱变及路灯监控系统图、综合布线及设备监控预埋平面图、设备监控平面图（供水平面图、供暖平面图）；监控中心配电图和接地图等设计工作。

绘制施工图一般要遵循以下规则。

（1）施工图面的构成：边框线、图框线、标题栏、会签栏。

（2）图纸格式。

① 幅面及尺寸：边框线围成的图面图纸的幅面。

a. 幅面尺寸分五类：A0～A4 如表 9-1 所列。

表 9-1　幅面尺寸及代号

（单位：mm）

幅面代号	A0	A1	A2	A3	A4
宽×长（B×L）	841×1189	594×841	420×594	297×420	210×297
留装订边的边宽（c）	10			5	
不留装订边的边宽（c）	20		10		
装订侧边宽（a）	25				

A0～A2 号图纸除特殊要求，通常不宜改动。

A3、A4 号图纸依据实际情况，可按需从短边处加长，如表 9-2 所列。

表 9-2　加长号幅面尺寸及代号

（单位：mm）

幅面代号	A3×3	A3×4	A4×3	A4×4	A4×4
宽×长（B×L）	420×891	420×1189	297×630	297×841	297×1051

b. 挑选幅面型号的一般要求：满足布局大方清晰、易于翻看和排列紧凑。

c. 幅面选择考虑的因素：

（a）工程系统的实际规模和结构复杂性；

（b）描述施工图细节的资料的内容；

（c）尽量选用较小幅面；

（d）是否方便印刷和使用；

（e）复印和缩微的要求；

（f）借用办公软件的设计需要。

② 标题栏一般包含施工图具体建筑的名称、编号、具体负责人和相关建筑单位等内容，又被成为图样的"名片"。如图 9-3 所示。

③ 图样编号由图号和检索号两部分组成，如图 9-4 所示。

④ 图幅一般被设置在图的边框，分为竖边和横边两种方向排版。横向通常用阿拉伯数字表示，横向则用大写拉丁字母。编号通常从左到右正向排序，偶数代表分区数。区的编号是字母加上数字。如图号 3219 的单张图 F3 区内，标记为图 3219/F3。

（3）字体。数字营区技术图样和施工图中的字体最小高度如表 9-3 所列。所用汉字应为仿宋字。

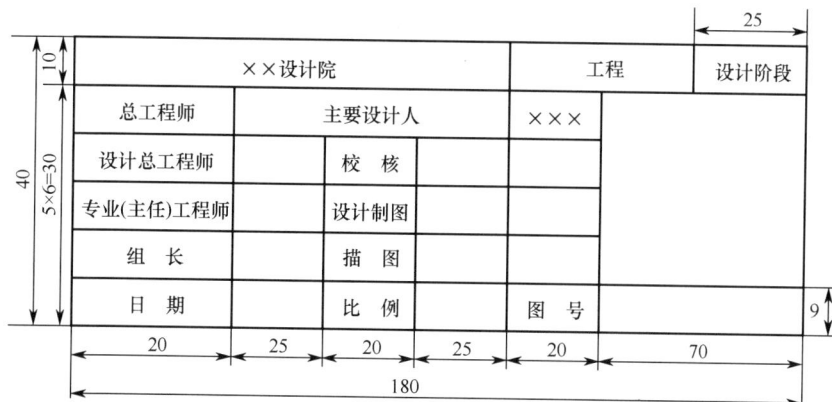

图 9-3　标题栏示例

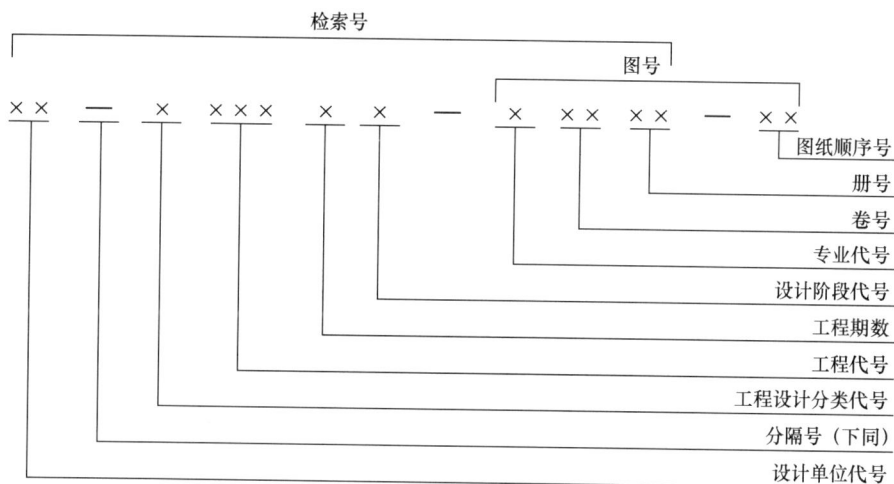

图 9-4　图样编号——图号和检索号

表 9-3　施工图中字体最小高度

（单位：mm）

幅面代号	A0	A1	A2	A3	A4
字体最小高度	5	3.5	2.5	2.5	2.5

（4）施工图的布局。

① 信号流方向。信号流主要流向为从左至右，或从上至下。当单一信号流方向不明确时，应在连接线上画上箭头符号。

② 符号的布局。在功能性施工图中，符号和非强电路需遵从工作顺序布局；符号功能相近或者联系密切的不宜相隔太远，应分组后整体布置。

（5）施工图的图形符号。

① 符号的选择。当某些器件有不同形式的标准符号时，例如温度传感器、压力传感器等，则应按施工图的实际用途从中选择。

② 符号的大小。符号的含义取决其形状和内容，它的大小和符号图线宽度一般不影响其含义。

③ 符号的取向。对于具有信息流取向的符号，基本取向应设计成从左至右。当需要改变符号基本取向时，在不改符号含义的条件下，可以将其转向或取其镜像形态。

④ 端子的表示法。多数符号在施工图中不必画出端子符号。在某种情况下，如端子符号是符号的一部分，则必须画出端子符号，或标出端子代号。

⑤ 引出线的表示法。标准规定的符号中，多数引出线的位置和画法仅作为示例给出。在施工图中，在不改变整体符号含义的条件下，允许在符号其他位置画出引出线。

⑥ 连接线的表示法。除按位置布局的施工图外，连接线应为直线，并尽量按水平或垂直取向。应尽量避免弯曲和交叉。

a. 连接线的接点。在数字营区施工图制图中，连接线的接点处应画出接点符号（圆点）。

b. 重要电路的表示。施工图中需要突出或区分的某些重要电路应当用粗实线表示。

c. 计划预留的连接线。计划预留的连接线可用虚线表示。

d. 连接线的标记。当连接线需要标记时，标记应放在沿水平连接线的上边及沿垂直连接线的左边，或放在连接线的中断处。

9.3.3 施工注意事项

1. 布线接线注意事项

（1）为避免老鼠啃咬等因素引起的线路故障，必须为所有走线套上 PVC 或镀锌等套管。

（2）在保证做好防雷、防静电和电路破损的预防措施基础上，还需确保地线连接完整，避免出现地线断开的危险情况。

（3）严禁带电徒手拔插接线端口，在进行焊接工作之前务必先拔下接线端子。

（4）为了防止非专业操作损坏仪器，严禁私自打开控制仪器的护盖，严禁非专业人士拆卸仪器芯片。

（5）严禁将控制器接入大功率供电电路中。

（6）读卡器、按钮的一般安装在距地面 1.45m 处，可按用户的实际需求高度适当增加和降低。

（7）通常将控制器装载方便调测和维护的弱电井或门内侧。

（8）接线末端应做好防漏电措施，金属部分不宜预留太多，以免引发短路。

（9）线与线的连接，建议使用完全焊接法，徒手拧的方式会留有安全隐患。

2. 施工图的有关注意事项

有关部门规定，建筑设计施工图必须经具有审图资格的审图公司审查合格，才能取得施工许可证。目前，建筑智能化系统工程施工图审查是一个被遗忘的角落，经审图公司审查的很少。一是由于在土建施工开始之后，部分工程项目才进行智能化的系统工程设计；二是由于审图公司未配备相应智能化设计，部分建筑设计院设计的智能化系统工程施工图如果送审也只能走过场。因此，数字营区智能建筑的施工图设计质量需要得到有效监督，才能进一步实施。

9.4　数字营区验收

9.4.1　验收过程

工程的验收工作对于保证工程的质量起到重要的作用，也是工程质量的四大要素"产品、设计、施工、验收"的一个组成内容。工程的验收体现于新建、扩建和改建工程的全过程，为贯彻"验评分离、强化验收、完善手段、过程控制"的十六字方针，根据数字营区智能建筑的特点，将营区智能建筑工程质量检测和验收过程划分为工程实施及质量控制、系统检测和竣工验收三个阶段，工程实施及质量控制属于阶段验收，系统检测和竣工验收属于综合验收。

1. 工程实施及质量控制

工程实施及质量控制强调，各部门应做好与智能建筑相关联的其他工程的交接确认，说明营区工程实施及质量控制阶段所包括的工作内容。其验收规范支持体系如图 9-5 所示。

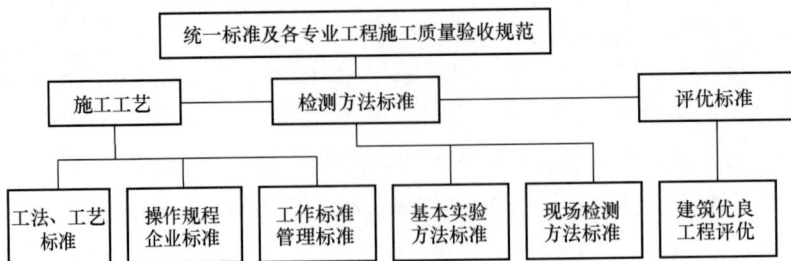

图 9-5　工程质量验收规范支持体系示意图

需要特别注意的是，设备及材料要进行进场验收，具体要求如下。

（1）现场测试设备和软件。

（2）为保证工程质量，建设材料应符合国家质量规定，不得使用质量不达标材料。

（3）在系统自检时，需对检测项目进行全面检测，不得采用抽检的方法。

（4）在系统自检中，为了保障系统的长期稳定性，除综合布线、供电设施和环境三个系统外，其余系统都应延长测试时间用作试行周期。

2. 系统检测

系统检测是工程验收前必不可少的一个环节，它一般被安排在工程施工结束后。前期工作还未结束时；后期工作的准备工作就应当展开。系统检测依据系统的不同要求也不同，在满足基础要求的基础上，依据实际情况做补充。

3. 竣工验收

工程竣工验收为数字营区建设的最后一个程序。

（1）竣工验收文件和记录应包括以下内容。

① 工程实施及质量控制检查记录。

② 设备和系统检测记录。

③ 确保竣工验收文件等资料完整，包括竣工图纸和竣工技术文件。

④ 系统各个检测项目的抽检与复核应符合设计要求。

⑤ 观感质量的验收应符合规定要求。

⑥ 工程合同、技术文件及相关工程质量事故报告齐全。

（2）竣工验收的结论与处理具有如下规定。

① 竣工验收的结论分合格和不合格。

② 各系统竣工验收合格，为营区智能建筑工程竣工验收合格。

③ 当竣工验收时发现某系统或子系统不合格时，建设单位需责成相关责任单位在规定限期内进行整改，直到合格为止，若整改后仍不能满足安全使用要求，该系统则不得通过验收。

9.4.2 验收标准

对数字营区智能建筑工程的验收标准，从以下几个方面进行规范要求，如表 9-4 所列。

表 9-4 数字营区智能建筑工程验收标准

检验批合格质量应符合下列规定
①经抽样检验主控项目和一般项目的质量合格
②质量检查记录以及施工操作等依据完整
分项工程质量验收合格应符合下列规定
①应使分项工程中所含检验批均符合相关质量规定
②应使分项工程中所含检验批具有完整的质量验收记录
分部（子分部）工程质量验收合格应符合下列规定
①分部（子分部）工程所包含的各分项工程质量均应通过验收且质量合格
②应具备完整的质量控制资料
③基础与地基、主体结构和设备安装等分部工程相关功能及安全的抽样检测结果应满足有关规定
④观感质量验收应符合要求

9.4.3 现代军事设施评估

现代军事设施建筑指标体系的各项指标评估重点在于以下两个方面。

1. 安全防护

地面建筑按规定设置人防设施，重要设施、重要部位达到相应防护伪装、电磁防护的等级标准，军事禁区、军事管理区、安全控制范围按规定设置，安防监控系统、周界入侵报警系统、重要部位门禁系统满足安全警戒要求。其具体评估标准如下。

（1）重要措施、重要部位达到相应的防护伪装、电磁防护等级标准（该项为关键指标）。

评估方法：适用于现状评估、方案评估、成果评估。需查阅有关图纸资料，进行现场查验。

（2）按规定设置军事禁区、军事管理区、安全控制范围。

评估办法：适用于现状评估、方案评估、成果评估。需要查阅有关资料，进行现场查验。

（3）安防监控系统、周界入侵报警系统、重要部位门禁系统满足安全警戒要求。

评估方法：适用于现状评估、方案评估、成果评估。需要查阅有关设计资料及竣工验收报告，进行现场查验。

2. 信息智能

信息智能的标准是：各类用房、综合布线满足信息化建设要求，各类用房、设施设备及档案资料等管理信息达到数字化，总部、战区级单位、住用单位实现联网共享，水电气热供应消耗自动实时可控，照明、采光、通风、温湿度等实现自动调节。其具体评估要求如下。

（1）各类用房、综合布线满足信息化建设要求。

评估办法：适用于现状评估、方案评估、成果评估。需要查阅有关设计和验收资料，进行现场查验。

（2）各类用房、设施设备及档案资料等要素实现数字化，并实现总部、战区级单位、住用单位联网共享。

评估办法：适用于现状评估、方案评估、成果评估。需要查阅有关设计和验收资料，进行现场查验。

（3）水电气热供应消耗自动实时可控。

评估方法：适用于现状评估、方案评估、成果评估。查阅水电气热升级改造方案和设计资料，现场查验。

（4）照明、采光、通风、温湿度等实现自动调节。

评估方法：适用于现状评估、方案评估、成果评估。需要查阅有关设计和验收资料，进行现场查验。

第10章 数字营区典型应用

本章以"某数字营区"工程建设为案例，详细给出数字营区建设的任务、目标、原则、规范、系统总体设计、系统建设内容，以期为物联网、营区信息化建设相关技术和管理人员提供现实参考和工程实践指引，使部队营区数字化建设有章可循、有案可依。

10.1 建设需求

10.1.1 需求概述

着眼满足部队战备、训练、政工、管理、保障"五位一体"信息化的建设需要，依据国家和军队相关标准规范，"某数字营区"工程按照战备工作数据化、军事训练网络化、铸魂育人广域化、安全管理精准化、服务保障智能化、日常办公无纸化的建设总目标，综合运用物联网、大数据、云计算等新一代信息技术，建设集部队战、训、政、管、保等多功能于一体的"管用、实用、好用"数字营区数字化信息体系，有力促进部队建设的正规化与现代化。

10.1.2 建设思路

依据《军队营区数字化建设标准》，遵循国家相关标准规范，按照"统筹规划、要素齐全、分类建设、综合集成、统一标准、预留发展"的思路，在工程建筑设计方案基础上，对信息基础设施、重点场所信息要素等内容进行深化设计，逐步建成设施配套、功能齐备、手段先进、布局合理、安全可靠的信息基础设施、设施设备智能改造、信息综合服务系统、三维虚拟可视系统，以及核心业务软件系统，达到信息基础设施完备、信息系统运行顺畅、数据信息安全可靠的总体要求，并充分预留接口扩充余地，实现可持续发展。

10.1.3 任务目标

在网络互联、互通的基础上，将接入用户千余人，贯通团、营、连三级，在营区部署红外、温度、湿度、水、电、暖等各类传感感知装置百余部（套），覆盖全团营区，随时掌握状态变化，实现精准感知、精细管理的目的，实现一网联通、网聚部队。

开发战备工作、军事训练、政治工作、部队管理、后装保障、纪检监察和日常办公多个业务子系统，共几十个功能模块，集成十余个应用软件，实现通用信息支撑平台与各类业务系统的集成应用。重点加强人车枪弹密和水电暖等底层数据的集成整合，规范数据标准，构建统一数据库，实现数据透明交互、安全共享。集成整合门禁、车辆管理、视频监控和北斗定位等技术，对人员行为动态感知、远程跟踪管控，集成运用信息监控和检测技术，对各类违规行为及时报警提醒，有效提升部队管理效益。

系统建成后，将会促进部队战备执勤、教育训练、日常管理、综合保障和军营生活模式的转变，实现营区要素数字化，信息资源网络化、设施设备智能化、日常管理精准化和战、训、政、管、保等军事活动的信息化。

本工程主要包括以下建设内容：信息基础设施、营区一体化管控平台、三维虚拟可视系统、信息综合服务系统共"三网一平台二系统"，并能与上级互联互通。其具体任务目标包括：

1. 建设完备的信息基础设施

统一规划建设各类线路、传感器、控制器等信息化设施设备，为电话通信、计算机网络互联、业务信息系统运行、会议办公、安防监控等提供基础支撑。

2. 构建信息化的战备环境

建设无纸化办公及战备值班等信息系统，为信息化条件下开展作战指挥、战备演练、军事训练等业务工作提供手段支撑。

3. 运用智慧化的管理手段

综合应用物联网、大数据、智能控制、虚拟现实等先进技术，实施数字化管理监控与可视化信息查询，实现保障需求实时可知、保障资源实时可视、保障过程实时可控，提高管理效能。

4. 完善便捷的生活配套设施

利用物联网、智能识别等信息技术实现对水、电、暖等要素的综合管理，达到建筑智能化标准要求。

5. 建立分级的安全防范技术系统

利用视频监控等手段加强对营区周界、重要场所、重点目标的分级分层安全防护，达到军事目标安全技术防范要求。

6. 筑牢网络信息安全保密防线

区分网络和信息系统涉密等级，部署信息安全防护软件系统，建立网络、系统、数据等安全手段。

工程建成后，达到信息基础设施完备、信息基础环境稳定、信息系统运行顺畅、数据信息安全的总体要求，实现人、车、枪、弹、密全要素智能管控，体现"平时用出效益，战时为战服务"的建设效果。

10.1.4　设计原则

1. 开放兼容的理念

本着生态节约的思路，尽可能兼容利用营区原有通信网络、视频监控等信息基础设施；同时，采用标准的接口规范，开放包容，便于在一体化管控平台上二次开发，保证能够与其他平台的应用系统、数据库等相互交换数据并进行应用级的互操作性和互联性，可确保数字营区可持续发展。

2. 统一的技术体制

按照"信息化、网络化、智能化"要求，总体规划数字营区平台的体系框架、功能组成，分层设计系统的技术体系结构，统一信息交换内容和交互方式，确定平台研制须遵循的标准规范和可靠性设计指标，使得系统不仅可实现内部信息互联互通，还能与全军军事设施管理系统实现态势共享。

3. 标准化体系结构

在遵循全军统一的技术体制基础上，按照自下而上的感知层、网络层、平台层、应用层和业务层共五层来规范各平台、子系统的体系架构与标准规范。使用统一数据库引擎，对文档资料，关系数据库等业务数据进行统一管理，建立优化的索引机制，确保用户数据查询及时，统计结果精准。

4. 前瞻性技术设计

采用当前成熟且先进的技术，保持系统硬件、软件、技术方法和数据管理的先进性，保证系统建成后在技术上与国内智能营区建设技术保持同步。同时，确保技术具有较强的可移植性、可重用性，在将来可以迅速采用最新技术，以长期保证系统的可持续升级需要。

5. 可靠的安全机制

选择成熟、领先的技术框架构建系统，对用户进行分级、分权管理，用户只能查看和管理有权限的数据。对用户身份进行数字签名认证，确保用户身份的真实性，访问数据的合法性。同时，使用成熟和主流的框架，支持较大的用户并发，满足用户同时进行数据操作。当意外事件发生时，能快速响应，实现故障修复，保证数据的完整性，避免丢失重要数据。

10.2 总体设计

数字营区系统遵循国家和军队相关技术体制规范，基于现有信息基础设施建设成果，采用先进成熟的技术成果和稳定可靠的硬件设备，从技术体系框架、软件开发环境、数据标准规范与设施设备选型进行一体化设计、标准化改造、集成化开发，构建满足任务需求、面向各级官兵、提供智能服务的应用集成环境。

10.2.1 总体架构

数字营区系统的总体技术架构，遵循 SOA 与物联网的体系结构设计思想，自下而上依次为感知层、网络层、平台层、应用层和业务层，信息安全保密贯穿其中。图 10-1 所示为某数字营区总体架构图。

物理层主要包括：存载设备（计算机网络、通信链路、终端设备、安全设备、服务器、加密设备）、感知设备（FRID、门禁机、高拍仪、身份识别、传感器、摄像头、红外、周界防范）。

数据层主要包括：结构（关系数据库、文档数据库、视频数据库、图片数据库、外部系统数据库）、行为（数据操作、事务处理、功能设计）。

服务层主要包括：硬件集成、图形化配置、智能报表、权限管理、数据同步、代码生成、工作流引擎等。

应用层主要包括：战备管理、军事训练、政治工作、部队管理、后装保障、纪检监察、日常办公、门禁管控等。

界面层主要包括：监控大屏、Web 界面、PAD 界面、手机界面、触控交互、共享发布、监视控制、一体机。

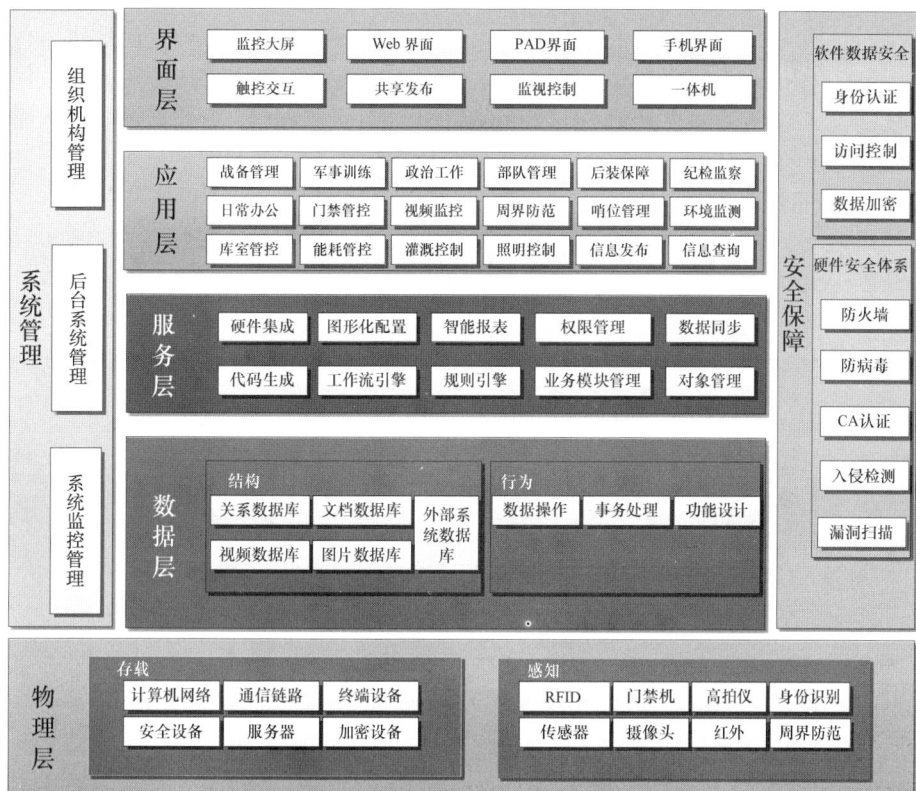

图 10-1　某数字营区总体架构图

10.2.2　功能结构

功能结构主要包括信息基础设施、营区一体化管控平台、信息综合服务系统、三维虚拟可视系统几个大的平台部分。其具体实现战备、训练、政工、管理、保障、纪检、办公七大功能。图 10-2 所示为某数字营区功能结构图。

10.2.3　信息安全

信息安全是数字营区的基本建设目标，牵涉面广，包括安全策略、安全产品的选型、安全技术的运用等。另外，在具体应用系统设计时，又根据系统的具体需求有着自己的安全要求和实现方式。

考虑系统安全时，应该从整个安全框架的角度来建立、健全安全技术保障体系和管理体系，包括网络层、系统层、数据层和应用层的信息安全。通过从以上四个层面加强系统的安全建设，使系统获得如下安全保障：防病毒入侵/防黑客攻击/防注入式攻击；基础软件系统（如操作系统、数据库等）定期漏洞扫描、安装补丁；数据备份（自动与手工结合）/数据容灾/数据恢复；关键数据加密存储和传输；严格的身份认证和授权体系；完善的安全日志与审计功能；完善的管理体制保障。

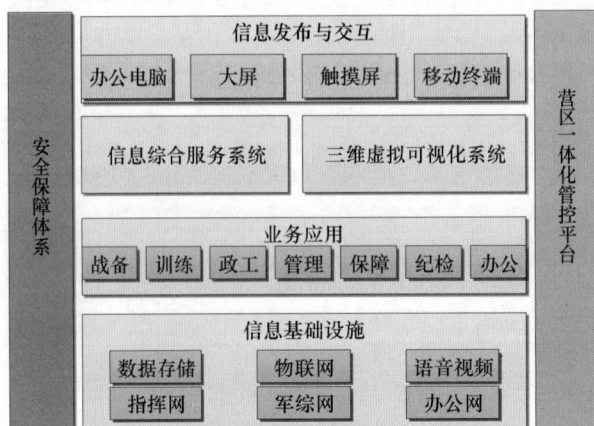

图 10-2　某数字营区功能结构图

1. 网络层安全

（1）要保证数字营区系统项目的设备放置环境、电源、物理访问控制等基础设施均符合统一规范，要确保通信线路能安全传输信息，必要时，进行安全区域划分，采取措施控制出入，通过物理分隔实行全方位的控制，减少来自人员和自然的威胁，使系统信息的可用性、完整性和保密性得到基本保障。

（2）要进行网络访问控制和入侵检测，在系统边界和核心全面实施保护。要对核心主机和核心信息提供全面的网络层防护、加密，主要手段包括网络防火墙、网络防病毒和传输加密。

2. 系统层安全

选用安全性相对较高的操作系统，保障系统运行稳定。进行相应的安全配置维护管理，及时打补丁，安装反病毒程序，定期查杀病毒，根据实际情况及时进行安全策略调整，定期进行有关系统的数据备份。

3. 数据层安全

数据安全是系统的基本要求。系统安全建设的最终目标是保证本系统正常运行和数据资源的安全，数据安全具有以下特征：保密性，确保只有经过授权的人才能访问；完整性，保护数据和数据的处理方法准确而完整；可用性，确保经过授权的用户在需要时可以访问数据并使用相关数据资产；可靠性，确保一旦出现数据灾难，数据能及时恢复。

为了保持业务的连续性，保证系统不间断运行，避免各种导致计算机系统失效的意外情况发生，必须制订明确的数据备份计划，同时考虑建立灾难备份中心，确保系统的不间断运行。

对数据库配制文件、初始化文件、控制文件、数据库数据、权限运行比对及分析数据等制订明确的数据备份计划，提供确实有效的数据备份、恢复措施，包括采用第三方的专业备份软件，保证系统发生故障时能够及时的恢复。

为防止关键业务数据在网络传输过程中被截取、篡改，所有通过网络传输的关键业务数据不以明文发式发送，对传输的数据进行加密和解密、数字签名和签名验证操作，确保网上传递信息的机密性、完整性，以及实体身份的真实性，签名信息的不可否认性。

（1）身份鉴别信息传输时，能采取密码算法进行安全保护。

（2）审批类、关键操作类数据传输时，能采用数据防篡改、抗抵赖等措施，对数据进行完整性保护和数字签名。

（3）其他敏感数据传输（仅指终端到前台服务，前台服务到后台数据处理），可结合业务需求采用密码算法进行加密处理。

针对本地缓存数据，当用户退出客户端程序时本地所有缓存数据将会被全部清空，所有数据仅缓存于服务器上，不下载到客户端，并且服务器会对缓存数据做定时清空处理。

4. 应用层安全

应用层的安全是在本系统设计时重点考虑的安全层次，包括身份认证、权限控制、系统日志三个方面。

1）身份认证

（1）提供专用的登录控制模块对登录用户进行身份标识和鉴别。

（2）提供用户身份标识唯一和鉴别信息复杂度检查功能，保证应用系统中不存在重复用户身份标识，身份鉴别信息不易被冒用，并根据安全策略配置相关参数。

（3）提供登录失败处理功能，可采取结束会话、限制非法登录次数和自动退出等措施。

（4）混合身份认证。当用户提交用户名和密码时，由系统平台判断当前用户账户的认证方式为 LDAP/AD/统一身份认证或表单认证。若采用 LDAP/AD/统一身份认证模式，能够将用户信息提交到 LDAP/AD/统一身份认证系统进行用户名、密码校验；若采用表单认证能够根据用户名、密码到移动管理中心进行校验。用户身份认证支持：随机验证码、对接 AD 系统、RSA 强加密算法、预留信息防护、可支持集成指纹扫描等外部设备。

2）权限控制

本系统的权限控制分为两个方面：一方面是对功能上的权限控制，可由系统管理员根据不同的岗位设定每个用户可以操作的功能，功能设置可以控制到每一个操作页面；另一方面是对操作的数据进行权限控制，可以对不同的用户设定对那些企业的数据进行操作。具体的权限控制可通过设置操作组和业务组来实现，其中，操作组可以管理到每一个页面，业务组可以管理到每一个企业。根据不同的岗位，将各个的功能设置成不同的操作组，将系统管理的企业设置成不同的业务组，再将一个或多个操作组和业务组赋给不同的用户，例如首长、业务主官、主管参谋等。

3）系统日志

系统日志的主要内容是建立系统操作日志和安全日志，根据系统错误记录和安全审核记录，可以及时全面地确定系统是否受到攻击与威胁。安全审核记录中重点关注的事件有：失败的登录、失败的文件和对象访问、失败的用户权限使用、失败的安全策略修改等。

系统后台的管理功能通过统一的技术方法，将全系统的操作日志、安全日志、安全事件集中收集管理，实现日志的集中、查询与报告。

（1）审计记录的内容包括时间日期、时间、发起者信息、操作内容、类型、描述和结果等。

（2）用户操作进行详细的记录（如登录终端、操作系统版本、网络接入情况、登录账号、登录时间、退出时间，业务的模块使用频率和情况等），对非法操作进行及时报警，管理员可以查看以往的操作日志。

（3）对于用户的导入导出，添加、删除、更改等操作应记录用户行为日志，保证用户操作的可追踪性。

（4）对应用系统重要安全事件进行记录。

（5）日志记录不可删除、修改或覆盖。

（6）具备结果导出功能，用户可根据实际情况自定义导出内容，导出内容需支持多种通用文件格式。

10.3　建设内容

10.3.1　信息基础设施

本工程规划了综合网、办公网、专网三种物理隔绝的独立网络。在综合网内设计三个逻辑子网：安防监控网、设备物联网、程控电话网。逻辑网络划分 VLAN 逻辑隔离，在核心交换机上进行路由，程控电话网为电缆网。

（1）训练中心、教学楼、办公楼、综合楼需求：综合网、办公网、专网、视频监控网、设备物联网，每栋楼布设千兆光纤，程控电话网布设大对数电缆。

（2）所有营区宿舍楼大门口、俱乐部、服务社、机关干部宿舍、岗哨、军体馆、车场值班室、新建库房、非战器材库、综合库房、工程兵模拟训练室、油库值班室、修理工房、弹药库营区、弹药库岗哨楼点位，每栋每点位布设光纤。同时，以上开通综合网、办公网、视频监控网、设备物联网。通信机房到各点位布设电缆，开通程控电话网。

（3）每个单体楼配置标准机柜，电源就近引接。

10.3.2　营区一体化管控平台

营区一体化管控平台通过标准化接口与营区内人员感知、视频监控、异情报警、电子巡更、数字广播、能耗管理等多个子系统进行数据交互，实现对营区统一集中管控。

系统具备完善的用户权限和角色体系，支持统一认证和单点登录功能，通过综合集成实现各子系统的告警联动，系统能够帮助营区工作人员和领导根据各个子系统的实时数据和反馈的运行状态，快速、全面、准确的了解营区的人员感知、视频监控、异情报警、电子巡更、数字广播、能耗管理等信息，为营区的日常管理，甚至应急、处突等提供强有力的技术支持和决策辅助。

1. 平台特点

营区一体化管控平台具备功能全面、数据实时、运行稳定、操作简便等特点。

1）统一管理能力

系统具有一个二维矢量建模系统，可以将营区内各子系统在统一的营区场景下管理和展示出来，涵盖全部子系统和重点常用功能的整合，各子系统的数据实时采集，动态显示在综合展示界面平台，用户可随时掌握各子系统的运行状态和参数。

2）标准数据规范

系统使用基于 XML 标准的数据协议，通过数据转换接口将接入的各个应用系统的重要指标和实时数据转换成标准的数据协议。

3）弹性扩展接入

系统具有完善的数据转换接口，可以兼容各种数据设备及其配套的基于数据库的管理系统的接入，在遵循接口协议的基础上，就可以快速无缝的对接第三方的设备和软件系统，实现高度的可扩展性。

4）集成化数据安全

地图数据和业务数据集成后，系统统一对数据源进行加密处理和安全保护，避免了各类数据源分散和子系统之间安全级别的不对称造成数据的安全隐患。

5）应用简单方便

系统设计兼容强，安装简便，能够在 Windows 操作系统下的浏览器中独立运行，以便工作人员应用。基于 B/S 体系架构，方便用户操作，界面内容安排和屏幕分割处理合理，减少操作者的击键次数，节约数据录入、查询、处理等操作的时间。

下文将从营区一体化管控软件平台和营区一体化管控硬件系统两个方面对营区一体化管控平台建设展开讨论。

2. 营区一体化管控软件平台

营区一体化管控软件平台，主要由 1 个业务支撑环境和几大软件模块组成，分别为战备工作、军事训练、政治工作、部队管理、后装保障、纪检监察和日常办公，并与陆军后勤部某系统互联，满足部队战、训、政、管、保等实际应用需要。以上各功能模块支持标准规约与智能控制系统进行数据交互。考虑到安全保密，营区一体化管控软件平台依托于营区专网、办公网和综合网运行，根据模块的使用密级和功能划分到专网、办公网和综合网。图 10-3 所示为营区一体化管控软件平台功能结构图。

1）数字营区通用信息支撑平台

（1）平台的总体架构应基于组件技术，具有技术平台、管理平台、应用平台层次结构，以满足未来支撑二次开发、管理业务的需求。系统总体要求采用 B/S 体系架构，客户端通过 Web 浏览器操作。

（2）分级管理。平台系统需要提供基于角色的权限分配管理方式，包括操作权限、数据权限、事件处置权限和图形化浏览权限等，对不同级别用户及管理员划分不同的权限。

图 10-3　营区一体化管控软件平台功能结构图

（3）标准化。平台系统的开发环境支持使用通用标准技术作为基础，以减少技术壁垒的产生，有利于不同开发厂商在此平台上完成项目开发，提高项目开发效率，降低开发成本。

（4）可扩展性。平台系统应具有高度的可扩展性，支持业务对象管理、模块代码快速生成、自定义工作流、设备自定义配置、数据图形化展现配置、数据处理规则配置等功能。

（5）软件应支持以多种通信方式与不同种类的设备进行数据通信，支持对各类硬件的在线管理；支持多种方式和控制设备进行通信；支持与国内外主流仪表及软/硬件等设备的通信与联网等；支持 API、网络协议和数据库接口访问等多种形式的信息系统数据采集和交换。

（6）智能信息处理框架。要求提供一套基于物联网的灵活可配的从信息感知、采集控制、信息加工、信息分发、信息利用、反馈控制的多级信息感知、汇聚、分发和处理框架，在支撑平台中完成设备管理、数据采集、分发、处理和控制的信息感知处理全过程管控。

（7）图形化设计工具。要求提供基于三维图或 GIS 的数据展现图形化配置功能，提供图片、矩形区域、图标、弹出窗口、消息提示、曲线等图形元素，支持"所见即所得"的配置方式，并能支持图形化元素之间的联动事件配置和应急事件的实时定位处置。

2）战备工作模块

图 10-4 所示为战备工作功能结构图。

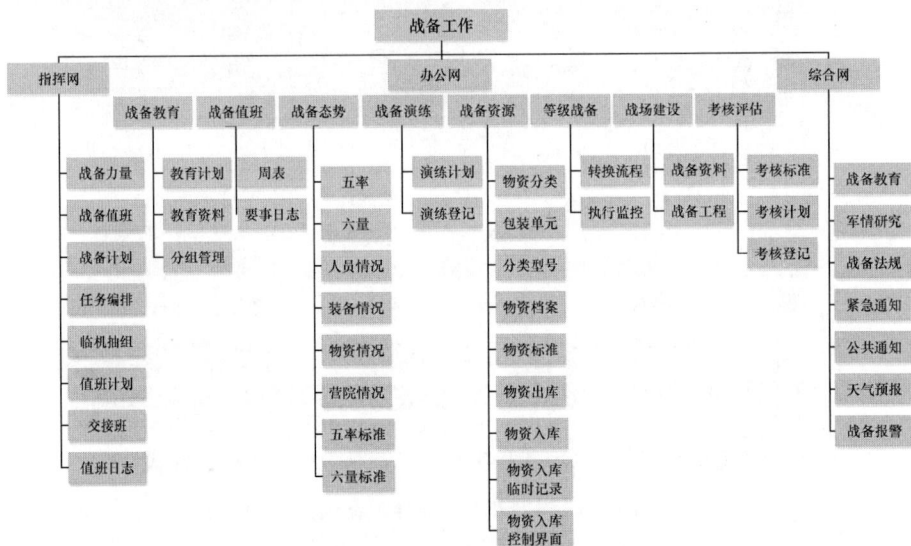

图 10-4　战备工作功能结构图

（1）指挥网。实现战备力量、战备方案、战备值班、交接班、值班日志登记等功能；实现作战预案优选、作战地域地理信息检索、兵要和军情研究等资料查询、信息资料处理及工程作业计算等功能。

（2）办公网。实现作战基础数据的收集、更新、汇总统计与分析，以充实作战数据库；实现对人员在位率、装备在位率、人员称职率、装备完好率、装备配套率、人员出动率、装备出动率等统计分析；实现在位率变化趋势、不在位明细、关键岗位（在位、不在位）明细等统计和查询；实现油料储备量、粮秣给养备战储备量、战备金储备量、弹药储备量、维修器材储备量、指挥器材储备量、野营营具储备量、战救药器材储备量等各量的统计分析，以直观图表的方式进行展现；实现战备资源管理，包括物资库存、物资标准、出入库的管理；实现营连分队战备值班情况上报。

（3）综合网。实现战备教育、战备法规制作、上传、分类管理；实现内部紧急通知、公共通知、天气预报等信息的管理和分类维护；实现信息自动推送功能，推送到营的每个连队触摸屏和综合场馆的显示大屏；在每个连队的每层楼安装语音报警装置，实现总值班室可向分队发送战备警报。

3）军事训练模块

图 10-5 所示为军事训练功能结构图。

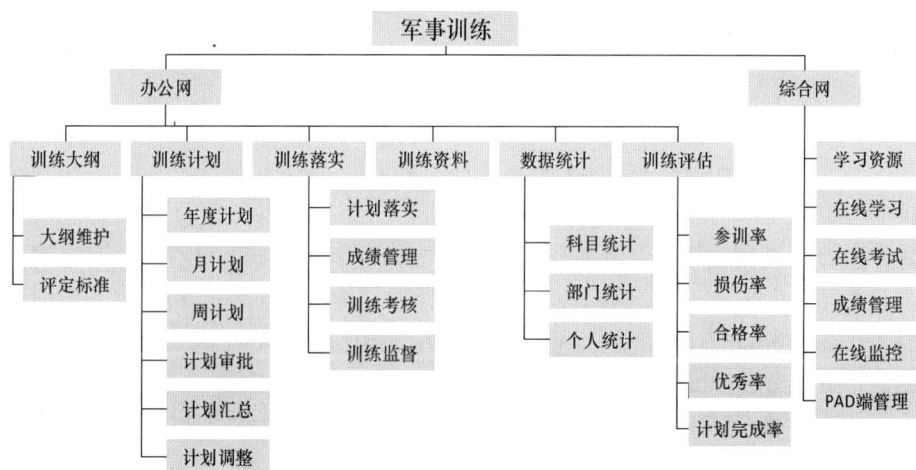

图 10-5　军事训练功能结构图

（1）办公网。实现训练大纲管理，课目分类管理、评定标准的维护；训练计划，年度计划、月计划、周计划的编制和审批；计划落实监管，训练监管、训练考核、成绩管理；训练资料；数据统计；训练评估，参训率、损伤率、合格率、优秀率、计划完成率。

（2）综合网。综合网建设网络理论教学系统。主要实现：学习资源管理，训练资料，训练题库；在线学习，在线课程、同步教学、模拟考试；在线考试，试卷管理、在线考试、自动评分；成绩管理，成绩登记、成绩评估；在线监控，对训练落实情况进行网上视频实时跟踪检查；PAD 端管理，数据同步，实现 PAD 端下载训练计划和计划落实，同步训练过程信息会推送到服务器。

4）部队管理模块

图 10-6 所示为部队管理功能结构图。

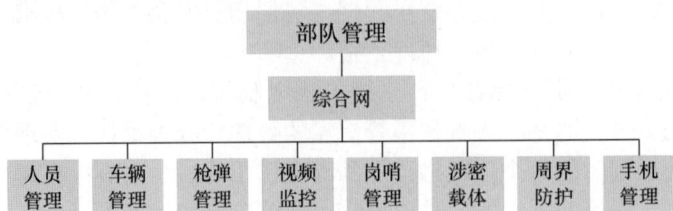

图 10-6　部队管理功能结构图

综合网实现人员管理、车辆管理、枪弹管理、视频监控、哨位管理、涉密载体、周界防护、手机管理 8 项功能，并通过营区三维图进行综合监控和综合态势展现，值班领导和值班员可实时、快速掌握全方位态势信息。并集成装备保障信息管理系统、陆军车辆综合保障信息系统、汽车分队信息网络管理系统，具体内容如下。

（1）人员管理。一是内部人员管理，对营区内部人员进行分类和基础数据管理，对干部、士兵、家属、临时人员进行分级管理，实现请销假流程管理，通过门禁授权进行进出营门的权限控制以及内部门禁的分级，分时段的全方位权限控制，实时记录各个门禁进出记录。二是访客管理，对外来人员通过身份证识别和证件人脸拍照设备进行多方位信息快速登记，通过发放临时卡授权方式控制外来人员进入营区的门禁控制。

（2）车辆管理。对营区通用车辆、私家车以及装备车辆进行外出审批和门禁授权管控，实时记录车辆进出各个车场和营门的记录，结合北斗定位对外出车辆进行实时监控，实现实时定位和轨迹回放，通过监控自动回调进出视频记录，采用远距离卡或车牌识别设备进行车辆自动识别。

（3）枪弹管理。在哨位加装枪支在位检测报警设备，实现各个哨位的枪支在位情况监测。在兵器室和弹药室接入红外、门磁、环境、门禁等终端设备，加装联动报警设备，实现异常情况联动报警。

（4）视频监控。实现营区实时监控，并通过视频分析进行各个重点敏感部位的分析监控（遮挡、越线、动态目标、滞留物报警），结合平台报警功能实现就近地点的视频联动。

（5）哨位管理。一是实现岗哨排班功能，安装刷卡或指纹识别设备，实时记录岗哨执勤人员信息和执勤时间；安装一键报警设备，在异常情况下向相关值班室或应急分队发送报警信息；安装对讲系统实现语音对讲、监听、点呼和群呼。二是电子巡查，实现巡查计划排班，包括巡查路线、巡查时段、要求时间等设置，通过在巡查点安装考勤设备，实时记录巡查情况，并对巡查人员进行拍照记录，真实记录巡查计划执行情况。在巡查点安装一键报警设备，在发现异常情况时，发送报警信息。

（6）涉密载体。集成现有涉密载体管理，实现涉密载体查询、登记、管理、借阅审批等。

（7）周界防护。通过加装电子围栏或振动光纤实现人员越界的报警。

（8）手机管理。一是在司令部部署智能手机监控平台，实现营区内智能手机使用时间、功能、地域等的按需管控；对外出人员进行位置定位和信息提醒；具有官兵上网行为分析、不良信息入侵防范、敏感或涉密信息屏蔽、手机外设权限控制等功能。二是部署智能手机检测系统，实现入网手机安全检测。

5）政治工作模块

图 10-7 所示为政治工作功能结构图。

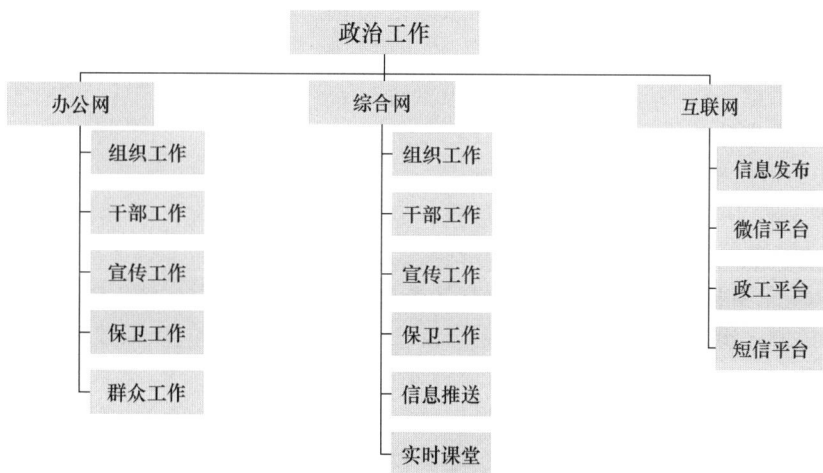

图 10-7　政治工作功能结构图

（1）办公网主要包括组织工作、干部工作、宣传工作、保卫工作和群众工作五个模块。

① 组织工作。包括组织管理、人员管理；婚恋申请、审批、统计；党团费收缴管理。

② 干部工作。包括干部信息上报；领导干部工作动态登记；干部经常性工作"五个过一遍"；干部调整信息公示。

③ 宣传工作。包括政治教育计划上报、审批和政工文化装备管理（数质量、使用现状）。

④ 保卫工作。包括重点岗位人员、执行重大任务和外来人员政治考核，重点关注人员管理。

⑤ 群众工作。政策法规（可查询开展群众工作要求、方法等规定）、工作动态（军民共建、国防教育、抢险救灾、扶贫帮困、支援地方建设等群众工作活动开展情况）。

（2）综合网。开辟网络化政治工作阵地，推送政工信息到营连门厅信息发布平台，丰富政治工作方法手段。同时，利用政工网平台实现。

① 组织工作。党员发展对象理论考核、网上团史馆（视频资料、图片资料、文字资料）。

② 干部工作。政策法规查询（搜集干部业务相关政策法规进行分类整理，官兵可自主查询）；人员变动情况上报（干部在位情况、请销假、休假及归队情况，也可生成电子表格数据上报汇总）。

③ 宣传工作。理论武装、思想政治教育（包含问卷调查、官兵思想反映、教学评估、应知应会考核等）、政工资料库、新闻报道情况（各单位新闻报道数质量、报道员管理、宣传报道规定）、网上图书借阅（可以实现预约、查询、续借等功能）、网上教案（PPT、视频、电子书籍）、网上同步教学、在线心理和法律咨询。

④ 保卫工作。驻地民社情通报，法律法规政策查询，新兵政治考核复查、官兵互动（问题反映、法律咨询）。

⑤ 信息推送。在综合场馆建立7个视频会议终端，并集成LED屏幕信息推送控制，实现基于综合网的视频会议、远程教学、影音同步播放等功能。

⑥ 实时课堂。能够远程实时监控课堂集中教学情况。

（3）视频会议系统。在综合场馆建立7个视频会议终端，并集成LED屏幕信息推送控制，实现视频会议、远程教学、影音同步播放等功能。

（4）互联网。搭建智能手机信息发布平台、微信平台、政工平台、短信平台，集成整合信息发布、新闻浏览、媒体娱乐等日常应用，满足官兵学习、生活、娱乐等方面的需求。

6）后装保障模块

图10-8所示为后装保障功能结构图。

综合网为后装保障机关业务人员提供信息化管理助手，并且能够提供对设备设施的一体化智能管控。

（1）保障信息查询。安装电子信息查询机，实现财务（工资待遇查询）、军需（伙食供应和账目公布、被装发放查询、军人服务社物资供应情况查询等）、卫勤、营房等信息的网络查询，并提供相关业务的动态提醒。

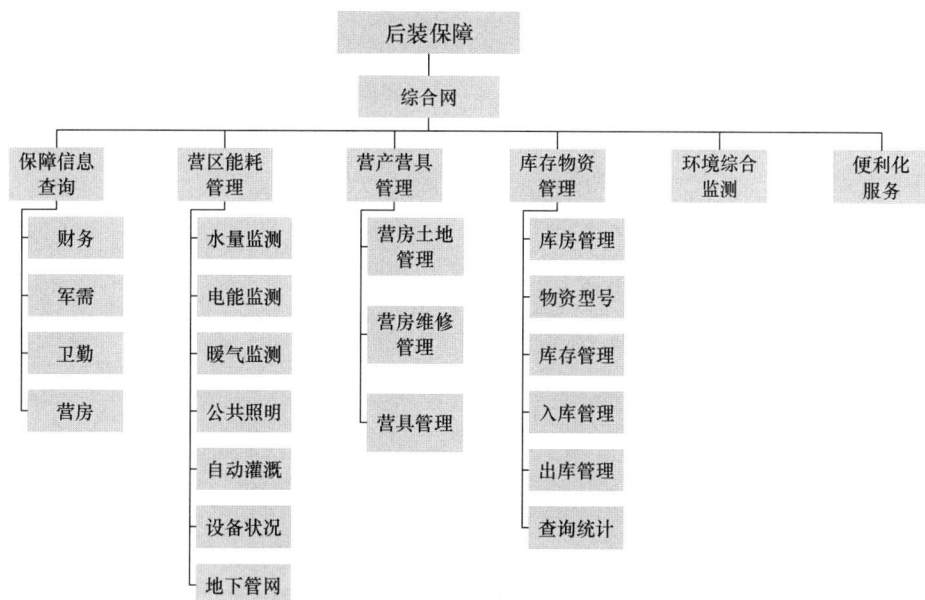

图 10-8　后装保障功能结构图

（2）营区能耗管理。集成水、电、暖采集系统，实现能耗管理、公共照明、生活供水智能监测；集成智能监测设备，实现营区绿化和温室大棚自动灌溉、设备运行状况实时监测；采用三维建模，实现地下管网的精准化管理。

（3）营产营具管理。包括营房土地管理、营房维修管理及营具管理。其中营具管理涉及营具的入库管理、出库管理、库存管理、计划管理、维修管理等功能。

（4）库存物资管理。各类战备库室、后装物资库房安装物资收发系统、视频监控，通过 RFID 电子标签或二维码对物资进出进行动态识别，实现保障物资远程查询监控，减少库房管理员的工作量，提高工作效率。

（5）环境综合监测。部署环境监测系统，实时采集营区温湿度、风速、风向、气压、二氧化碳、二氧化硫、PM2.5、PM10 及光照等信息，实现营区环境变化动态分析和实时预警等功能。

（6）便利化服务。设置快递智能收件柜和自动售货机等，方便官兵日常生活；设置一卡通（含手机刷卡），方便官兵出入营门、购物消费、娱乐、生活服务等。

7）纪检监察模块

图 10-9 所示为纪检监察功能结构图。

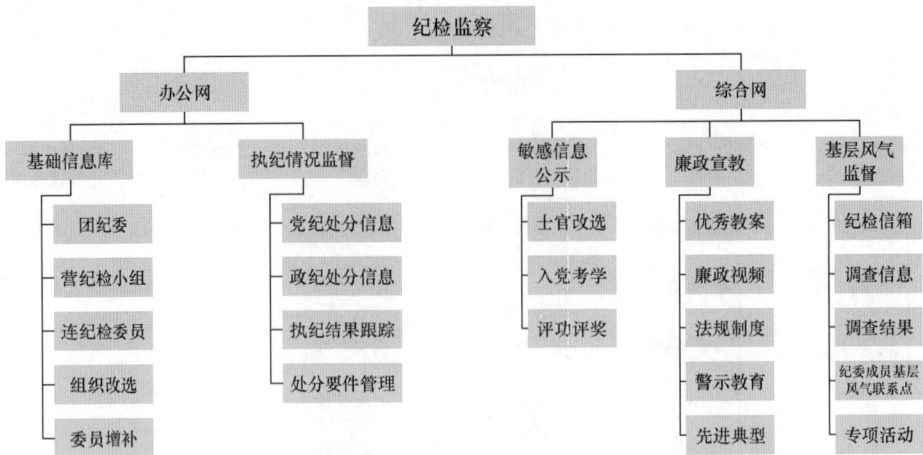

図 10-9 纪检监察功能结构图

（1）办公网建立纪检监察基础信息库和执纪情况监督两个模块。

① 纪检监察基础信息库主要包括团纪委、营纪检小组、连纪检委员基本信息，以及组织改选，委员增补等动态信息管理。

② 执纪情况监督主要包括四个方面的管理内容：党纪处分信息、政纪处分信息、执纪结果跟踪、处分要件管理。

（2）综合网建立敏感信息公示、廉政宣教、基层风气监督三个模块。

① 敏感信息公示主要包括士官改选、入党考学、评功评奖等基本信息。

② 廉政宣教主要包括优秀教案、廉政视频、法规制度、警示教育、先进典型。

③ 基层风气监督主要包括纪检信箱、调查信息、调查结果、纪委成员基层风气联系点、专项活动。

8）日常办公模块

图 10-10 所示为日常办公功能结构图。

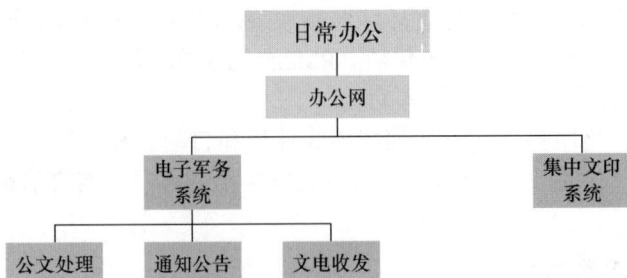

図 10-10 日常办公功能结构图

办公网集成整合电子军务系统，实现公文处理、通知公告、文电收发等模块，可实现团机关、营连部（分）队网上办公处理。

（1）公文处理。用于处理机关日常办公中的各种公文，实现电子公文网上拟稿、公文流转、手写签批、公文归档的全程无纸化处理等功能。

（2）通知公告。实现单位行政通知和公告信息的网上发布与管理。

（3）文电收发。

（4）集成涉密文档集中文印系统，实现涉密文档集中打印。

3. 营区一体化管控硬件系统

营区一体化管控硬件系统是枪支状态管理、兵器室监控、弹药库监控、库室监控、营区环境监测、菜窖环境监测、智能照明控制、恒压供水监测、绿化及大棚灌溉自动化控制、能源管理等系统的物理支撑，由统一的软件平台进行管控，实现一体化联动、管控。

营区大门口现存的门禁系统、车辆管理系统、枪支状态管理系统进行修复性建设，并进行集成融合。

1）兵器室监控系统

兵器室作为一个重要的存放各种枪支弹药的场所，其所要求的防护相应非常高。因此，仅仅依靠过去的人防是远远不够的，必须匹配相应的技防措施才能实现安全的目标。

（1）基本现状。营区每个枪弹室目前均有摄像机、温湿度传感器、开门报警器、被动红外探测器等传感设备。每个兵器室有两道锁，第一道锁为纯机械锁；第二道锁为电子密码锁。

（2）增加硬件。每个兵器室需要增加控制器、指纹密码锁。

（3）功能目标。兵器室情况 24h 视频录像。当电控门打开或探测器报警时，红外探测器本地报警，同时警情接入报警平台，报警信息推送到值班室，视频画面也自动推送到值班室，电视墙弹出报警画面。同时，将现有第一道纯机械锁改为指纹锁密码，要形成人员进出记录。

2）弹药库监控系统

后台系统放置于监控室内，监控实时发生情况，系统主要功能是实时视频监视、库内环境监测、烟雾报警。

（1）增加硬件。地爆器材库各增加控制器，开关量与消防主机并接。

（2）功能目标。地爆器材库 24h 视频录像。当环境监测、烟雾报警时，消防主机本地报警，同时警情通过控制器接入报警平台，报警信息推送到值班室，视频画面直接取流自动推送到值班室，电视墙弹出报警画面。

该系统采用数字信号传输，数据处理功能，专业配套的软件，系统稳定，功能丰富，可对满足对数据进行记录、存储、查询、打印、报警、曲线等多种功能处理。软件功能丰富、实用，方便维护及功能升级。

该系统可以无缝融合到一体化管控平台，使系统能够远程操作。

3）库室监控系统

（1）基本现状。图库、战备资料室、战备器材库，每个房间温湿度、烟感、红外人感、控制器、声光报警；模拟半球摄像头。队属物资器材库为新建库室，现无管控设备。

（2）增加硬件。图库、战备资料室、战备器材库各增加控制器；队属物资器材库按标准配置增加数字球机、RFID 射频管理系统、二维码设备、红外、温湿度、烟感探测器。

（3）功能目标。24h 视频录像。当红外、烟雾报警时，声光报警本地警示，同时警情通过控制器接入报警平台，报警信息推送到值班室，视频画面直接取流自动推送到值班室，电视墙弹出报警画面。

4）菜窖环境监控系统

（1）增加硬件。单路串口服务器。

（2）功能目标。通过增加采集控制器，与原有系统通过接口对接，实现与平台连接实现网络化数据共享，互通对菜窖温湿度进行调整与管控。

5）智能照明控制系统

（1）增加硬件。照明配电箱各增加远传控制模块，光照模块，传输到后台系统，每处八路照明控制回路。

（2）功能目标。根据营区作息时间和光照度由监控中心计算机统一自动控制（群控）各个站点的路灯，并能实现手动就地控制、远程控制等功能；实现分时段，分光照强度控制，反映各路段路灯运行状况。路灯智能控制系统通过 TCP/IP 规约与上位机进行数据交换，系统应具有自动化程度高、可控性高、实时性好等特点。

6）恒压供水监测系统

（1）基本现状。供水总入口已有恒压系统。

（2）增加硬件。采集模块 1 个、网络传送模块。

（3）功能目标。通过增加采集控制器对接恒压系统，采集恒压供水水压，具备远程监测功能，能够在智能控制系统软件界面实现监测水压。

7）绿化及大棚灌溉自动化控制系统

（1）基本现状。已经建设了绿化和自动控制系统。

（2）增加硬件。在绿地和大棚，增加控制器、供水电磁阀、土壤湿度传感器、温湿度传感器等各一套。

（3）功能目标。在绿地合理布置上土壤湿度传感器，通过测量土壤湿度，控制器得到实时湿度值，根据数据库分析，控制喷水电磁阀进行灌溉控制，均匀分配时间；控制喷淋频度和时间长度；具备现场手动模式，同时测量环境温度；选择营区蔬菜大棚，合理布置土壤湿度传感器测量土壤湿度；控制器得到实时湿度值，根据数据库分析，控制喷水电磁阀进行灌溉控制，均匀分配时间；具备现场手动模式，保证蔬菜正常成长。

8）能源管理系统

（1）用水。加装网络直读水表，表具本身具有数据存储功能，通过通信总线直接将计量数据上传到上位管理软件。

（2）用电。加装智能电表，安装在每个连队的配电箱内，表具本身具有数据存储功能，通过通信总线直接将计量数据上传到上位管理软件。

（3）用暖。采集安装在营区供暖主管道上的暖气计量表数据，实时获取营区供暖能耗信息，掌握营区的供暖消耗情况；采集营区各智能用暖表。

功能目标：系统对水、电、热、消耗进行实时自动采集计量、保存和归类，代替繁重的人工记录，经过分析计算能耗数据可以以各种形式（表格、坐标曲线、饼图、柱状图等）加以直观地展示。该系统按照能耗类型的不同分别进行管理，对其分类分项计量的数据进行统计计算，对实时数据、历史数据进行横向纵向分析对比。

9）高清视频监控系统

（1）增加硬件。增加 IP 高清摄像球机、预留球机接口、训练场监控建成一套完整的系统。营区户外（除围墙）全部采用固定摄像杆，包括网络传输和电源等所有附件设施，满足户外冬夏工作环境。营区监控室内监视器已经老化，更换为高清 LCD 监视器。

（2）功能目标。总控室、分控室操作人员能够对所监控目标进行全部或局部场景的跟踪监视、扫描。总控室能调用所有视频信号。视频监控系统、报警系统、门禁控制系统能够视频联动。数字设备有行为分析报警功能。报警联动有两种形式：一是前端开关量报警输出联动；二是后台平台联动（视频图像弹出、声光显示）。总控室安装有显示设备，能查看每个监视点的详细画面，并使用网络控制键盘和计算机控制摄像机和云台，对以往需要记录的历史材料进行回放，可复制导出，可在网络和电视墙上进行回放。图像存储架构要求存储采用直存模式，视频码流由前端设备直接写入存储。

10）人员门禁管理系统

（1）增加硬件。控制器、高拍仪（含身份证读卡器）。

（2）功能目标。在线监控。有人员进出时利用摄像机抓拍，监控中心可看到持卡人的照片及刷卡人的图像，核实是否持本人的卡片；数据和事件记录查询及生成报表，详细记录每次进出的时间、日期、卡号、姓名、隶属部门、职务等资料，协助管理人员查询；集成联动，与紧急报警系统联动；人员出入，用户刷卡后，IC卡的卡号、出入时间对应自动存入控制器及计算机，异常刷卡报警并推送总值班室；对外来人员发电子管理卡，外来人员身份证自动读取录入信息后，领取电子卡，方可进入营区；请销假流程控制。

11）车辆管理系统

（1）增加硬件。控制器、车牌识别（卡口相机）单元。

（2）功能目标。车辆捕获。系统支持通过线圈检测和视频检测两种手段实现车辆捕获；照片抓拍；摄像机能准确拍摄包含车辆正面全貌、车牌的照片，并在照片上叠加车辆通行信息（如时间、地点、方向等）；控制道闸升降和红绿灯动作；与已安装的营门出入挡车器实现联动，自动控制出入。

① 车辆门禁管理系统。内部车辆蓝牙识别，外部车辆车牌识别。

利用一体化管控平台，从连、营、各单位车场、业务机关、部门首长到团首长形成申请、审批、派遣一条线无纸化操作。通过短信提醒，各审批权限的领导可利用计算机进行操作，既能保证严格审批程序，又能提高工作效率，可通过计算机查询当日车辆动用情况。

② 车辆动态管理系统。结合北斗卫星定位系统及军用矢量地图，实时监控执行任务车辆的状态，能够把执行任务的定位信息和音频信息实时传达到监控后台。

12）哨位管理和哨兵巡查系统

（1）哨位执勤管理与执勤枪支离位系统。在营区哨兵执勤点采用数字对讲技术，数字营区主控后台可随时呼叫任意哨兵执勤点，应对紧急情况，同时系统可定时提醒各个执勤点的哨兵。执勤枪支安装有离位传感器，当枪支离开哨位，或离开哨兵，系统报警。该系统提供应急报警功能（到值班室、本地喇叭）。

（2）哨兵巡查系统。在营区哨兵执勤点，安装指纹打卡机或读卡抓拍器，对哨兵按时换岗执勤进行监督管控；可以随时查询到巡逻时间及巡逻人员的上岗情况。

13）周界防护系统

该系统根据工程建设要求，在营房围墙安装振动光纤或电子围栏；采用区域探测与报警，当有人员翻越围墙时，系统报警，并与视频监控联动。

14）营区环境监测系统

办公楼一个点位监测（气压、温度、湿度、紫外线、光照、PM2.5、粉尘、CO_2、风速、风向）。

15）报警系统

该系统包括手动、视频分析、采集数据报警、定时计算、非法事件、紧急报警（分类软件体现），总控室战备报警硬件直连，硬件直连到总控室。

16）心理疏导系统

在心理咨询室申请配发漂浮放松反馈综合训练舱、手持式心理调节仪、无线穿戴式多通道生物传感器和心理综合训练系统等设备系统开展心理疏导。

4. 与待集成系统的接口要求

一体化管控平台提供如下几种接口方式，具体的接口规范和标准在项目标准制定阶段进行设计、细化和确认，之后进行相应的开发工作。

1）基于数据库平台的集成接口

数据库平台主要通过在系统的数据库与其他系统数据库建立映射的方法，通过定期或实时的方式将需要的数据在系统间进行传递，该方法需要熟悉各个系统的数据库表结构。

2）基于 Web Service 的集成接口

系统能够提供基于 Web Service 的接口方式，Web Service 的主要目标是跨平台的可互操作性。为了达到这个目标，Web Service 完全基于 XML（可扩展标记语言）、XSD（XML Schema）等独立于平台、独立于软件供应商的标准，是创建可互操作的、分布式应用程序的新平台。

3）基于应用层的集成接口

除上述数据库层面的集成方式外，系统可以提供基于应用层的集成方式，通过编写程序代码的方式直接获取相关业务系统中的业务数据，做到异构系统间的互联、互通。

为了实现上述接口，要求接入一体化集成平台的子系统应满足：提供完备的功能操作 API 接口；提供数据库表结构；提供数据库读取权限。

10.3.3 信息综合服务系统

1. 营区视频会议系统

营区视频会议系统共有 1 个主会场和多个分会场。现每个分会场具有音响设备，需要会议摄像头、会议终端机等设备，需兼容原有会议系统。

2. 电子信息查询系统

综合食堂安装多台电子信息查询机，方便官兵日常查询食堂伙食供给情况、报销、差旅费、服装发放、请销假批复、规章制度、困难补助费困难申请条件及批准查询等功能。

3. 信息发布和警报系统

营部署，依托公共信息服务系统平台，建设集接受、转换、制作、发布为一体的公共信息服务系统，在连队公共区域安装触摸屏，放在四个门厅，显示内部紧急通知、公共通知、天气预报等信息。每个单位每个门厅安装四色声光报警，对紧急通知具有声光报警功能。

10.3.4 三维虚拟可视系统

1. 营区三维电子地图

本系统是以部队营区为实例进行设计，实现在三维虚拟营区环境中对各类营房设备进行可视化管理和实时监控，设计基于三维 GIS 的营房设备集成系统，系统功能主要体现在以下几个方面。

（1）实现营区地形地貌、道路管线、坐落分栋及水系绿化等各类地理信息要素的三维可视化。营区的各类地理信息要素是营区的基本组成部分，包含着营区的各种地理特征，通过运用三维建模软件对这些要素进行建模，结合三维平台构建营区三维可视化系统，能够给用户提供一个逼真的营区三维可视化窗口。

（2）实现营房设备信息的可视化管理。营房设备信息的可视化是提高营房设备管理工作效率的重要手段，通过数据集成和三维地理信息系统以设备图元方式将设备信息集成到营区三维可视化环境中，并提供设备的查询、添加、修改、删除等管理功能。

（3）实现营房设备在三维条件下的实时监控。营房设备的实时监控对于设备故障的分析和处理具有重要意义，通过将设备实时信息标注在营区三维可视化环境中的方式，实现设备的实时监视，并结合远程控制系统，实现从三维可视化环境中对设备的直接控制，从而达到全面监控的目标。

图 10-11 所示为营区三维电子地图分层模型。

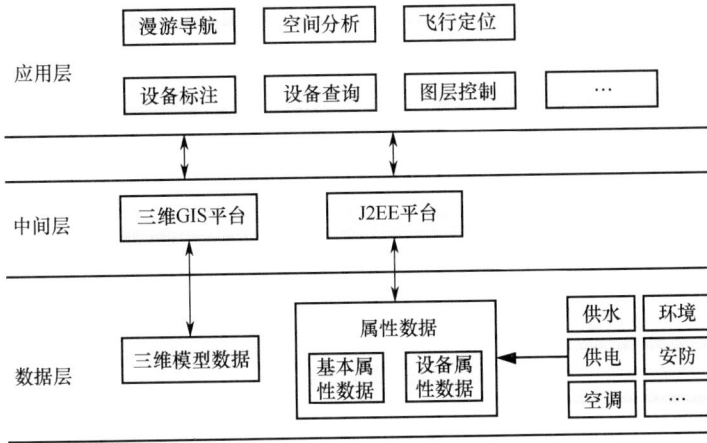

图 10-11　营区三维电子地图分层模型

2. 营区地下三维管网

营区地下管线多，日常管理维护难。通过管线管理模块可对营区地下管网进行可视化管理，使用不同颜色区分不同的管线种类，利用系统可准确查询地下管线分布、埋深、管径、材质、长度、建设年代、报修年限、维修记录等情况，便于日常维护管理，避免营区建设改造对管网造成破坏，为营房建设提供决策支持。该系统需与营区三维电子地图系统结合为一体，形成一套三维软件平台。三维虚拟可视系统需要单独的一台服务器。

第 11 章 结 语

建设数字营区是军队建设发展的现实需要。新世纪新阶段，要求全面提高以打赢信息化条件下局部战争能力为核心的完成多样化军事任务的能力。因而迫切需要适应军队建设发展的新形势，按照全面建设现代后勤的要求，调整建设思路，进一步拓展军事设施保障功能，建设数字营区。本章首先介绍智慧营区和战斗营房的概念，思考了推进营区智能化建设过程中的内容及发展趋势。

11.1　智慧营区

营区建设是军队后勤保障的重要组成部分，随着科技的日新月异以及中国特色军事变革的持续推进，在科技强军理念推动下，军队营房建设面临新的机遇。依据《军队营区数字化建设标准》，结合营区实际需求，目前军队部分单位已经在数字营区基础上展开了智慧营区的探索和建设。

智慧营区是综合运用现代信息系统开发、网络通信、物联网、大数据、人工智能等技术手段实现对营区内部人车物等各类要素的信息化、智能化管控。智慧营区建设的最终目的是实现营区要素数字化、营区设施智能化、信息资源网络化和日常管理可视化。智慧营区是提升营区承载数字化部队能力，实现营房管理精细化的重要手段。建设智慧营区能够有效实现营区"可感、可知、可视、可控"，有力提升营区科学管理水平。智慧营区概念如图 11-1 所示。

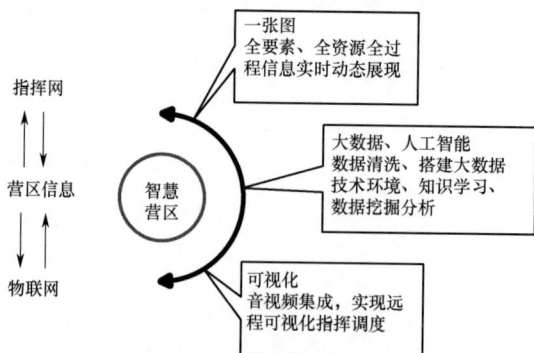

图 11-1　智慧营区概念图

智慧营区建成后将在物联网接入（包括平台接入、参数采集、视频采集、远程控制）、研判分析（包括数据分析、预测预警、系统联动、三维展示）、指挥调度（包括资源调度、预案管理、应急一张图）、可视化管理（包括大数据分析、可视化展现）等方面发挥重要作用。

11.2　战斗营房

宋代军事家文天祥曾说："兵者，战、守、迁，皆施于营垒。军营是备战打仗的地方，营房建设必须秉持"建为战"原则，一砖一瓦符合战备要求，一楼一舍贯彻作战理念，让营房设施具备打仗功能、具备战斗气质，为日常训练提供最佳场所，强化军人血性，促进作风养成，从而达到备战利战的目的。

随着改革的不断深入，一些部队开展了战斗营房的探索和建设，摒弃生活服务型营房、选择战斗型营房，也是一种意识上的转型重塑。新形势下，如何按照战备需求建设营房？怎样推动营房建设成为战斗力提升的"加速器"？在营房改造和转隶交接中，如何提高营房的战斗性？我们认为战斗营房应该具备"服务作战、功能完备、坚固耐用、信息智能、绿色环保、标准规范"等六方面特征，战斗营房特点及建设原则如图 11-2 所示。

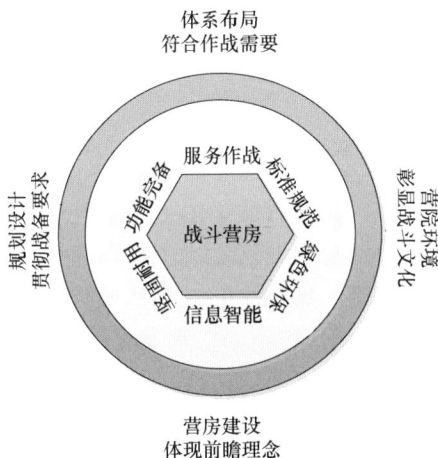

图 11-2　战斗营房特点及建设原则

在营房建设中应重点从以下几个方面进行。

（1）体系布局要符合作战需要。以军队现代化建设要求和新时期使命任务为牵引，注重顶层设计和宏观统筹，强化营区内高新武器装备及设施配置，凸显对新型作战力量的保障，对于实战化联合训练需求优先进行建设。

（2）规划设计要贯彻战备要求。对于新建营区要尽量贴近铁路、公路、机场、港口，利于战备打仗的快速出动。另外，规划设计要考虑未来的可扩展性，以满足当前需求为基础，又兼容信息化条件下联合作战对于营房功能的战时需求。

（3）营院环境彰显战斗文化。营房建设及营区环境要在潜移默化中影响人、培育人。官兵生活环境与"准战场"越近，越有利于战斗精神的锻造和战斗作风的养成。要用严谨的营区规划和明确的功能分区，用雄浑庄重的建筑风格，用展现部队特点、光荣历史、英模人物的建筑元素，营造尚武、习武、精武的人文环境。

（4）营房建设体现前瞻理念。必须考虑部队编成变化和武器装备的更新换代，高起点规划、高标准设计，借助大数据、物联网及人工智能等先进科技成果，改造传统营房设施，使营房具备承载信息化部队的能力。

11.3 推进营区智能化建设的思考

营区是部队日常生活和备战的场所，在部队建设中占据重要地位，是我军信息化建设的重要内容。随着以物联网、人工智能、大数据等技术为核心的新时期军事革命的深入推进，为实现"军事特色、信息智能、安全防护、绿色生态"的目标，现代营区的智能化建设需求越来越凸显。

1. 营区智能化建设的内涵

营区智能化建设，是指利用系统集成方式将计算机、网络通信、现代智能仪器仪表、现代控制等信息技术与建筑艺术、环境设计艺术有机结合，通过对设施设备的自动监控、对信息资源的自动高效处理、对信息服务的优化配置，从而构建形成高效、便利、稳定的官兵生活和备战环境。

营区由硬体、软体及绿化三部分组成，营区智能化是软体的重要组成部分，智能化升级是营区软体升级的"画龙点睛之笔"，营区智能化其作用相当明显，低档的智能化不可能造就高档营区。反之，高档智能化不可能催生低档营区。智能化营区是对智慧化楼房概念的扩展和延伸，它通过对营区建筑群结构、系统、服务、管理以及它们之间的内在关联等四个基本要素进行优化统筹，为官兵提供高效、舒适、便利的生活备战环境。

另外，智能化营区的内涵和外延也会随信息技术的发展而动态演进。例如，营房内办公、营房内学习、网上图书馆、网上医院等新生事物的出现，促使了智能化营区的概念不断发生量变和质变。

因此，在国家加快部队营区建设发展的大形势下，需要设计者及建设者在营区建设中，增强营区建设科技含量，顺应国内外智能化营区发展趋势，集成国内外先进的监测、控制和布线产品设备，设计符合我军实情的智能化营区系统。此类系统应充分统筹智能营区的现行建设和长远发展的关系，又兼顾营区管理的灵活性、适应性和经济性。

2. 营区智能化建设主要内容

营区智能化建设内容从整个营区角度去诠释，主要包括综合布线、信息通信、安全防范、报警、视频点播、可视对讲、巡逻、车辆出入、设备监控等系统。智能化营区必须具备以下功能及特点：网络高速接入功能，即构建互联网高速通道；视频会议、远程教学；营房安全监控，如火警、远程医疗与监护、开关门报警等；营房管理方面，如营区电子公告牌等。统筹以上特点及功能，营区智能化可分为以下几点。

（1）营区智能化分散控制。营区智能化是一个体系工程，涉及范围大，包含功能多，每一个功能要求，有不同的成本控制、可靠性、实时性、安全性需求，且功能的服务对象分布于营区的各营房及公共区域。因营区智能化的实现应以"分散控制"方式为主。依照功能的不同，剖解成多个智能子系统分别加以实现，同时，各子系统应依据其服务对象实情，于系统前端配备服务控制器，以实现分散控制的目的。

（2）营区智能化分级集成。对各个智能化子系统，在集成时不应该是单纯的堆砌、排列、组合。营区智能化系统集成设计，必须按照"以人为本、按需设计、分级集成"的思路，充分考虑整个营区建设规划特点和实际需求，从技术、经济服务等多个维度去统筹集成的内容。采用由低到高，分子系统、分层次逐级集成的方法，精心设计全面合理规划。

（3）营区智能化分层管理。智能化营区的管理同样也不是单个管理子功能的简单合成，须站在营区综合管理与服务视角，全面整合信息资源，协调士兵、管理人员、服务人员三者间关系。该管理可具体分两个层次实施管理：一是营区区级，聚焦于分配调度、总体监控和处理重大事故的高层管理；二是区块级，映射到各个营区区块的管理。

3. 营区智能化建设的发展趋势

营区智能化工程涉及部队后勤、作战、思想宣传、装备等多个职能部门，跨部门、跨领域，关系跨度大且复杂。应由后勤部门主抓、统管全军营区智能化工作，规范营区智能化建设行为，监管智能化建设工程质量。从我军实际出发，本着"实用、适用、可靠"原则，制定技术、建设、管理等一系列标准规范、扶持国产化、推动产业化。为应对信息化、智能化战争时代，须建立具备稳定机制同时兼顾持续创新能力的营区智能化技术体系，持续开发智能化营区先进技术，逐步推广智能营区。我国幅员辽阔，部队驻地分散，各军种各部队所处地域及环境千差万别，这就要求军委机关相关部门在制定相关规范时，既要有一定的硬性要求，同时应考虑灵活性。

参 考 文 献

[1] 何明，邹青丙，赵洲. 对推动武警部队物联网建设的思考[J]. 武警学术，2015，3（30）：25-26.

[2] 何明，赵广超. 推进"互联网+"在后勤综合保障中的应用[J]. 后勤学术，2016（2）：66-69.

[3] 何明，陈国华，梁文辉，李慧冬. 军用物联网研究综述[J]. 指挥控制与仿真，2012，34（1）：6-10.

[4] 蓝羽石，于辉，蒋飞，等. 物联网军事应用[M]. 北京：机械工业出版社，2012.

[5] 何明，陈国华，梁文辉，等. 物联网环境下云数据存储安全及隐私保护策略研究[J]. 计算机科学，2012，39（5）：62-66.

[6] 何明，陈国华，赖海光. 物联网感知层移动自组织网可靠性评估方法研究[J]. 计算机科学，2012，39（6）：104-108.

[7] 云洁. 建筑智能化系统网络安全研究[J]. 数字技术与应用，2017（1）：211-211.

[8] 吴毅生. 基于建筑智能化系统工程项目集成管理的分析[J]. 中小企业管理与科技（中旬刊），2017，3：54-55.

[9] 赵林度，陈宇，任宗伟. 电子证件物联网[M]. 北京：中国物资出版社，2011.

[10] 付萍，刘桂芝. 安全防范技术应用[M]. 武汉：华中科技大学出版社，2011.

[11] 李进山，赵金才，都晓鹏，等. 基于 ZigBee 组网的智能家居安防系统[J]. 天津农学院学报，2017，24（1）：66-68.

[12] 陈晴，邓忠伟. 现代安防技术设计与实施[M]. 北京：电子工业出版社，2010.

[13] 周遐. 安防系统工程[M]. 北京：机械工业出版社，2011.

[14] 李甲舱，吴一戎. 基于物联网的数字社区构建方案[J]. 计算机工程，2011，37（13）：262-264.

[15] 聂强，田广东，仇大勇，等. 物联网技术在军事物流中的应用研究[J]. 重庆电子工程职业学院学报，2010，19（6）：23-25.

[16] 郭星香，魏延鹏. RFID 技术——军事物流的一次革命[J]. 科技信息，2010，48（15）：31-33.

[17] 石红姣. 基于 RFID 技术的设备信息化管理系统设计分析[J]. 电子设计工程，2018，26（14）：77-81.

[18] 曹辉. 物联网中的 RFID 技术及物联网的构建[J]. 信息与电脑（理论版），2017（12）：150-152.

[19] 安旭，许凌云，刘松. 基于 RFID 的智能立体停车场管理系统的设计与实现[J]. 电子设计工程，2017，25（7）：119-122.

[20] 钟振，赖顺桥，肖熠琳，等. RFID 车辆智能管理系统[J]. 机电工程技术，2011，40（2）：39-40.

[21] 陈晴，邓忠伟. 现代安防技术设计与实施[M]. 北京：电子工业出版社，2010.

[22] 胡雪松. 智能建筑设计及智能建筑发展前景[J]. 智能建筑与智慧城市，2018（1）：32-33.

[23] 苏继斌，张永丽. 基于数字化营区的网络安全模型研究[J]. 软件导刊，2011，10（01）：157-158.

[24] 陈宇瑞，李明，付帅. 基于 GSM 的智能家居安防系统设计[J]. 电子制作，2017（7）：38-39.

[25] 姚程，黄帅，马娜. 基于物联网的智能家居安防系统设计与实现[J]. 电子科技，2017，30（3）：104-105.

[26] 陶永，袁家虎，何国田. 面向中国未来智能社会的智慧安防系统发展策略[J]. 科技导报，2017，35（5）：82-88.

[27] 蒋春利，李政林，罗文广. 智能家居监控及安防系统设计[J]. 自动化仪表，2017，38（11）：13-16.

[28] 陈晖. 物联网智能家居防盗安防系统设计[J]. 价值工程，2017，36（8）：67-69.

[29] 王磊. 智能家居安防系统设计[J]. 数码世界，2017（5）：152-152.

[30] 刘强，崔莉，陈海明. 物联网关键技术与应用[J]. 计算机科学，2010，12（6）：39-45.

[31] 赵进，王曙燕，曹小鹏，等. 基于 RFID 的智能枪械管理系统设计与实现[J]. 现代电子技术，2011，34（5）：33-35.

[32] 任敏，任英. 基于物联网的物流管理系统的分析与设计[J]. 微型电脑应用，2018（1）：64-67.

[33] 工信部电信研究院. 物联网白皮书（2011）[R]. 中国公共安全（综合版），2012.

[34] 孙雯. 基于 ZigBee 的物联网智能家居系统研制[D]. 西安：西安电子科技大学，2011.

[35] 范丽娜. 智能家居系统中家电控制的研究与实现[D]. 南京：南京邮电大学，2011.

[36] 吴霜. 基于 3G 的家庭智能网关软件设计[D]. 南京：南京邮电大学，2011.

[37] 沈舒海，王晓东，胡珊逢，等. 基于 GPRS 网络的智能家居控制系统[J]. 电子器件，2012，35（2）：199-203.

[38] 楼青松. 智能化系统集成[J]. 科技资讯，2010，13：220-220.

[39] 黄耀东，刘震，平海鹏. 安防系统的发展趋势[J]. 信息技术与信息化，2012，3：14-16.

[40] 刘化君. 物联网体系结构的构建[J]. 物联网技术，2010，1：78-80.

[41] 张皓. 浅析智慧城市中的安防系统建设——以重庆为例[J]. 中国公共安全（综合版），2012，3：82-83.

[42] 王超维. 物流管理中的物联网应用与技术分析[J]. 物流工程与管理，2018（2）：91-92.

[43] 曹地荣. 基于物联网的中国城市数字化管理路径创新研究[D]. 重庆：重庆邮电大学，2011.

[44] 吴会博，张扬奇. 基于 RFID 和智能视频双机识别的军车不停车监理系统设计[C]// 中国智能交通年会大会，2016.

[45] 肖建华，谭仁春. 建设数字城市地理空间框架促进地理信息资源共建共享[J]. 城市勘测，2011，6：5-8.

[46] 陈柳钦. "数字城市"内涵与框架的研究综述[J]. 中国市场，2010：51-60.

[47] 赵潇. 三维数字城市建模技术[J]. 新乡学院学报，2017，34（3）：37-39.

[48] 丰江帆，熊雨虹. 云计算环境下的数字城市建设[J]. 数字通信，2011，02：23-27.

[49] 周灵，杨盈昀，宋燕燕，等. 基于多网融合技术的信息化智能小区的设计与实现[J]. 中国科技博览，2010：236.

[50] 吴敏. 住宅小区智能化工程新设计方案研究与实现[D]. 重庆：重庆大学，2012.

[51] 易强. 基于 3G 和 ZigBee 的智能家居无线传感网络系统设计与实现[D]. 广东：广东工业大学，2012.

[52] 任强. 基于 GSM 模块的智能家居系统设计[J]. 数字通信世界，2018（2）.

[53] 崔新凯. 物联网关键技术及建网策略研究[J]. 电信工程技术与标准化，2018（1）：89-92.

[54] 孙媛，周源，李季颖. 物联网技术在数字化营区建设中的应用[J]. 物联网技术，2015（7）：80-81.

[55] 雷鸣. 无线传感网络与环境信息采集技术研究[D]. 哈尔滨：哈尔滨工程大学，2010.

[56] 覃智. 关于无线传感器网络 WSN 的关键技术的探究[J]. 科技资讯，2017（12）：4-5.

[57] 周洪波. 数据交换标准是物联网产业发展的关键[J]. 信息技术与标准化，2010，8：26-29.

[58] 杨庚，许建，陈伟，等. 物联网安全特征与关键技术[J]. 南京邮电大学学报（自然科学版），2010，30（4）：20-30.

[59] 张振球. 基于 SOA 架构技术的软件开发[J]. 数字技术与应用，2017（1）：182-182.

[60] 武传坤. 物联网安全架构初探[J]. 中国科学院院刊，2010，25（4）：411-419.

[61] 李杰. RFID 安全认证协议研究与设计[D]. 西安：西安电子科技大学，2012.

[62] 李乐薇. 智能巡检系统中实时定位模块的设计与实现[D]. 北京：北京邮电大学，2010.

[63] 佚名. 一种集成 RFID 和北斗导航功能的无线物联网终端，CN 106533490 A[P]. 2017.

[64] 刘志华. SOA-BPM 集成平台仓储管理系统的 RFID 技术应用[J]. 科技传播，2017，9（19）.

[65] 吴秋雷，刘杰. 物联网安全任重道远[J]. 中国科技投资，2011，4：38-40.

[66] 胡刚. 建筑智能化系统集成项目管理[J]. 电子技术与软件工程，2017（10）：137-137.

[67] 张强. 建筑智能化施工管理中存在的问题及对策[J]. 江西建材，2017（9）：261-261.

[68] 黄新哲. 建设工程施工阶段项目管理研究[J]. 价值工程，2011，30（21）：51-52.

[69] 王瑞峰. 基于 WLAN 构建无线城市的规划设计分析[J]. 电信科学，2011，27（6）：121-127.

[70] 马智广. 浅析智能建筑工程质量验收[J]. 中小企业管理与科技（上旬刊），2011（9）：248-249.

[71] 陈达，苏亚龙. 基于 GIS 的营区信息管理系统的设计[J]. 电子技术与软件工程，2017（10）：71-71.

[72] 张平燕. 建筑智能化系统工程设计施工的现状与问题[J]. 环球市场，2016（33）：239-239.

[73] 付长秋. 建筑工程施工质量验收应注意的问题[J]. 黑龙江科技信息，2012：272.

[74] MEKURIA R, BIVOLARSKY L. Overview of the MPEG activity on point cloud compression[C]// Data Compression Conference，2016.

[75] MICHEL A, NEPA P, PINO M R. An overview on modular antennas for near-field UHF-RFID systems[C]// IEEE International Conference on Rfid Technology & Applications，2016.

[76] AN B, PORAMBAGE P, GURTOV A. Secure and efficient reactive video surveillance for patient monitoring[J]. Sensors, 2016, 16(1).

[77] YOUM S, JEON Y, PARK S H. RFID-based automatic scoring system for physical fitness testing[J]. IEEE Systems Journal, 2017, 9(2):326-334.

[78] LI A, LI Y. Portable RFID location system in security field[C]// International Conference on Cyber-enabled Distributed Computing & Knowledge Discovery，2017.

[79] FRANCOIS F, WANG N, MOESSNER K. Leveraging MPLS backup paths for distributed energy-aware traffic engineering[J]. IEEE Transactions on Network & Service Management, 2017, 11(2):235-249.

[80] MISRA S, GOSWAMI S. Routing and MPLS traffic engineering[M]// Network Routing: Fundamentals, Applications, and Emerging Technologies，2017.

[81] GIORGETTI A, SGAMBELLURI A, PAOLUCCI F. Segment routing for effective recovery and multi-domain traffic engineering[J]. IEEE/OSA Journal of Optical Communications & Networking, 2017, 9(2):A223-A232

[82] JOSHI J, HARSHA M S, KURULKAR U. RFID sensor placement algorithm in ubiquitous computing International Conference on Control Science & Systems Engineering，2016.

[83] LIU J, SUN Y, LIY. Harmonic analysis and balancing control of cascade power electronic transformer h